淡海《おうみ》文庫 52

サンライズ出版

滋賀県 県政史料室 編

公文書でたどる近代滋賀のあゆみ

発刊に寄せて

木村　至宏

滋賀県庁内に「県政史料室」が、新たに設置されて、めでたく五周年を迎えられ心からお喜び申しあげます。

「県政史料室」は、今日まで史料の閲覧・学習・研究など多方面にわたって、多くの人々の便に供されてこられました。

このたび、開設五周年の節目にあたってスタッフの方々が、わかり易くすぐれた論考ならびに公文書の情報を集大成されて『公文書でたどる近代滋賀のあゆみ』を発刊されましたことに敬意を表します。

本書の発刊によって「県政史料室」の存在を、より多くの方に身近かに感じていただける契機になったのではないかと確信しています。

滋賀県所蔵の公文書は、質・量ともに全国で上位にランクされ、すぐれた内容をもつ史料とともに整理された史料保存管理が行なわれていると聞き及んでいます。県下の市町においても、近代以降の歩みを知るうえで不可欠の重要な史料となっています。

ところで、本書にも執筆されていますように、明治二十三年（一八九〇）の琵琶湖疏水開削、翌年の同二十四年世界の目が注がれた「大津事件」の発生や、江若鉄道の敷設、姉川地震など大きな歴史事項が興味深く綴られているのが注目されます。

本書が、一人でも多くの方々に手にしていただき、史料のもつ面白さを垣間見ていただきたいと願っています。

（成安造形大学名誉教授）

目次

表を配し、各章と対照できるように工夫しております。執筆者それぞれの切り口で史料を語っています。章立ても時系列的な並びを避けており、どこからでも関心のある章から開き、新たな歴史発見につなげていただければ幸いです。

（県政史料室参与・梅澤幸平）

務を行っています。また歴史的文書の価値を知らしめるため、啓発活動としてこれらの史料紹介も積極的に実施し、毎月テーマを変えての史料展示や、年に一回は講演会も開催してきました。職員向けには、月刊の庁内版を用いて馴染みの薄い古い公文書を、スタッフがわかりやすく解説した「タイムトラベルコーナー」も設け、それに合わせた「歴史的文書を読んでみよう」という解読講座も実施してきました。さらに三年前から滋賀県文化振興事業団が発行する季刊誌『湖国と文化』に「歴史文書は語る」としても連載してきています。このような多岐にわたる活動を通じて、県政史料室の開設以来五年間に、五〇本近い原稿が蓄積されました。

こうして紹介をしてきた歴史的な史料の中には、明治の日本を震撼させ司法の独立を揺るがした大津事件の経緯、近代日本の土木工事の先駆となる琵琶湖疏水の開通にいたる道程、文化財という概念を萌芽させた寺社宝物調査などがあり、一地方史としての範疇にとどまらず、日本の近代史に欠かせない貴重な史料群であることに改めて瞠目させられます。

今春にはこれら歴史的文書全体が県の有形文化財に指定されたこともあり、これまで書き溜めてきた文章の中から一六編を選び加筆修正し、さらにこぼれ話をコラムとして加え本書を構成してみました。教材としても活用されることを想定し、巻末に滋賀県関係の年

はじめに

役所で作成されている文書は公文書と言われ、一つの事業を進めていくための設計図のようなものです。事業を執行するためには、まずその事業の必要性から説き起こして、予算を要求し、具体的な事業展開まで決裁権限者の課長らの裁断を得て進行していきます。公文書は行政の展開過程を記録し、説明責任を果たす資料です。

滋賀県庁には明治以降今日までの県政の歩みを示すこうした公文書が文書庫に保存されています。中でも昭和二十年までのものは簿冊数で九〇六八冊にのぼり、目録に収録された文書の件名数は七五万件余りになります。滋賀県ではこれらを現用文書とは区別し、取り扱いを明確にするため平成十八年度に滋賀県公文書活用検討懇話会からの提言を受けて、翌年度から歴史的文書と位置づけました。平成二十年六月には県庁県民情報室内に県政史料室を開設し、学術研究、市史編纂はじめ広く県民の方が県政史を知る上で、利用しやすい体制を整備しました。

室内には専門スタッフを配置し、利用者からの申請に基づき閲覧対応、レファレンス業

凡例

一、本書の各テーマは、滋賀県県民情報室発行の「県民情報室だより」（職員向け）に掲載した「タイムトラベルコーナー」の原稿および『湖国と文化』に掲載したものを改稿したものである。コラムについては新稿のものもある。

一、文中の【】は『滋賀県歴史的文書』の文書番号である。文書番号は【時代区分＋平仮名の分類記号＋番号＋（件名番号）】で構成される。時代区分の明は明治、大は大正、昭は昭和を示す。時代区分・分類記号・番号は『行政文書総簿冊目録』（滋賀県、昭和五十八年）およびその追録（同、昭和六十年）に拠る。巻末に写真掲載文書の一覧表を付す。

一、引用史料の題名は平仮名まじりにして表記した。史料本文は原文のままで引用し、読みやすいように必要な読み仮名を付した。

滋賀県管内全図　明治13年（1880年）
原寸　71㎝×84㎝
現在の福井県の一部、敦賀・大飯・遠敷・三方郡が編入されていた次期（明治9～14年）の滋賀県を描いたもの。

明治十二年十二月廿一日版権免許
仝十三年六月　出版

1　滋賀県のはじまり

現在と同じ県域を持つ「滋賀県」が誕生したのは明治五年（一八七二）九月のことです。滋賀県の県域は短い間に統合と名称の変更を経て、現在の形に至ります。県域の変遷の過程では、滋賀県が海と接していたこともありました。滋賀県の成り立ちを歴史的文書からたどって行きます。

滋賀県の県域―廃藩置県―

写真①は明治四年（一八七一）十月に東京から長崎までの間に「電信機」を取り付けるときに作成された文書の一部です。日付の下に書かれている差し出し人と左側の宛名に注目してみましょう。「水口縣《けん》」、「膳所縣」「大津縣」とそれぞれ書かれています。現在では存在しない県名ばかりですが、実は明治四年にはまだ「滋賀県」はなかったのです。

現代で言うところの「滋賀県」の県域は江戸時代には「近江国」と呼ばれていました。近江国の中でも土地は領主ごとに細分化され、それぞれの地域が藩の領地、幕府の領地、あるいは寺社の領地などに分かれていました。

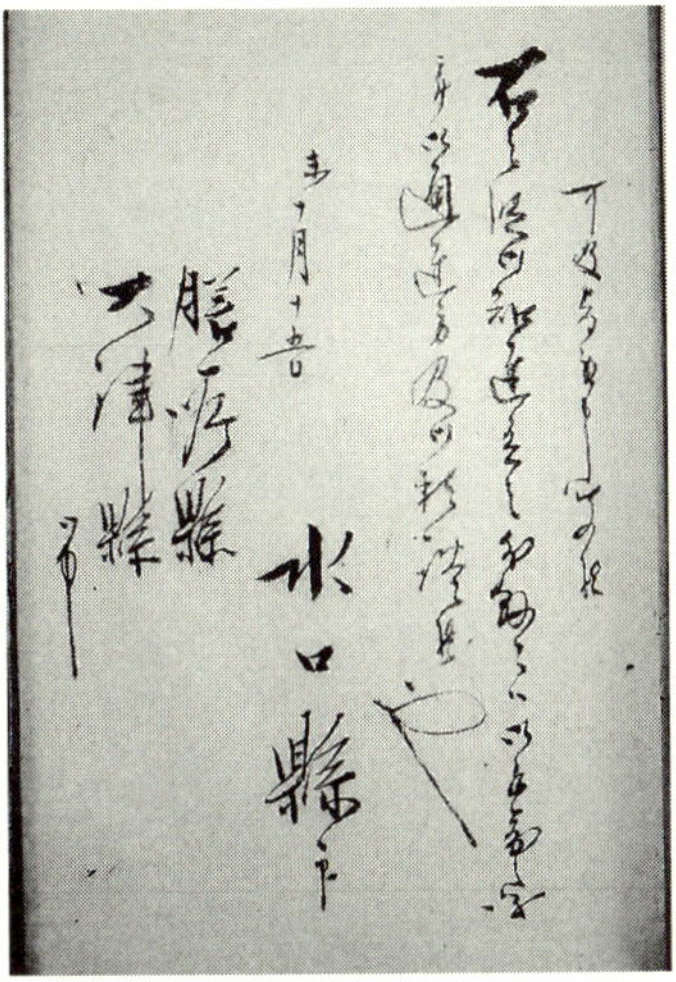
水口縣
膳所縣
大津縣

写真①「電信機御用につき報知」
明治４年10月【明と93(65)】

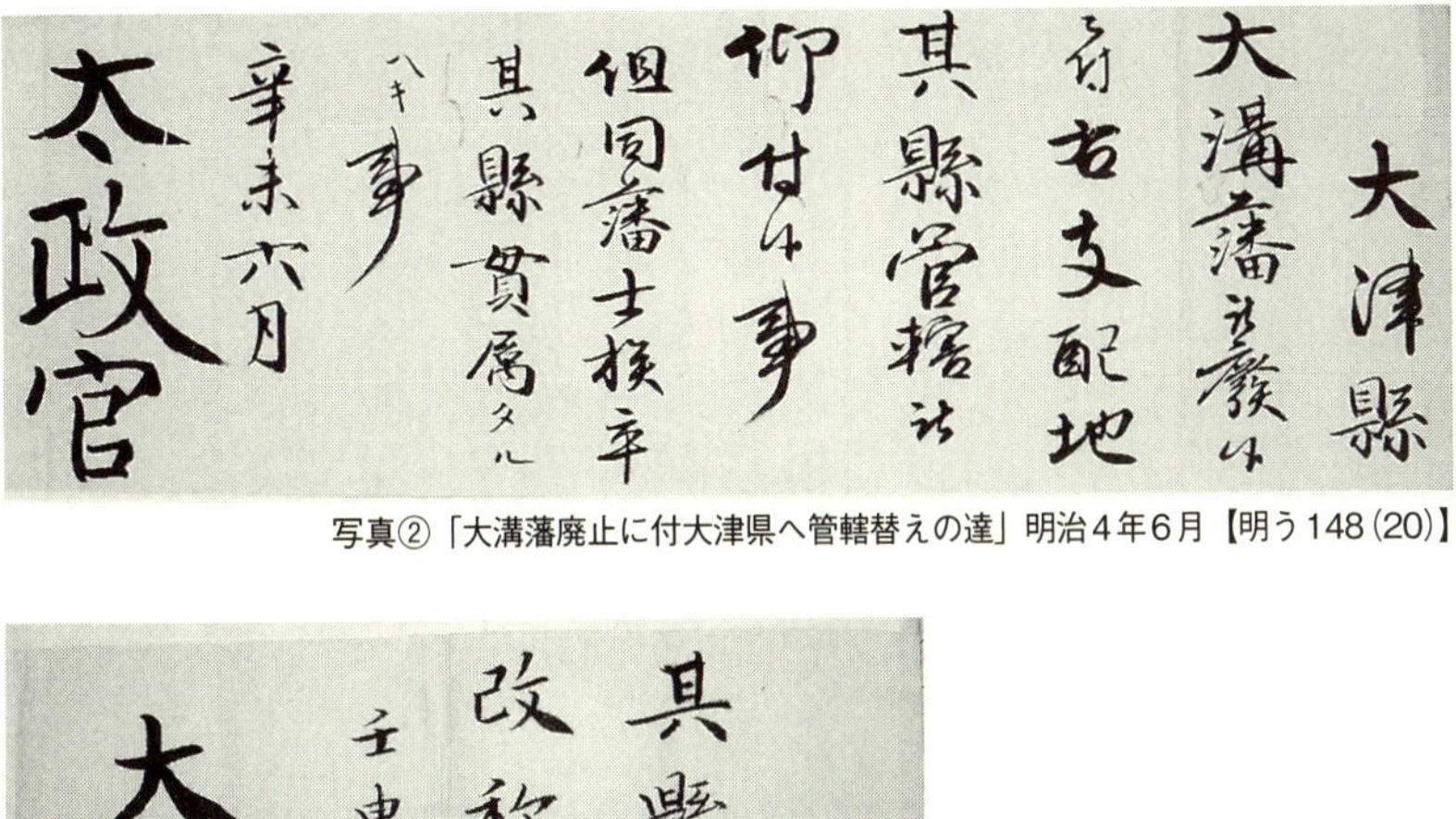
大津縣
大溝藩被廢候
付右支配地
其縣管轄被
仰付候事
但同藩士族卒
其縣貫屬タル
ヘキ事
辛未六月
太政官

写真②「大溝藩廃止に付大津県へ管轄替えの達」明治４年６月【明う148(20)】

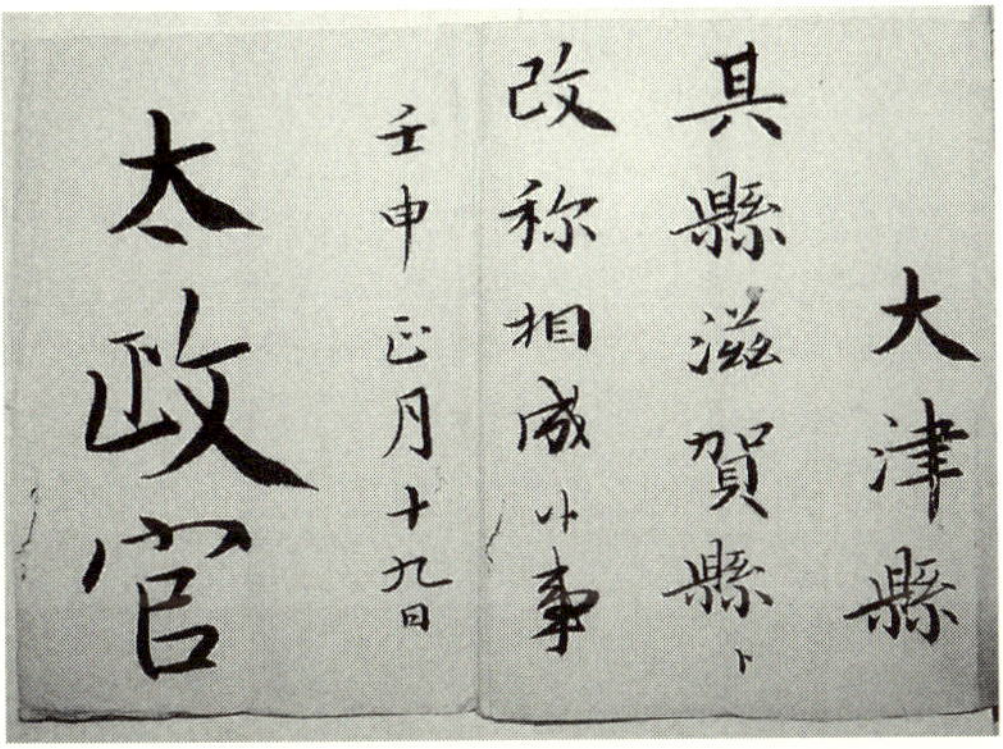
大津縣
其縣滋賀縣ト
改称相成候事
壬申正月十九日
太政官

写真③「県名改称の達」
明治５年１月19日
【明う152(13)】

多数の領主によって統治されていた土地は、明治四年七月の廃藩置県によって、「県」という区分になりました。例えば元々は膳所藩が治めていた地域は膳所県に、彦根藩が治めていた地域は彦根県となったのです。

近江国には丹後国（京都府北部）の峰山藩や上野国《こうずけのくに》（群馬県）の前橋藩など近江国以外に本拠地を持つ藩の飛び地もありましたが、これらの飛び地も、統合されることなく、そのままの場所で県となりました。写真①はこうして多数の「県」が存在していたときの文書なのです。

なお、江戸時代に幕府の直轄地であった地域や寺社などの領地は慶応四年（一八六八）に一足早く置かれた大津県が管轄しました。写真②は明治四年に大溝藩が廃止され、大津県に統合されたときの文書です。大溝藩は現在の高島市にあった藩ですから、高島地域にも大津県があったことになります。できたばかりの当時の県は必ずしも現代のようなひとかたまりの地域ではありませんでした。これらの県はやがて国の主導によって整理されていきます。

滋賀県の誕生

廃藩置県では従来あった藩を県に変えただけであったために、全国では三〇〇以上、近江国では飛び地の県も含めて一〇以上の県が存在していました。

近江国の県は早くも明治四年(一八七一)十一月に南部地域の「大津県」と北部地域の「長浜県」とに大きく二分されます。それぞれの県の範囲は、大津県が滋賀・栗太・甲賀・野洲・蒲生・神崎の六郡、長浜県は愛知・犬上・坂田・浅井・伊香・高島の六郡でした。

南北に分かれた大津県・長浜県ですが、一年も経たないうちに名称が変わります。写真③は明治五年一月に大津県が滋賀県に改称されたときの文書です。このとき初めて「滋賀県」という名称が使われますが、この滋賀県の県域は旧大津県域である、南部地域のみを指します。長浜県も同年二月に犬上県と改称します。

県名の改称を経て、いよいよ明治五年九月に滋賀県と犬上県が合併することによって現在の県域である「滋賀県」が誕生します。滋賀県・犬上県の合併を太政官が通達した文書には犬上県を廃止するので、「当申年《さる》」明治五年から犬上県の郷村等を滋賀県が受け取るようにと書かれています【明う151(27)】。

若越《じゃくえつ》四郡の合併・分離

明治九年八月、次のような布達が県から出されました。「今般、敦賀県被廃《はいされ》、越前国敦賀郡、並若狭国ヲ当県エ被併《あわされ》候」とあります【明い81(3)】。明治五年九月に一旦は定まった滋賀県の県域でしたが、明治九年に越前国の敦賀郡と若狭国の三方《みかた》・遠敷《おにゅう》・大飯《おおい》の計四郡が滋賀県に編入されることになったのです。これらは総称して俗に「若越四郡」とも呼ばれています。

しかし、明治十四年二月に福井県が設置されることが決まると、同時に若越四郡は滋賀県から福井県に編入されることになりました。これに対して県令(現在の知事)籠手田安定《こてだやすさだ》は、太政大臣三条実美と内務卿松方正義に宛てて、滋賀県からの若越四郡の分離に反対する建言書を提出しました。

籠手田は建言書において、敦賀郡や若狭国が福井県とは「地脈隔絶」しており、たとえば敦賀港と近江国との関係では「道路修繕ナリ、物貨運送ナリ、商業連絡ナリ、会社同盟ナリ、人民交際ナリ、実ニ彼此密着シテ決シテ分割ス可ラサルモノアリ」と地理的な関係を理由に若越四郡の滋賀県からの分離を反対しています(写真④)。籠手田は他にも分離反対の主張を繰り広げますが、国の決定が覆ることはありませんでした。

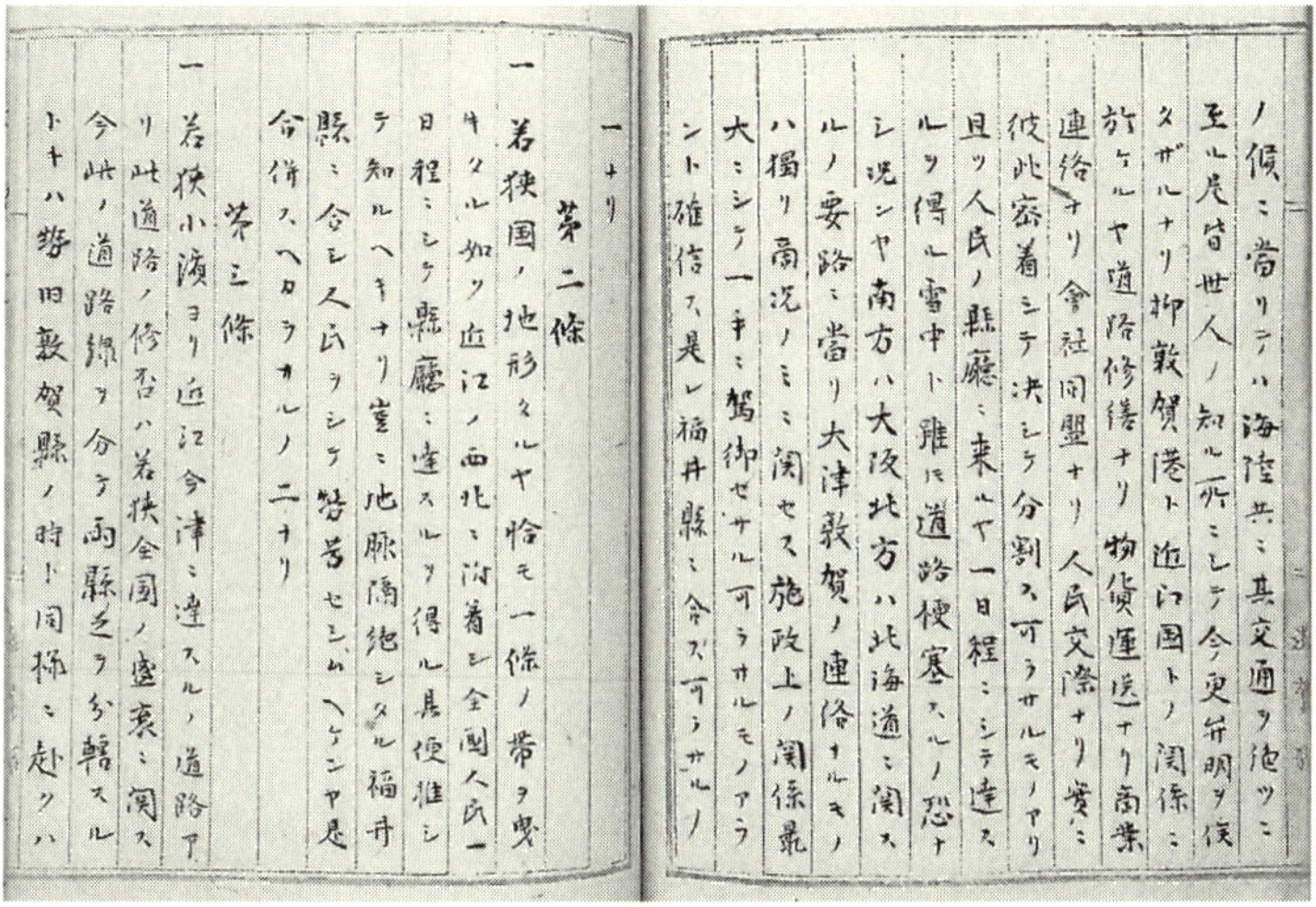
ノ候ニ當リテハ海陸共ニ其交通ヲ絶ツニ
至ル是皆世人ノ知ル所ニシテ今更弁明ヲ俟
タザルナリ抑敦賀港ト近江国トノ関係ニ
於ケルヤ道路修繕ナリ物貨運送ナリ商業
連絡ナリ會社同盟ナリ人民交際ナリ實ニ
彼此密着シテ決シテ分割ス可ラサルモノアリ
且ツ人民ノ縣廳ニ來ルヤ一日程ニシテ達ス
ルヲ得ル雪中ト雖ドモ道路梗塞スルノ恐ナ
シ況ンヤ南方ハ大阪北方ハ此海道ニ関ス
ルノ要路ニ當リ大津敦賀ノ連絡ナルモノ
ハ獨リ商況ノミニ関セス施政上ノ関係最
大ニシテ一手ニ駕御セサル可ラサルモノアラ
ント雖信ス是レ福井縣ニ合ス可ラサルノ
一ナリ
第二條
一若狭国ノ地形タルヤ恰モ一條ノ帯ヲ曳
キタル如ク近江ノ西北ニ附着シ全国人民一
日程ニシテ縣廳ニ達スルヲ得ル最便推シ
テ知ルヘキナリ寔ニ地脉隔絶シタル福井
縣ニ合シ人民ヲシテ勞苦セシムヘケンヤ是
合併スヘカラサルノ二ナリ
第三條
一若狭小濱ヨリ近江今津ニ達スルノ道路ア
リ此道路ノ修否ハ若狭全国ノ盛衰ニ関ス
今此ノ道路線ヲ分テ両縣之ヲ分轄スル
トキハ勢旧敦賀縣ノ時ト同様ニ赴クハ

写真④「若越四郡福井県へ合併の件に付建言書」明治 14 年 2 月【明お 76 合本 5 (31)】

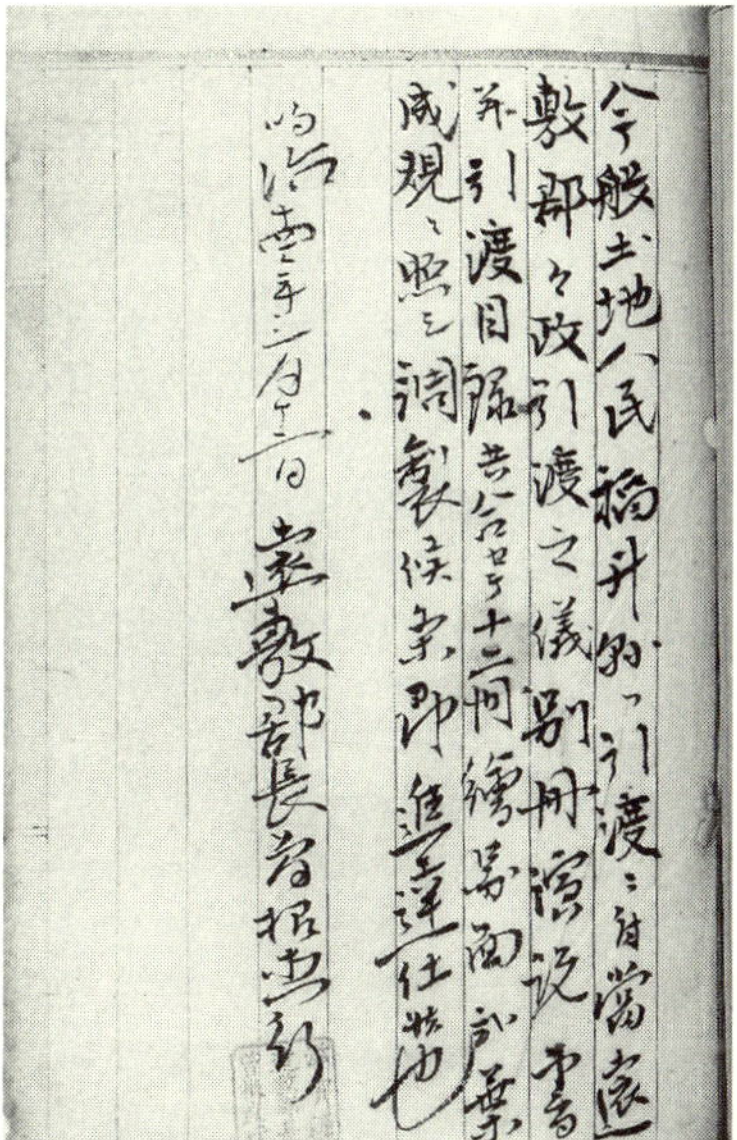
今般土地人民福井縣ヘ引渡ニ付當遠
敷郡々政引渡之儀別冊演説書
并引渡目録共合本十二冊
成規ニ照シ調製候条此段進達仕候也
明治十四年三月十日
遠敷郡長

写真⑤「遠敷郡事務引継書」
明治 14 年 3 月【明お 66 合本 1 (3)】

こうして、明治五年の滋賀県誕生から、一時は若越四郡の合併・分離という県域の変化があるものの、最終的に明治五年九月に定まった県域に戻り、現在の県域として確定しました。

事務の移管と引継文書

旧藩・県が統合された場合や、県域が変更された場合には、その地域の行政は新しい組織に引き継がれることになります。滋賀県にはこうした事務の移管に伴う引継文書も残されています。

写真⑤は明治十四年に遠敷郡が作成した引継文書です。遠敷郡は演説書と引渡し目録合わせて一二冊と絵図二葉を調製したとあります。演説書では郡の地勢や民情、さらに郡政の経緯、未完の業務についての概要を述べています。

たとえば小浜市では、消防組について新たな区分けで設立することを検討し、その設立方法を滋賀県に届け出ようとしていた所で福井県への編入が決まったため、各町戸長から提出された「書類壱袋」を副えて経緯を説明しています。また、瓜生村からは道路の枯木の払い下げ願が出されていましたが、やはり払い下げが行われる前に「本部引渡」となったため、「書類壱帋（紙）」を引き継ぎました【明お66合本1（3）】。たとえ行政の事務が滞りなく引き継がれたとしても、県域の変更は一般民衆にとっても生活に影響する大問題であったことでしょう。全国的に県の統合や再編が進められていく中で、滋賀県が京都府に合併されるといううわさが流れたこともあったようです。

　県令籠手田は若越四郡の分離に反対するのと同時期に、滋賀県の京都府合併にも意見を述べています。当時の状況は、新聞等で京都府への合併の話題があがるたびに、「近江全国ノ人心ヲ恐怖セシムル事幾回ナルヲ知ルヘカラス」というもので、もし本当に京都に合併されれば、「全国人心一朝ニシテ忽《たちまち》瓦解シ（中略）百般ノ苦情ヲ生シ治安ヲ傷《そこな》フニ至ラン」と籠手田は滋賀県の存続を強く主張していました【明お76（32）】。

　現在ではごく当たり前の滋賀県の姿ですが、もしかすれば、今でも滋賀県が日本海に接していたかもしれません。あるいは京都府と合併して滋賀県そのものが存在していなかったかもしれません。見慣れたものにもたくさんの歴史が詰まっていることを歴史的文書は教えてくれます。

（栗生春実）

初代県令　松田道之

初代滋賀県令
松田道之(イラスト画)

琉球処分を進めたことでも知られています。

滋賀県は、大津県を経て、明治五年（一八七二）に誕生しました。初代県令（現在の知事）に就任したのが、松田道之（一八三九〜一八八二）です。

松田は、鳥取藩に生まれ、幕末期には尊王攘夷運動に加わりましたが、明治維新後には内務官僚などを歴任しました。その間、明治四年から大津県令を、県名改称後の翌明治五年から明治八年まで滋賀県令を務めています。

松田県令は、全国に先んじて「議事所」を開設したり、「欧学校」を設立し外国語の普及に尽力したりするなど、開明的な政策を進めたことで知られています。

松田は、明治七年、「県治所見」を記し、県政に対する考えを公表しました。県会や学校の設置、道路の修築、湖上運輸の増進など、県政の方針が二〇項目にわたって述べられています。たとえば、海外への輸出を見すえた物産品の育成や、敦賀・大阪との運輸の便をはかるための県内交通網の整備などが説かれています（写真①）。

明治八年に内務大丞《たいじょう》となって県を去った松田は、明治十二年には、東京府知事に就任しましたが、現職府知事のまま、明治十五年七月、四四歳の若さで亡くなりました。

同年十一月には、滋賀県の有志によって、松田の死をしのぶ顕彰碑が建立されました（写真②）。この顕彰碑は、現在、滋賀県庁の本館前庭（西側）にて見学することができます。

（佐藤太久磨）

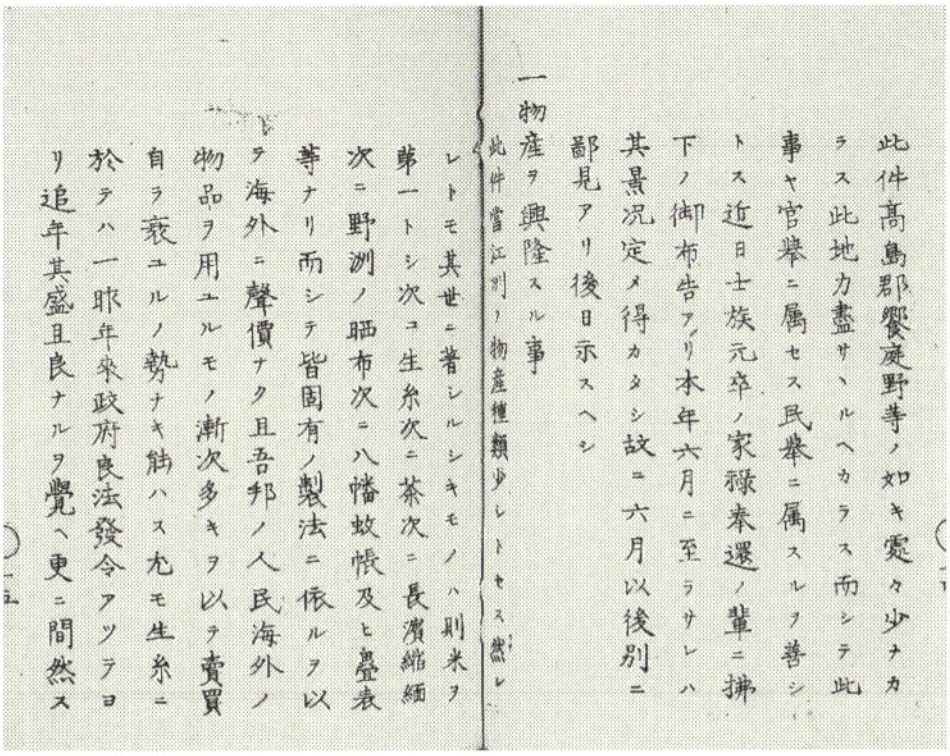

此件高島郡饗庭野等ノ如キ處々少ナカラス此地力盡サヽルヘカラス而シテ此事ヤ官挙ニ属セス民挙ニ属スルヲ善シトス近日士族元卒ノ家禄奉還ノ輩ニ拂下ノ御布告アリ本年六月ニ至ラサレハ其景況定メ得カタシ故ニ六月以後別ニ鄙見アリ後日示スヘシ

一物産ヲ興隆スル事

此件當江州ノ物産種類少シトセス然レトモ其世ニ著レルシキモノハ則米ヲ第一トシ次ニ生糸次ニ茶次ニ長濱縮緬次ニ野洲ノ晒布次ニ八幡蚊帳及ヒ疊表等ナリ而シテ皆固有ノ製法ニ依ルヲ以テ海外ニ聲價ナク且吾邦ノ人民海外ノ物品ヲ用ユルモノ漸次多キヲ以テ貴買自ラ衰ユルノ勢ナキ能ハス尤モ生糸ニ於テハ一昨年來政府良法發令アツテヨリ追年其盛且良ナルヲ覺ヘ更ニ間然ス

写真①「松田道之県令県治所見」明治7年1月【明い246合本2(2)】

写真②「松田道之県令顕彰碑」明治15年11月建立

顕彰碑は、はじめ尾蔵寺《びぞうじ》境内に建立したが、尾蔵寺がその後廃寺となったため、昭和57年に現在の場所に移転された。碑文は、建立当時の県令であった籠手田安定が記している。

2　滋賀県からみた琵琶湖疏水

明治二十三年（一八九〇）に開通した琵琶湖疏水は、京都の近代化に貢献したことでよく知られています。しかし一方で、琵琶湖のある滋賀県、特に地元の大津では疏水事業はどのように捉えられていたのでしょうか。歴史的文書から、滋賀県側の様子を探ってみましょう。

疏水計画と滋賀県側の不安

疏水を設けて琵琶湖から京都へ水を引くことを計画したのは京都府でした。京都府が掲げた「起功趣意」では、疏水開設の目的を①運輸の便、②水力を動力とする機械化と産業発展、③京都市街の井水の欠乏を補う、④防火、⑤精米、⑥下水を清潔にして衛生面を改善する、⑦旱損の田地の灌漑、の七点としています【明ね37合本2】。

ではこの疏水事業を滋賀県側の地元住民はどのように受け止めたのでしょうか。例えば、明治十六年（一八八三）十一月、大津知人会（大津町で結成された政治団体）は「近江国ハ古来水利ヲ以テ称セラレナガラ、今僅《わず》カニ一工事ノ為メニ其《その》水利ヲ奪去セラレ、却《かえり》テ損害ヲ被ムルニ至ラントハ豈《あに》地方人民ノ甘受ス可《べ》キ所ナランヤ」と疏水事業に危惧を呈し、慎重にその利害について討論すべきであると提案しています【明ね33（63）】。

また明治十七年三月、工事予定地であり、すでに測量も行われていた滋賀郡藤尾村の戸長も建言書を提出しています（写真①）。疏水事業による開鑿《かいさく》は、「（村の）水源ニ当リ、又水源ニ関セサル場所ト雖《いえども》、水路防害ナルハ必然ナリ（中略）着手決議ニ相成候《あいなりそうろう》テモ到底有害判然」と述べています。

他にも各地から意見が出されていますが、県民は疏水事業に対して不安を抱き、反対の姿勢を取っていたようです。人々の不安の要因は、疏水事業によって生活用水や農業用水への影響など、水利の面で害を被るのではないかと考えていたことにありました。

予防工事

県は明治十七年（一八八四）三月に勧業諮問会を開き、疏水事業に対する是非を議論しました。滋賀県令籠手田安定はその結果を上申書として同年三月十九日、内務卿山県有朋と農商務卿西郷従道《つぐみち》へ提出しています（写真②）。上申書によれば、やはり湖水の減少による水利への影響が予想されることから、「本県内ニ於テ一ノ利便ヲ得ルコトナキヲ以テ、到底有害無益ノ事業ナリ」と疏水事業に対して諮問会から厳しい意見が出されています。しかし一方で「方法宜シキヲ得、其障害ナカラシメハ、固《もと》ヨリ抗拒ニ及ハストノ意見ニシテ」ともあり、予防策を講じることを条件に、着工に理解を示す姿勢も見せています。

こうした意見を受けて、予想しうる被害に対しては予防工事が実施されることとなり、滋賀県では実地調査を行い、国や京都府との協議を重ねて、被害の予防に努めました。

写真③は滋賀県令が内務卿に宛てて、疏水工事を実施するにあたり、必要な予防工事の方法について調べて報告したものです。具体的には、湖水の水位低下の危険性に対応するために、瀬田川に水量を調節するための堰を設けること、土砂の堆積を予防するために、瀬田川の改修をすることを希望しています。

また、疏水によって道路が分断されるため、疏水の両岸に道路を設け、さらに四か所に橋を設けることが滋賀県と京都府との協議によって決まりました【明い166(50)】。現在では三保ケ崎橋・北国《ほっこく》橋・鹿関《かせき》橋の三つの橋を見ることができます。

大津飲料水問題

疏水工事の着工から約一年後の明治十九年(一八八六)七月、恐れていた事件が起こりま

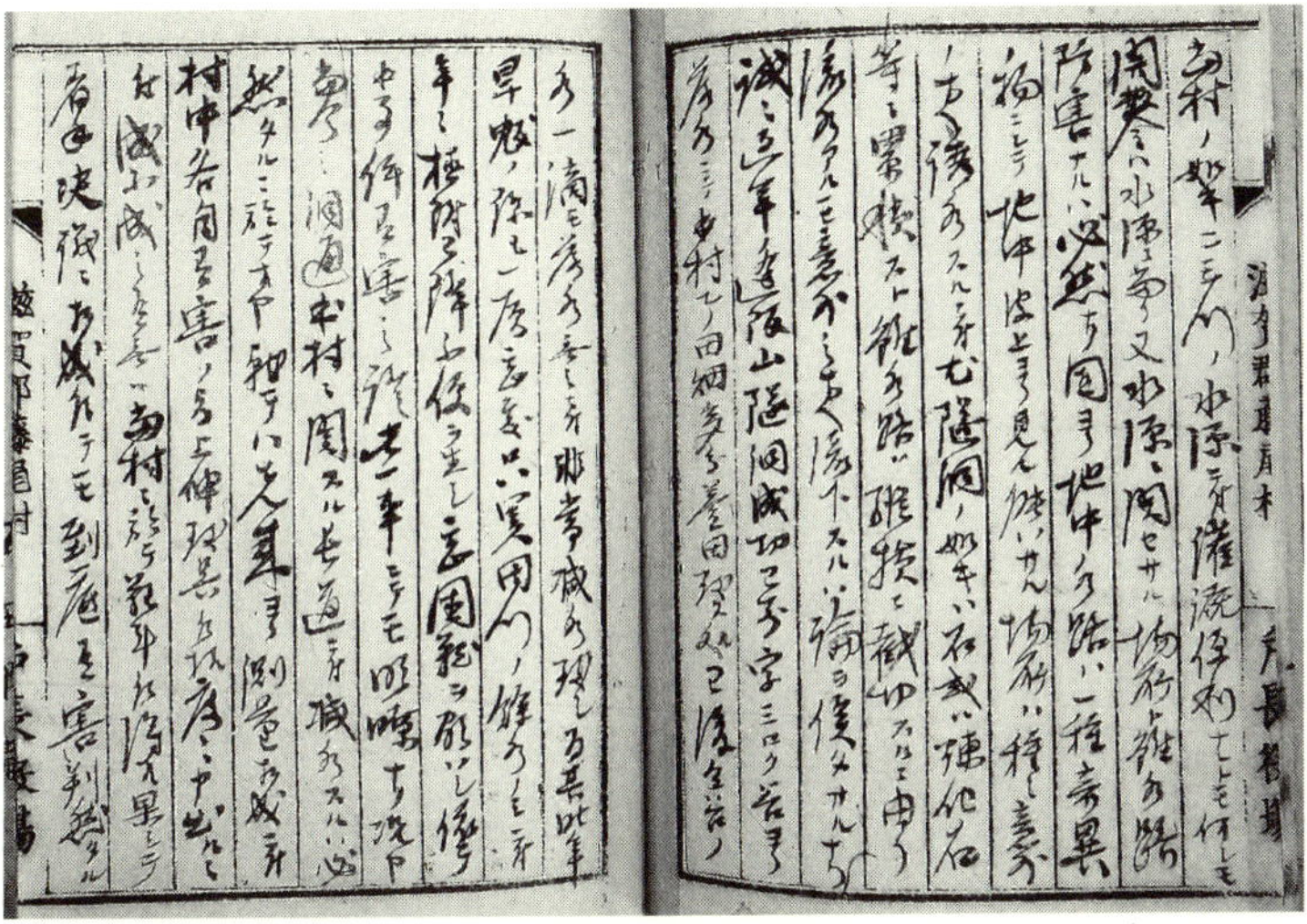

写真①「藤尾村建言書」明治 17 年 3 月【明ね 33（63）】

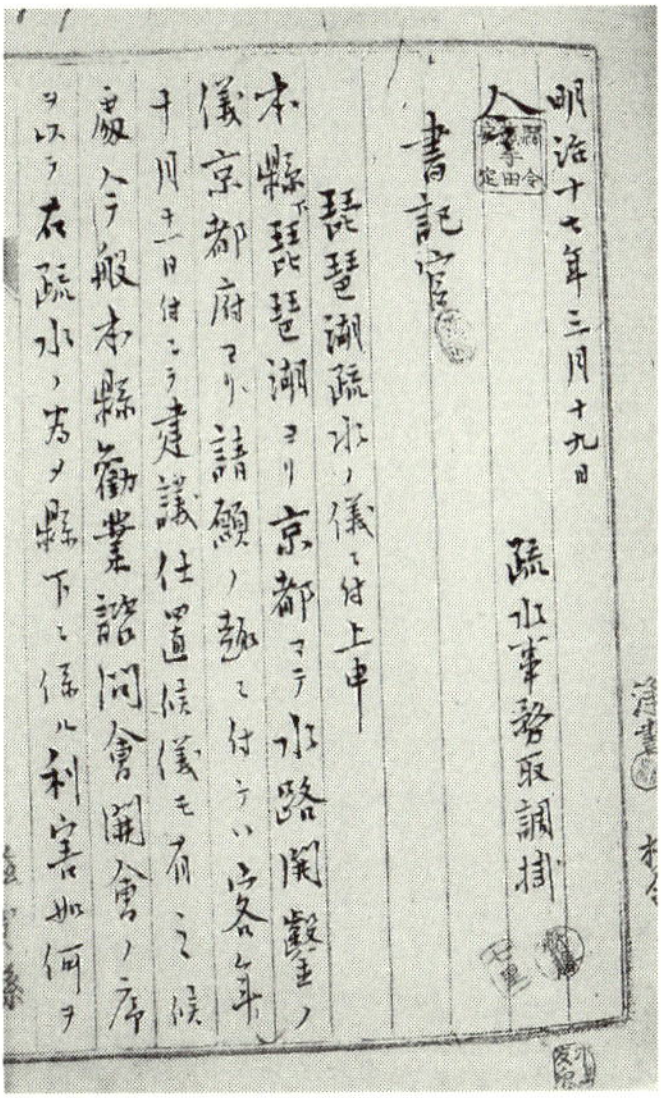

明治十七年三月十九日　疏水事務取調掛
書記官
琵琶湖疏水ノ儀ニ付上申
本県下琵琶湖ヨリ京都マテ水路開鑿ノ
儀京都府ヨリ請願ノ趣ニ付テハ客年
十月十一日付ニテ建議仕置候儀モ有之候
処今般本県勧業諮問会開会ノ序
ヲ以テ右疏水ノ為メ県下ニ係ル利害如何ヲ

写真②「琵琶湖疏水の儀に付上申」
明治 17 年 3 月【明ね 33（17）】

した。疏水の掘鑿中に地元住民の使用していた水路が切断されてしまったために、大津の西部一帯で井戸水が枯渇する事態となったのです。疏水周辺に位置する中保町・大門町・北保町の住民が県に出した願書には、「私共日用及飲料ニ供シ来リ候堀井戸、本月十四日頃ヨリ稍《やや》濁ヲ帯ヒ、夫《それ》ヨリ日々減水シ、過ル廿《(二十)》日頃ニ至リ別表ノ各井、一水モ無之《これなく》、驚歎ニ堪エズ」とあります（写真④）。この願書では三か町の二七の井戸が枯れ、五四戸に被害が出たと報告しています。被害は全体で下馬場町や鹿関町などの二〇町村九〇七戸にまで及びました。

一時は人力で水を配ることも行われましたが、京都府疏水事務所は飲料水の補給方法として、琵琶湖から水を引き揚げて給水するなどの方法を考案しました【明ね38（26−7）】。しかし、疏水事業の経緯を記した「琵琶湖疏水志稿」【明ね37合本2】によれば、その後も水利をめぐる問題や道路破損など、人々の生活に関わる問題が発生し、そのたびに滋賀県と京都府との間で解決策が講じられていたことが分かります。

疏水開通その後

問題を抱えながらも琵琶湖疏水は明治二十三年（一八九〇）四月に開通式を迎えました。

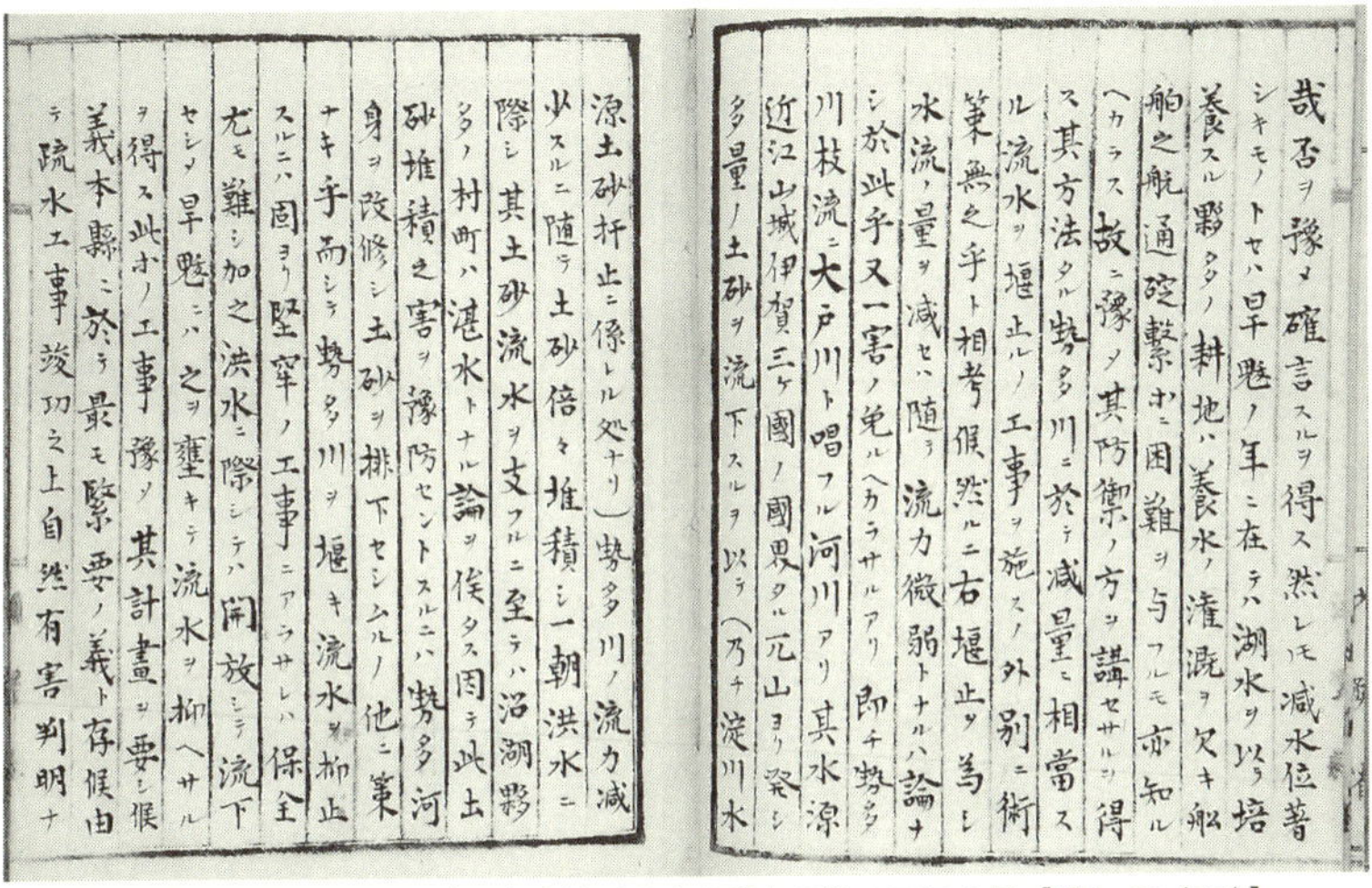

哉否ヲ豫メ確言スルヲ得ス然レトモ減水位著シキモノトセハ旱魃ノ年ニ在テハ湖水ヲ以テ培養スル夥多ノ耕地ハ養水ノ灌漑ヲ欠キ船舶之航通碇繋ホニ困難ヲ与フルモ亦知ルヘカラス故ニ豫メ其防禦ノ方ヲ講セサルヲ得ス其方法タル勢多川ニ於テ減量ニ相當スル流水ヲ堰止ルノ工事ヲ施スノ外別ニ術策無之乎ト相考候然ルニ右堰止ヲ為シ水流ノ量ヲ減セハ随テ流力微弱トナルハ論ナシ於此乎又一害ノ免ルヘカラサルアリ即チ勢多川枝流ニ大戸川ト唱フル河川アリ其水源近江山城伊賀三ケ國ノ國界タル兀山ヨリ発シ多量ノ土砂ヲ流下スルヲ以テ（乃チ淀川水源土砂扞止ニ係レル処ナリ）勢多川ノ流力減少スルニ随テ土砂倍々堆積シ一朝洪水ニ際シ其土砂流水ヲ支フルニ至テハ沿湖夥多ノ村町ハ湛水トナル論ヲ俟タス因テ此土砂堆積之害ヲ豫防セントスルニハ勢多河身ヲ改修シ土砂ヲ排下セシムルノ他ニ策ナキ乎而シテ勢多川ヲ堰キ流水ヲ抑止スルニハ固ヨリ堅牢ノ工事ニアラサレハ保全尤モ難シ加之洪水ニ際シテハ開放シテ流下セシメ旱魃ニハ之ヲ塞キテ流水ヲ抑ヘサルヲ得ス此ホノ工事豫メ其計畫ヲ要シ候義本縣ニ於テ最モ緊要ノ義ト存候由テ疏水工事竣功之上自然有害判明ナ

写真③「琵琶湖水疏通に付予防工事方法所見上申書」明治 17 年 9 月【明ね 33（25）】

写真⑥「琵琶湖疏水東口掘割工場」明治 19 年（滋賀県所蔵）
第一疏水掘削の様子。

しかし大津の住民にとって、疏水事業による被害には忘れがたいものがあったようです。明治三十八年（一九〇五）に第二疏水の工事が京都市によって計画されると、大津市会議長郁田《むら た》六之助は県知事鈴木定直へ事業反対の意見書を提出しました（写真⑤）。意見書では、第一疏水開鑿中に発生した飲料水問題を取り上げ、「今猶《なお》被害部落ノ住民ハ日常ノ飲料水并《ならび》ニ使用水ニ欠乏」する状態であり、第二疏水の掘鑿が着工されれば、「一層其《その》災禍ノ多大ナルベキハ、第一疏水工事ニ於ケル実情ニ徴《ちょう》シ、極メテ明々瞭々タリ」と、さらなる被害が生じることを案じています。そして、もし起工が許可される場合には、大津市が被る被害に対して十分な補償がなされることを条件とするよう、県に求めました。

疏水事業は近代国家へ向かう推進力として、中央政府も期待を寄せる大プロジェクトでした。明治三十一年に作成された大津の沿革を記した文書に「京津間疏水運河ヲ開キ一層運輸ノ便ヲ増加ス」とあるように、疏水の開通が運輸交通に発展をもたらし、多くの人や物資が行き交ったのもまた事実です【明ふ60合本2（4）】。

しかしながら、疏水事業は多くの人々の利害が絡み合う事業でもありました。歴史的文書からは、当時の滋賀県側の人々が疏水事業に対して必ずしも明るい展望ばかりではなく、不安や疑問も抱いていたことが読み取れます。

（栗生春実）

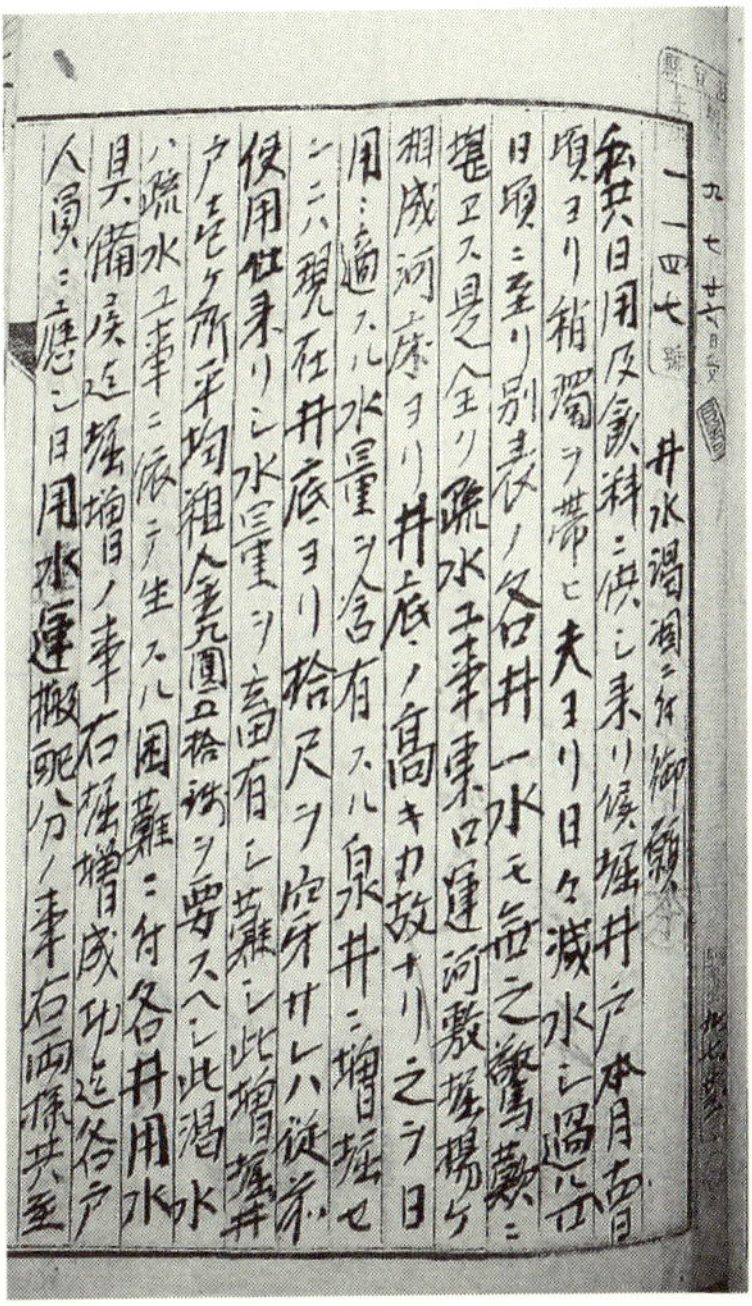
一一四七號　井水涸涸ニ付御願
私共日用及飲料ニ供シ来リ候堀井戸本月五日
頃ヨリ稍濁リヲ帯ヒ夫ヨリ日々減水シ渇ル十
日頃ニ至リ別表ノ各井一水モ無之驚歎ニ
堪エス是全ク疏水工事東口運河敷堀場ゟ
相成河底ヨリ井底ノ高キカ故ナリ之ヲ日
用ニ適スル水量ヲ含有スル泉井ニ増堀セ
ニハ現在井底ヨリ拾尺ヲ穿サレハ従来
使用仕来リシ水量ヲ蓄留シ難シ此増堀井
戸壱ヶ所平均粗金九圓五拾銭ヲ要スヘシ此渇水
ハ疏水工事ニ依テ生スル困難ニ付各井用水
具備候迄堀増ノ事右堀増成功迄各戸
人員ニ應シ日用水運搬雇分ノ事右両様共至

写真④「井水渇涸に付御願」
明治19年7月【明ね38（10-3）】

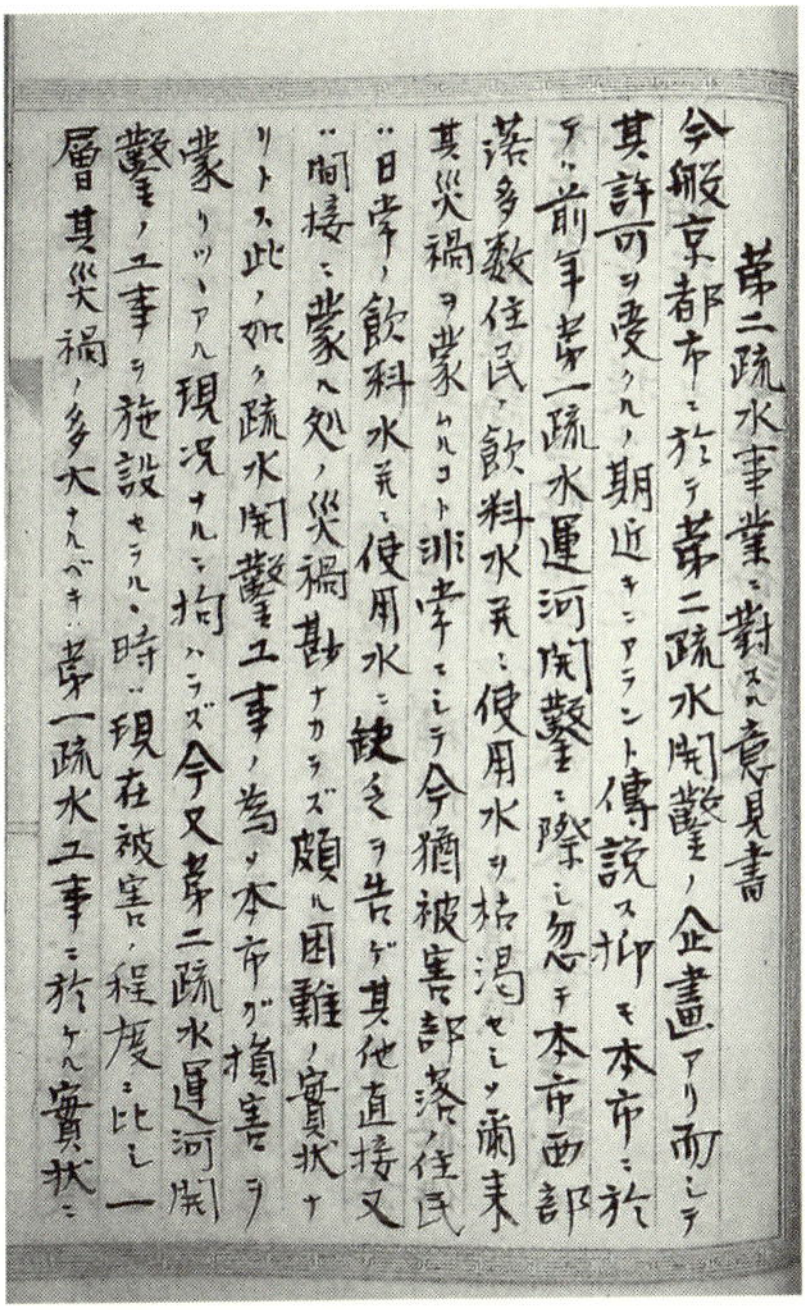
第二疏水事業ニ對スル意見書
今般京都市ニ於テ第二疏水開鑿ノ企畫アリ而シテ
其許可ヲ受クルノ期近キニアラント傳說ス抑モ本市ニ於
テハ前年第一疏水運河開鑿ニ際シ忽チ本市西部
落多數住民ハ飲料水ニ使用水ヲ枯渇セシメ爾来
其災禍ヲ蒙ムルコト非常ニシテ今猶被害部落ノ住民
ハ日常ノ飲料水ニ使用水ニ缺乏ヲ告ゲ其他直接又
ハ間接ニ蒙ル処ノ災禍甚ナカラズ頗ル困難ノ實状ナ
リトス此ノ如ク疏水開鑿工事ノ為メ本市ガ損害ヲ
蒙リツヽアル現況ナルニ拘ハラズ今又第二疏水運河開
鑿ノ工事ヲ施設セラルヽ時ハ現在被害ノ程度ニ比シ一
層其災禍ノ多大ナルベキハ第一疏水工事ニ於ケル實状ニ

写真⑤「第二疏水事業に対する意見書」
明治39年3月【明ぬ66（19）】

人力車走る「まんぽ」の図面

滋賀県には、琵琶湖疏水や大津事件に関する史料だけではなく、学校の建築や河川の改修工事など、土木事業に関する図面史料も数多く残されています。そのなかでも、家棟《やなむね》川、由良谷《ゆらだに》川、大沙《おおすな》川隧道《ずいどう》（湖南市）の設計に関する絵図が注目されます。

隧道とは、天井川を支えるトンネルのことで、方言で「まんぽ」や「まんぼ」と呼ばれています。滋賀県内には、多くの天井川、多くの「まんぽ」がありますが、なかでも大沙川隧道は、内部まで石壁を積み上げた石造トンネルとして、日本最古のものといわれています（明治十七年〈一八八四〉築）。家棟川隧道、由良谷川隧道は、その二年後、明治十九年に築造されています。

これら天井川をくぐる「まんぽ」の設計図、絵コンテには、人びとが隧道内部を通り抜ける様子や、人力車の走る様子が、やさしいタッチで描かれています。

写真① 「まんぽ」を走り抜ける人力車

絵図類のほか、これらの史料からは、家棟川、由良谷川隧道の設計・工事・監督に当たった職員に対して、県から慰労金が贈られたことも分かっています【明え289（47）】。

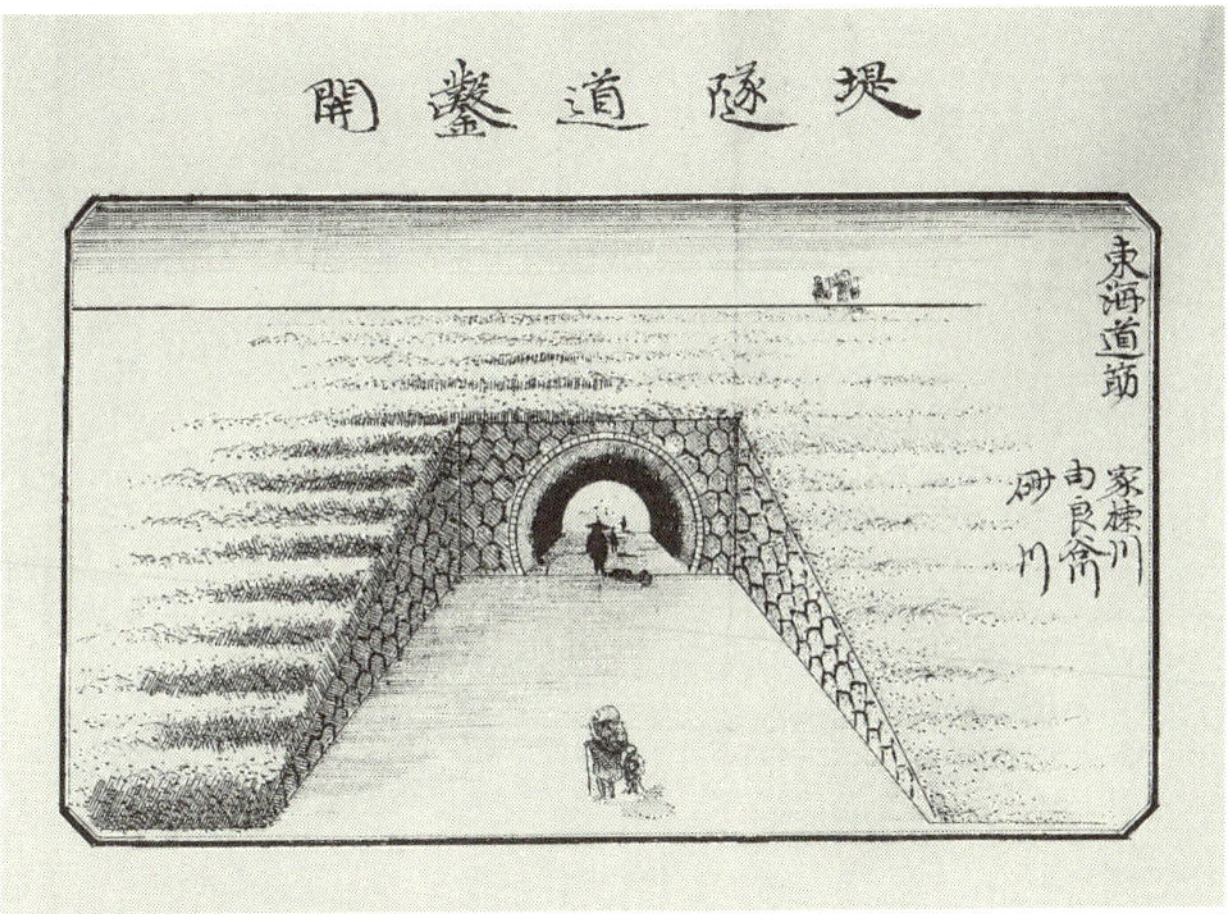

写真②

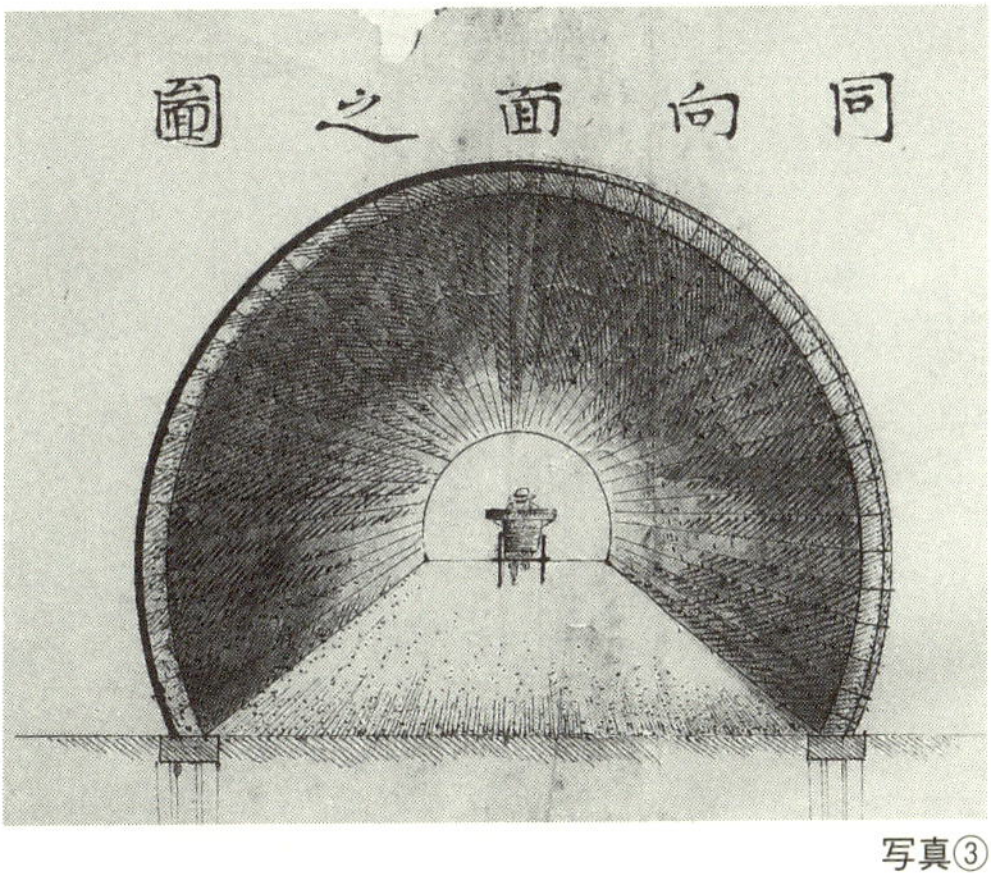

写真③

写真②③「家棟川、由良谷川、砂川隧道図面」
明治初期【明な 337 (9)】

滋賀県の歴史的文書からは、知られざる歴史の一面を見つけ出すことができるかもしれません。皆さんも、県政史料室で新たな発見をしてみませんか。

（佐藤太久磨）

3 大津事件
―露国皇太子の来県―

明治二十四年（一八九一）五月十一日、日本史上において有名な「大津事件」が起こりました。大津事件は大津を通過中のロシア皇太子を日本人が負傷させたことに端を発する事件です。事件の舞台である滋賀県に残された文書からは、官民あげて入念な準備をし、外国の貴賓を歓待していたところ、一転して悲劇となった様子を詳細に知ることができます。

ニコライの来県と大津事件

大津事件については、一般には加害者である津田三蔵の処罰をめぐる裁判がよく知られています。外国の皇太子に傷を負わせたという国際的な事件に対して、通常ならば最高も無期懲役となるところ、閣僚たちは三蔵を死刑にすることを主張しました。しかし、最終的に裁判では閣僚の主張に屈することなく、法に沿って無期懲役の判決が下されました。大津事件は、近代国家として動き出したばかりの日本において、司法権の独立が守られた事件として注目されているのです。

ところで、事件当日、なぜロシア皇太子ニコライは大津にいたのでしょうか。ニコライはいとこ（甥とする説もある）のギリシャ王子ジョージと共に諸国を歴訪する途上にありました。日本では四月に長崎に到着後、主に各地の観光をしながらひと月程かけて北海道まで移動する予定になっていました。大津事件のその日は、一日「琵琶湖御遊覧」をするために大津に来ていたのでした【明か23（44）】。

ニコライ一行歓迎準備

外国からの貴賓をもてなすために、滋賀県では様々な準備が行われました。写真①は事務の分担表です。「警衛掛《かかり》」や「休憩所掛」のほか、「三井寺掛」「物産陳列掛」「御乗船掛」など、観光の行程にそって細かく担当を分けて準備にあたっています。

準備にかかった費用の記録を見ていくと、日本・ロシア・ギリシャの国旗をそれぞれ十数本や、休憩中に出すためでしょうか、玉露も購入しています。また観光の移動に乗る琵琶湖の汽船の塗り替えや桟橋の飾り付け、あるいは、陳列のために県下の物産品や古画類を各地から取り寄せるなどその準備は多岐にわたりました【明か25合本1（2）】。

入念な準備をしていましたが、ニコライ一行の旅程の都合により、石山寺の巡覧がなくなるといった予定変更もありました。また、前日の十日には「本日御来県アルヘシ」との誤報が京都からあり、「諸事準備ニ遑《いとま》ナキヲ以テ御来遊ヲ御断《おことわり》申上ル」という一幕まで起こります【明か23（1）】。滋賀県に限らず、ニコライ一行の「御遊覧」を予定していた各地では準備をめぐってさぞや様々な苦労や混乱があったことでしょう。

歓待と襲撃

歴史的文書には事件の顛末を編さんするための原稿が残されています。この原稿から、事件当日のニコライの行動を追ってみましょう【明か23（1）】。

五月十一日、いよいよニコライ一行が大津にやって来ました。一行は行く先々で盛大な歓迎を受けます。まず三井寺に向う道筋では「到ル所、町民両側ニ蟻集《ぎしゅう》シテ歓迎シタリ」という状態でした。次いで蒸気船で唐崎へ向かった一行は、上・下阪本村民による「煙火ヲ打揚ケ、且《かつ》数十人日吉神祭礼ニ用ユル甲冑ヲ着シ船ニテ出迎ヒ奉ル」といった歓迎を受けます。ニコライは老松を鑑賞した他、漁夫が捕獲した湖魚を見て、「親シク手網ニテ之ヲ捕ヘ娯ミ」ました。県庁では、準備されていた県下の物産品から草津村の竹鞭や水口村の藤細工、長浜町の縮緬などを購入しています。

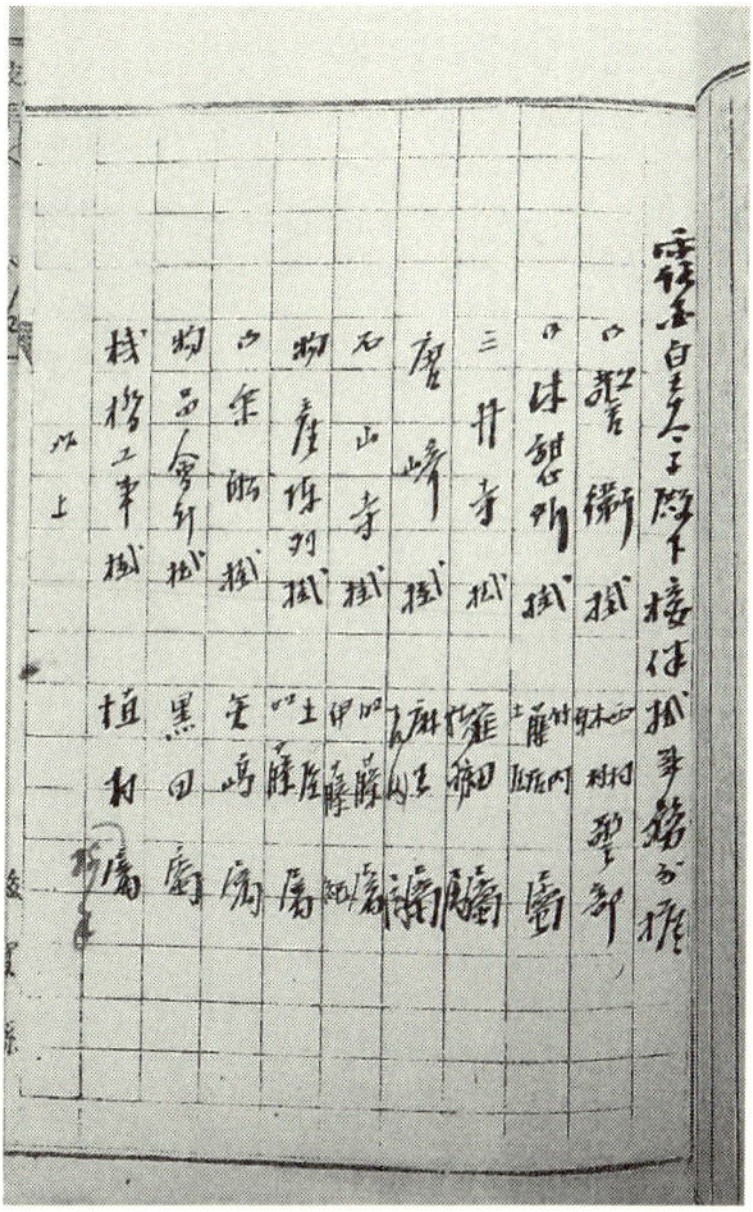

写真①「接伴掛事務分担表」
明治 24 年 5 月 5 日【明か 23(18)】

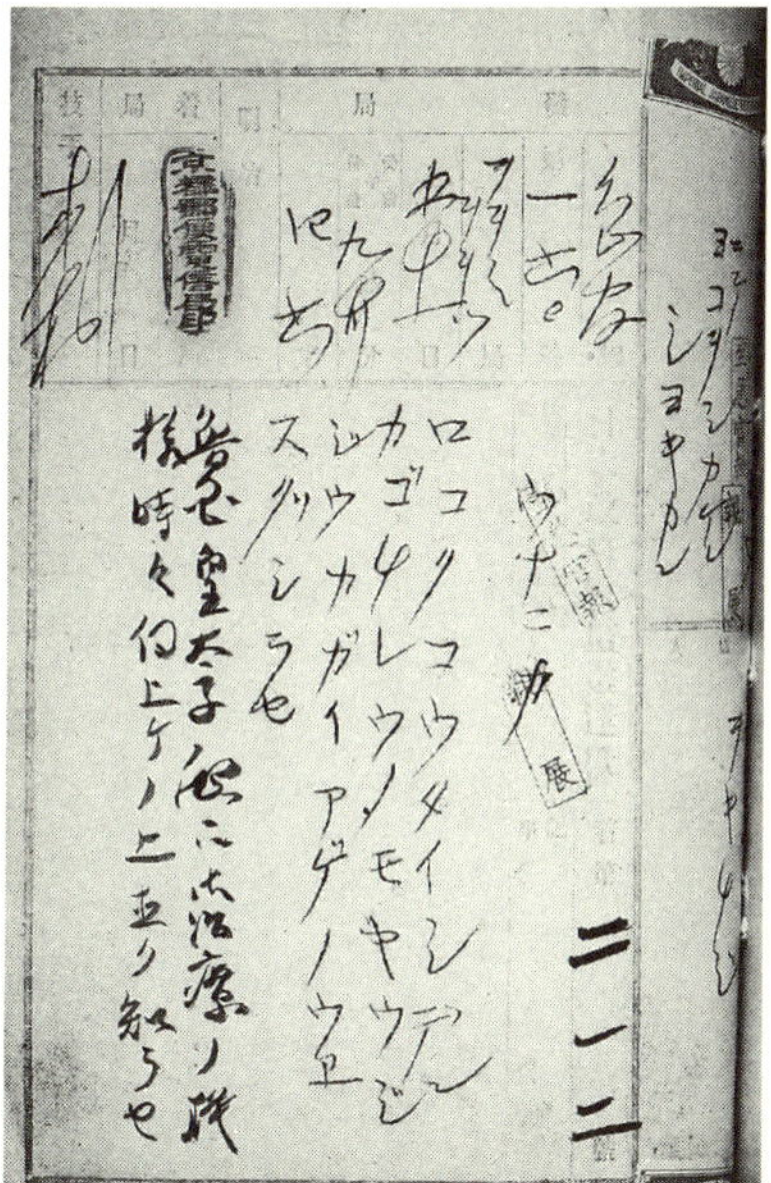

写真②「皇太子の治療に付電報」
明治 24 年 5 月 11 日【明か 23(25)】

準備のかいあり、「両殿下ハ官民歓迎ノ情ニ満悦アラセラレ、沖知事ヘ懇篤ナル御挨拶」もありました。しかしこのような歓待ムードの中、事件は起こります。

京都に戻るため、一行は県庁から人力車を連ねて進んでいきました。そして、大津町下《しも》小唐崎《こからさき》を通行した際、路上で警備についていた県巡査津田三蔵が突如、「帯剱ヲ抜キ直ニ皇太子殿下ノ頭部ヲ斬リ付ケタルコト二回」、ニコライは人力車から飛び降りて三蔵の追撃から逃れます。すぐ後の人力車に乗っていたギリシャ王子ジョージや人力車の車夫が三蔵を阻み、そのまま三蔵は捕えられました。

頭部を負傷したニコライでしたが、随行していた医官に包帯を巻かれる際も、落ち着いた様子で煙草を吸っており、見ていた人々はニコライの態度に驚歎したといいます。

事件の波紋

いかにニコライが落ち着いていようとも、外国の貴賓を日本人が斬りつけたのですから、事件後、国や県は緊迫したやりとりを交わしています。

事件のあったその日の内に外務大臣と内務大臣が東京を発ち、翌日には明治天皇も京都へ向かうことが、当日の夜に電報によって県に伝えられました【明か23（25）】。同じく当日の夜に知事が京都にいる県の書記官に出した電報では、「御治療ノ模様時々伺上ケノ上、直ク知ラセ」と、ニコライの容態を案じています（写真②）。

事件は国や県だけではなく、一般民衆にとっても大きな衝撃でした。事件を受けて、自治体や政治団体・婦人会などの各種団体、あるいは一個人からニコライへ慰問の電報・書簡や贈り物が大量に送られました。全国から送られた電報・書簡は宮内省によると十一日から十九日までに二万四〇〇〇通余りにおよんだということです【明か23（1）】。

ニコライの来遊先であった下阪本村は、唐崎の古松の種子から培養した稚松一盆を献上しました（写真③）。一方で、ニコライと直接の関わりがなかった人々も慰問の電報や書簡を送っています。

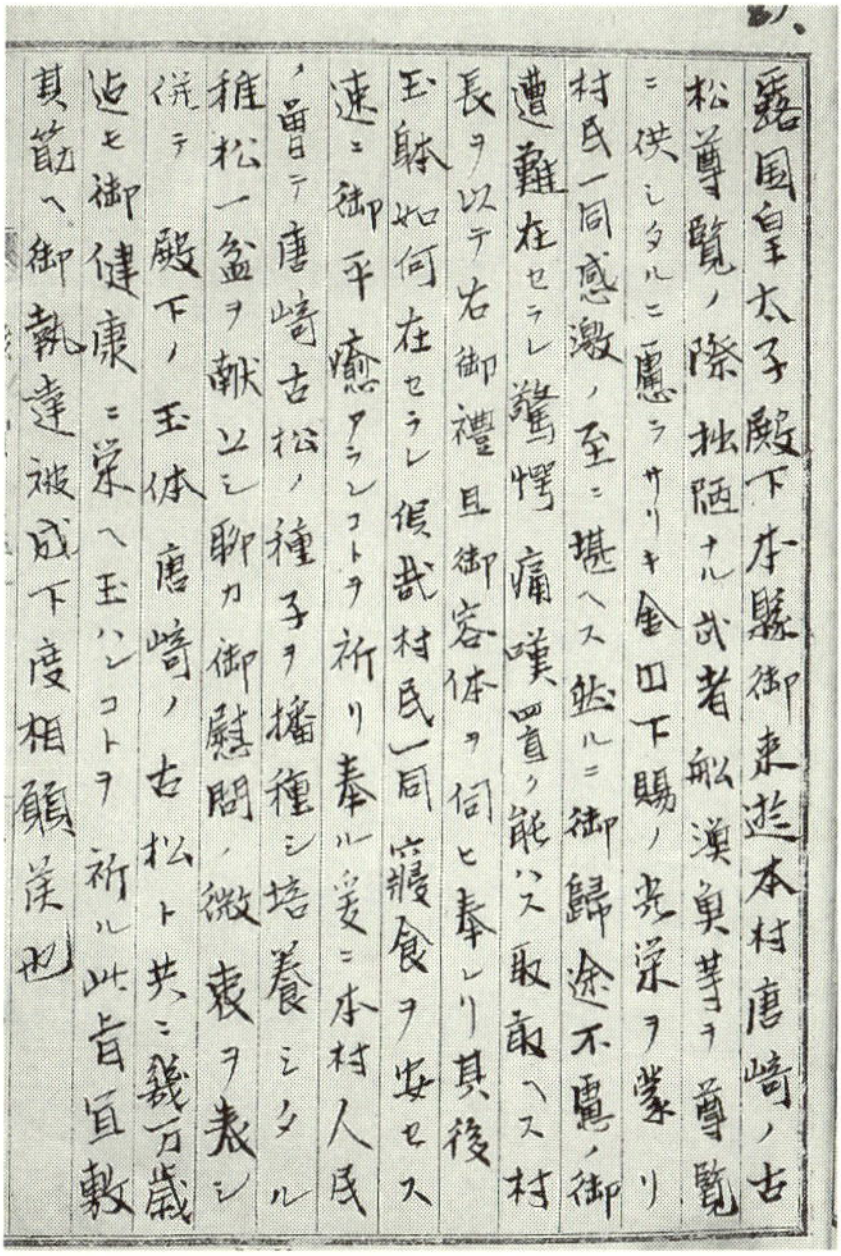
露国皇太子殿下本縣御来遊本村唐崎ノ古
松尊覧ノ際拙陋ナル武者船漁具等ヲ尊覧
ニ供シタルニ慮ラサリキ金円下賜ノ光栄ヲ蒙リ
村民一同感激ノ至ニ堪ヘス然ルニ御帰途不慮ノ御
遭難在セラレ驚愕痛嘆措ク能ハス取敢ヘス村
長ヲ以テ右御禮且御容体ヲ伺ヒ奉レリ其後
玉躰如何在セラレ候哉村民一同寝食ヲ安セス
速ニ御平癒アランコトヲ祈リ奉ル爰ニ本村人民
ノ曽テ唐崎古松ノ種子ヲ播種シ培養シタル
稚松一盆ヲ献シ以テ聊カ御慰問ノ微衷ヲ表シ
併テ殿下ノ玉体唐崎ノ古松ト共ニ幾万歳
迄モ御健康ニ栄ヘ玉ハンコトヲ祈ル此旨宜敷
其筋ヘ御執達被成下度相願候也

写真③「下阪本村慰問文」
明治24年5月16日【明か24合本1（1）】

事件が起こったことによって、ニコライ一行はその後の予定を切り上げ、京都からロシアの軍艦が待つ神戸に移り、帰国の途に就いてしまいます。慰問の人々はニコライの移動に従って、京都のみならず、神戸にまで向かいました。蒲生郡八幡町からは町民の代表者が神戸に赴き、地元産の清酒五〇瓶、八幡銀行頭取からはシメジ缶詰三ダースが慰問状を添えて献上されました【明か24合本1（1）】。

ここで、少し違う視点から事件を見てみましょう。滋賀県警察本部に保存されている大津事件に関係する文書の中には、事件後に各地の警察署が管内の住民の動向を調査した報告書があります。八日市警察署からの報告書によると、ロシアと戦争になるのではないか、あるいはロシアから莫大な賠償金を要求されるのではないか、という噂が流布しており、人々は「甚タ畏懼《いく》ノ念慮ヲ抱キ居ル模様」と報告しています（『各署往復書類』）。

事件後、盛んに行われた慰問でしたが、これらの慰問に込められた心情には、ニコライに対する純粋なお見舞いの気持ちだけではなく、大国ロシアから何らかの報復があるのではないかという恐れの気持ちもあったことがうかがえます。

（栗生春実）

写真④「ロシア皇太子ニコライ・ギリシャ王子ジョージ像」（滋賀県所蔵）
向かって右側の人物がニコライ。

明治の洋風県庁舎

明治二十一年（一八八八）七月七日、県知事中井弘は判任官[注1]以下、給仕にいたるまで職員に洋服・靴の着用を義務づける訓令を出しています（写真①）。この訓令は、県庁舎新築落成・移転をきっかけに出されたものです。六月、滋賀県庁は大津県時代より二〇年ほど県庁を置いた園城寺内円満院から、現在地（旧大津市東浦）に移転しました。当時の東浦は多くが田地でした。

新庁舎は寺院を転用していた円満院時代とは一変して、巨大な煉瓦造り二階建ての洋風建築でした（写真②）。県会議事堂と警察庁舎を併設し温水暖房器や室内電鈴をも備えた、当時としては画期的な建物だったようです。七月の訓令は、庁舎で働く人々に建物にふさわしい外見を求めて出されたのでしょう。

さて、六月二十五日の新庁舎への移庁式後、二十六・二十七両日は一般人の見学日とされています。あいにくの雨のなか隣府県からも大勢の来観者が詰めかけ、その数は両日で一二万人とも。その様子を記した文書（新聞記事の原稿か抜き書き？）には、人々は肩擦り合う人混みでじっくり見学するどころではなく、新庁舎の壁や廊下は泥で汚され県会議事堂の鉄門は破壊されたとしています【明お41（4）】。

このように華々しいお披露目を済ませた洋風県庁舎は以後約五〇年間、県政の中心舞台となるのです。

（生嶋輝美）

注1　各省大臣・府県知事などの権限で任命される官吏

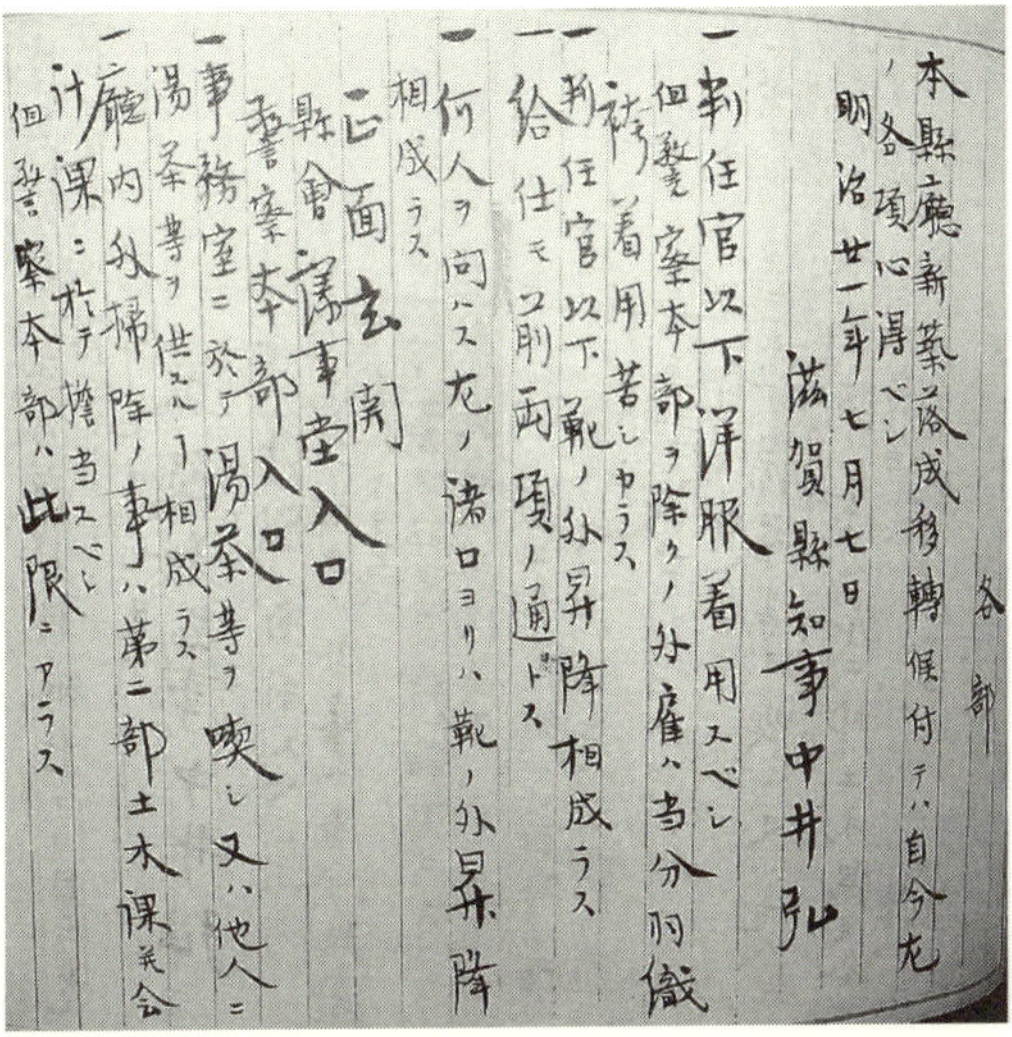

各部

本縣廳新築落成移轉候付テハ自今左
ノ各項心得ベシ
明治廿一年七月七日
滋賀縣知事中井弘
一判任官以下洋服着用スベシ
但警察本部ヲ除クノ外雇ハ当分羽織
袴着用苦シカラス
一判任官以下靴ノ外昇降相成ラス
一給仕モ亦前両項ノ通トス
一何人ヲ問ハス左ノ諸口ヨリハ靴ノ外昇降
相成ラス
正面玄関
縣会議事堂入口
書記官室 警察本部入口
一事務室ニ於テ湯茶等ヲ喫シ又ハ他人ニ
湯茶等ヲ供スル相成ラス
一庭内ノ掃除ノ事ハ第二部土木課及会
計課ニ於テ擔当スベシ
但警察本部ハ此限ニアラス

写真①「本県庁新築落成移転心得の件」
明治21年7月7日【明い174合本2(27)】
職員の洋服・靴着用のほか、県庁正面玄関・県会議事堂を出入りするすべての人の靴着用が命じられた。事務室での喫茶も禁止されている。

写真②昭和12年6月の取り壊し前の先代県庁舎【昭の1(16)】
設計は内務省土木局から出向の小原益知《おはらますとも》(五等技師)。竣功当時44室・建坪512坪、建築総費用11万円。煉瓦石は淡黄色のセメントで包んでいたという。

4　江若鉄道の開通まで
―小浜の海へ続く鉄道の夢―

県内の鉄道開通の流れから取り残されていた湖西地方に初めて通ったのが、江若《こうじゃく》鉄道です。しかし、その名前の由来となった近江と若狭をつなぐ鉄道の道は、いまだ通っていません。現在まで続く小浜への鉄道の夢がはぐくまれた明治・大正期を振り返ってみましょう。

敷かれることのなかった鉄道路線

滋賀県は古来、北陸・中部地方と京都・大阪をつなぐ交通の要所です。そのため、明治十三年（一八八〇）という早い時期に大津・京都間に官設鉄道が開通し、さらに二十二年（一八八九）には大津・長浜間がつながります。県内を全通した鉄道によって情報や物資が行き交うようになりますが、その鉄道が走ったのは琵琶湖の東側でした。

同じ頃、琵琶湖の西側、湖西地方では、まだ多くの人が徒歩で移動していました。物流は湖上交通に頼っていましたが、桟橋も十分には整っていない状況でした。実は湖西地方にも早い時期から鉄道の計画はあり、官設鉄道を通す際には湖東とともに湖西ルートも検討されたといいますが、実現することはありませんでした。

しかし、明治中期には湖西地方へも全国的な鉄道事業への投資熱がもたらされ、いくつかの路線が計画されます。「小浜鉄道」の計画は、そのひとつです。若狭地方と中央の資本家が発起人となり、明治二十八年に福井県の小浜から三宅（三方上中郡《みかたかみなかぐん》若狭町）を経て、今津から大津にいたる路線を出願します。この鉄道は、近江と若狭を結ぶという目標のもと「江若鉄道」、「近若鉄道」と名乗っていた時期もあり、予定路線も後に開通する江若鉄道の計画とほぼ同様でした（写真①）。

小浜鉄道は、京都や中央の出資者（渋沢栄一など）を擁する京北鉄道と競合する部分を争って認可のために活発な運動を繰り広げます。創立趣意書で語られているのは、「軍政上」、「国家経営上」の重要性とルートの優位性です。小浜から北海道、北陸はもちろん、因伯《いんはく》・雲《うん》石《せき》諸国（山陰地方）との物流の行き来が望めるとし、また高低差の少ない工事は、総延長五〇哩《マイル》（約八〇キロメートル）に対して資金二五〇万円の安価な予算で済むとその簡易性を力説しています【明て16（23）】。

小浜鉄道が工事の容易さを強調するように、この道は鯖街道として人が行き交う「九里《くり》半《はん》（約三八キロメートル）」の道でした。高島郡の今津から見れば、小浜は舞鶴や敦賀よりも近い海です。小浜の人々は、今津から大津を通り、京都・大阪へ抜ける便利さを、湖西の人々は今津から小浜の海とその先の地へ通じる可能性を現実感を持って期待したことでしょう。

しかし、「小浜鉄道」は明治三十年に仮免許の交付を受けたにも関わらず、資金が集まらずに失効させてしまいます。そののちも地元選出議員によって湖西地方を通る鉄道敷設が請願されましたが、叶いませんでした。歴史的文書の中には幻となった路線の計画図がひっそりと綴じられています。

江若鉄道と滋賀県

江若鉄道は、それまで敷設が実現しなかった湖西地方で初めて開通にまで至ります。それは、当時の行政の意思が大きくはたらいたからです。

大正六年（一九一七）に就任した森正隆知事は、鉄道建設を進めていた立憲政友会の政治家でした。湖西地方への鉄道敷設の要望を聞くと、即座にその実現を約束したといいます。森知事のもと、県は湖西地方の開発とともに、ウラジオストクなどとつながる軍事上・物

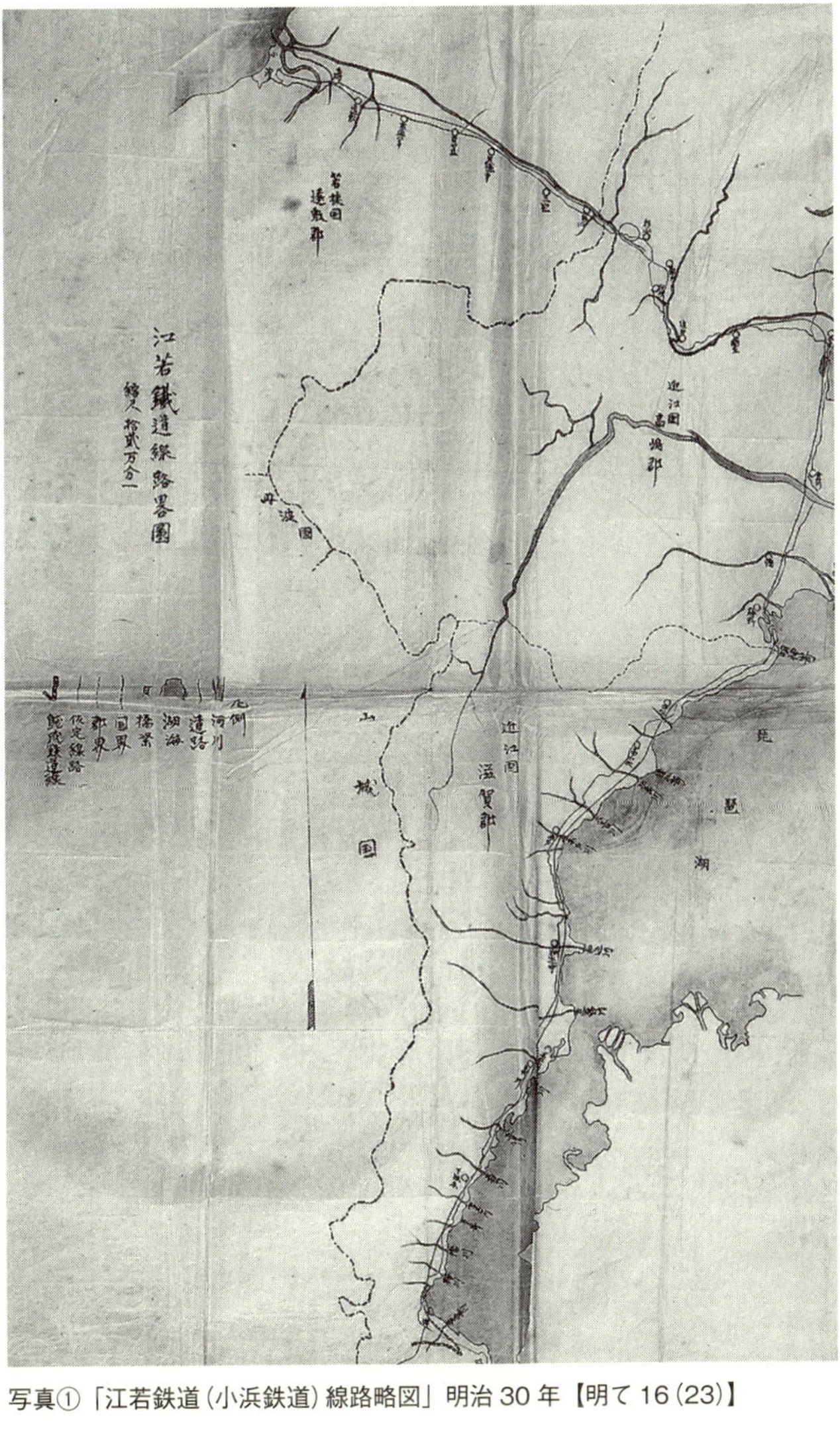

写真①「江若鉄道（小浜鉄道）線路略図」明治 30 年【明て 16（23）】

流上の要路としてこの路線を位置づけます。大正七年十二月には、滋賀県会に出された江若鉄道建設の建議案が可決され、建設補助を支出することに決まります。これを受けて、福井県にも補助金の予算化を依頼するために内務部長ら八人が出張しています。県の日誌によれば、補助の承諾は得られなかったが、議会への意見書を提出するなど建設への協力は約束してくれたといいます【大こ36（9）】。

そして、大正八年一月十二日に大津県公会堂で江若鉄道の発起人候補を集めた会合が行われます。写真②は、その招待状です。小浜線とつながり、「地方開発上最モ必要ナル事業」とその意義を訴え、国庫と県から補助が出る有利な株式であるとうたいます。県の内務部地方課で作成され、森知事の名で送付されており、県の主催した会だったことがわかります。江若鉄道は私鉄でありながら、その創業は県の強力な主導で進められた事業だったのです。

江若鉄道の一株出資者たち

江若鉄道は、資本金に四〇〇万円、八万株が予定されました。大口の出資者は、発起人たちです。大正八年七月二十二日の発起人会の名簿によると、この時点では九一人の名前

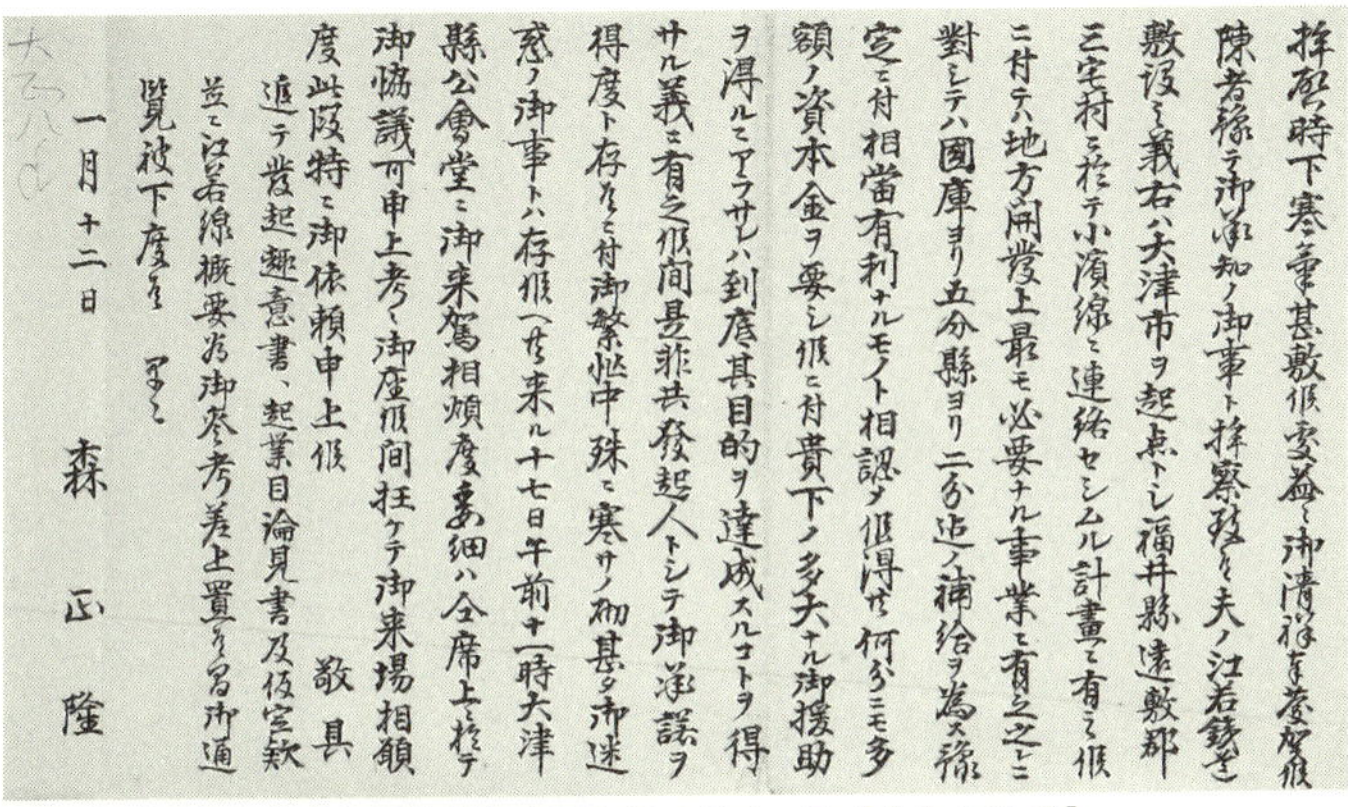

拝啓時下寒気甚敷候処益〻御清祥奉慶賀候
陳者縁テ御承知ノ御事ト拝察致候夫ノ江若鉄道
敷設ノ義右ハ大津市ヲ起点トシ福井県遠敷郡
三宅村ニ於テ小浜線ニ連絡セシムル計画ニ有之候
ニ付テハ地方開発上最モ必要ナル事業ニ有之之ニ
対シテハ国庫ヨリ五分県ヨリ二分迄ノ補給ヲ為ス様
定ニ付相当有利ナルモノト相認ノ候得共何分ニモ多
額ノ資本金ヲ要シ候ニ付貴下ノ多大ナル御援助
ヲ得ルニアラサレハ到底其目的ヲ達成スルコトヲ得
サル義ニ有之候間是非共発起人トシテ御承諾ヲ
得度ト存候ニ付御繁忙中殊ニ寒サノ砌甚タ御迷
惑ノ御事トハ存候ヘ共来ル十七日午前十一時大津
県公会堂ニ御来駕相煩度委細ハ全席上ニ於テ
御協議可申上考ニ御座候間枉ケテ御来場相願
度此段特ニ御依頼申上候　敬具
追テ発起趣意書、起業目論見書及仮定款
並ニ江若線概要為御参考差上置候間御通
覧被下度候　草々
一月十二日　森　正隆

写真②「発起人説明会招待状」大正８年１月 12 日【大と８(12)】

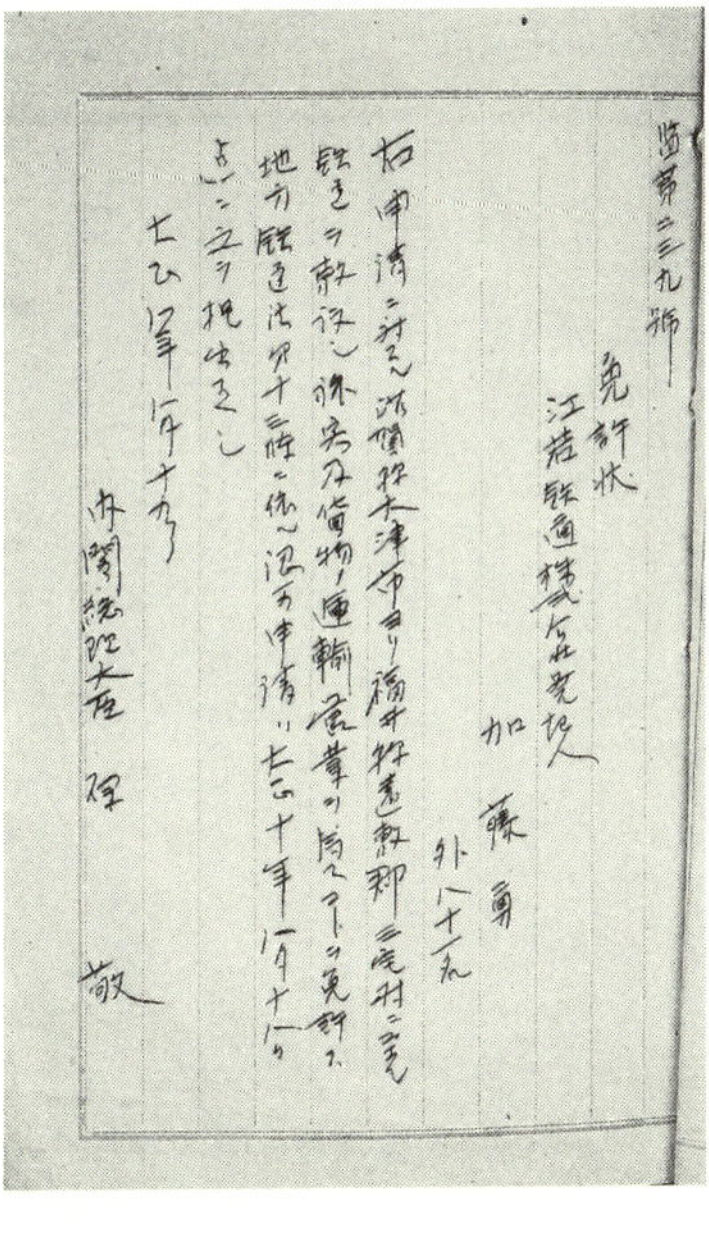

監第二三九号
免許状
江若鉄道株式会社発起人
加藤勇
外八十九名
右申請ニ対シ滋賀県大津市ヨリ福井県遠敷郡三宅村ニ至ル鉄道ヲ敷設シ旅客及貨物ノ運輸営業ヲ為スコトヲ免許ス
地方鉄道法第十二条ニ依リ工事施行認可申請ハ大正十年一月十八日迄ニ之ヲ提出スヘシ
大正八年八月十九日
内閣総理大臣　原　敬

写真③「免許状写」
大正８年８月 19 日【大と８(1)】

があり、うち二六人の出席が確認されています。明治期の鉄道計画とは異なり、投資だけを目的とした出資者はほとんどなく、東京市の住所が書かれている人も県出身者でした。また、福井県の発起人も二七人含まれ、さらに延暦寺の代表者も名を連ねています【大と7(2)】。伝教大師千百年遠忌を迎えるにあたり、その交通の便を供するということで多くの末寺から出資を得たからです。実際に、鉄道開通は遠忌祭前日の三月十五日でした。

そして住民へも株式の振り当てが行われました。高島・滋賀郡、大津市はもとより県内すべての郡へ、郡はさらに村へと株式数を振り分けています。各郡役所が県に提出した株式の取りまとめ表には、各村への「割当数」に対する「申込数」、足りない分はさらに勧誘する予定であることなどが記載されています。この時期、株式応募数について電報や書面で細かく報告があがっており、県が株式の取りまとめを各郡へ指示し、その結果報告を催促していたようすが想像できます。これらの報告書には、一株からの出資者の名前が延々と記載されています【大と7など】。結果、創立時の株主は総数五八二〇人にもなりました。米一石(一四二・二五キログラム、大正八年の精米一石は四八円三八銭三厘)とほぼ同額の一株五〇円をなんとか捻出すると約束して、株主に加わった多くの住民があっての鉄道開設だったのです。

大正九年一月に会社の創立総会が無事に行われ、十年三月には三井寺下・叡山（坂本）間が開通します。その後は、雄琴、堅田、和邇と北へと少しずつ路線を延ばし、大正十四（一九一五）に浜大津までがつながります。しかし資金難から三宅へと延びることはなく、昭和六年（一九三一）の浜大津・近江今津間の開通によって完成とされたのです。

引き継がれる小浜への路線

江若鉄道は、私鉄でありながら近江と若狭をつなぎ、ひいては海外にも通じるという大きな展望をもって作られた会社でした。そのためもあり、県は率先して事業を進め、それを一株からの株主たちが支えたのでした。その中には、明治期から鉄道を待ち望んでいた小浜地方の出資者たちもいました。しかし、小浜へつながることはありませんでした。

湖西住民の足として長く親しまれた江若鉄道は、ほぼ同じルートを国有鉄道が引き継ぐことにより昭和四十四年（一九六九）に廃線となります。その後、開通した湖西線は、山科・近江塩津間を結び、小浜ではなく敦賀へと抜ける路線になりました。小浜地方の人々はさぞ無念だったでしょう。

実は現在、小浜へのルートは「琵琶湖若狭湾快速鉄道」として開通が目指されています。

近江今津から上中（福井県三方上中郡若狭町）までを開通させることによって、小浜へ抜け、舞鶴へもつながるのです。江若鉄道が断念した海への道の夢は、時代を越えて今も引き継がれているのです。

（東資子）

参考文献

小川　功「明治中期における近江・若狭越前連絡鉄道敷設計画の挫折と鉄道投機」『滋賀大学経済学部附属史料館研究紀要』第三二号、一九九八年

木津　勝「江若鉄道創立当時の回顧」『大津市歴史博物館研究紀要五』一九九七年

藤田貞一郎「近江の近代化と鉄道　江若鉄道を中心に」『湖国と文化』三六号、一九八六年

甲賀忠一、製作部委員会編『明治・大正・昭和・平成　物価の文化史事典』展望社、二〇〇八年

5 公文書のなかの仏像

滋賀県には延暦寺のような大寺院で、あるいは地域の小さなお堂で、人々が長い間守り伝えてきた多くの仏像があります。一般的に、仏像と公文書とは縁がないように思えるかもしれません。しかし、よくよく読めば其処此処に仏像の影が見えてきます。

寺院明細帳

明治初期に作成された寺院明細帳には寺や本尊の由緒を記す欄があり、全てが事実とは断定できませんが、その時点で伝承されていた仏像の由緒も述べられています。

例えば浅井郡太田村（長浜市太田町）の光信寺明細によれば、同寺ははじめ天台宗で大福寺と称していたのが、戦国時代に真宗に転宗して光信寺と改称したとされます。そのとき大福寺の本尊大日如来など仏像三軀《く》は村内の中山神社へ移したものの、「御維新ノ際、神仏混淆不都合ノ廉《かど》ヲ以」て、同社から光信寺にこれら木像を預かり置いている、と記しています（写真①）。この段階では単に「木像」と記される元本尊でしかなかった大日如来ですが、のちにその価値を見出され、大正十五年（一九二六）に国宝に指定されています（現在は重要文化財)。

このような仏像の価値の変転や安置場所の変遷は、寺院明細帳などに書き記されることがなければ記憶・伝承からは消えてしまっていたかもしれません。

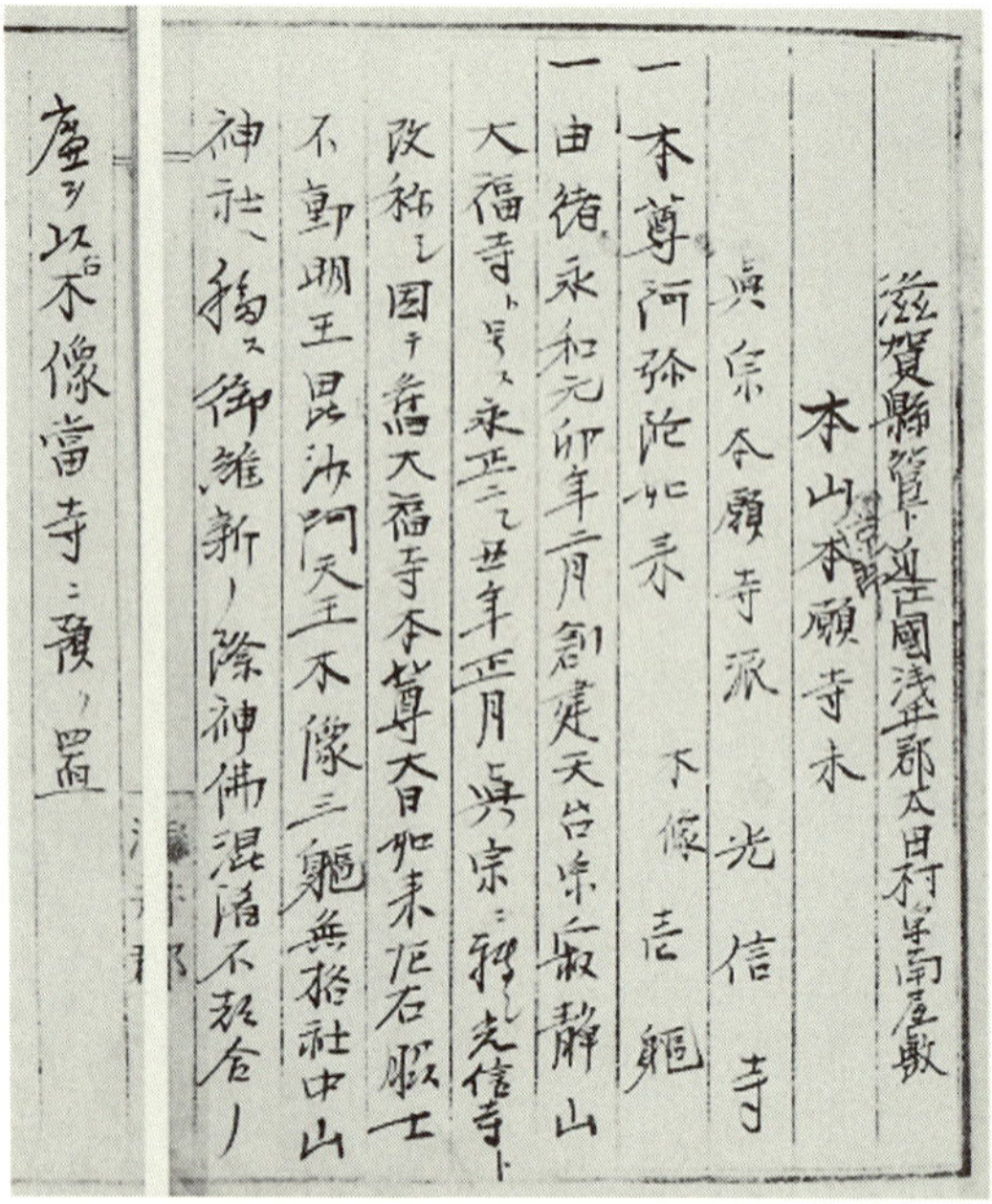
滋賀縣管下近江國浅井郡太田村字南屋敷
本山本願寺末
真宗本願寺派　光信寺
一本尊阿弥陀如来　木像　壱軀
一由緒永和元卯年二月創建天台宗ニ厳静山
大福寺ト号ス永正二乙丑年正月真宗ニ轉シ光信寺ト
改称シ因テ旧大福寺本尊大日如来石脇士
不動明王毘沙門天王木像三軀無格社中山
神社ヘ称ス御維新ノ際神佛混淆不相合ノ
廉ヲ以右木像當寺ニ預リ置

写真①「光信寺明細」明治 12 年【明ふ 102 合本 2(2)】

出開帳・出陳の願書

歴史的文書のなかには「出開帳《でがいちょう》」の出願書類もあります。所蔵寺院以外で仏像を公開する出開帳は江戸時代に各地で盛んに行われていましたが、明治九年（一八七六）に国の方針により他県で行うことが禁じられます。これが同十七年に県への届け出を条件に許可され

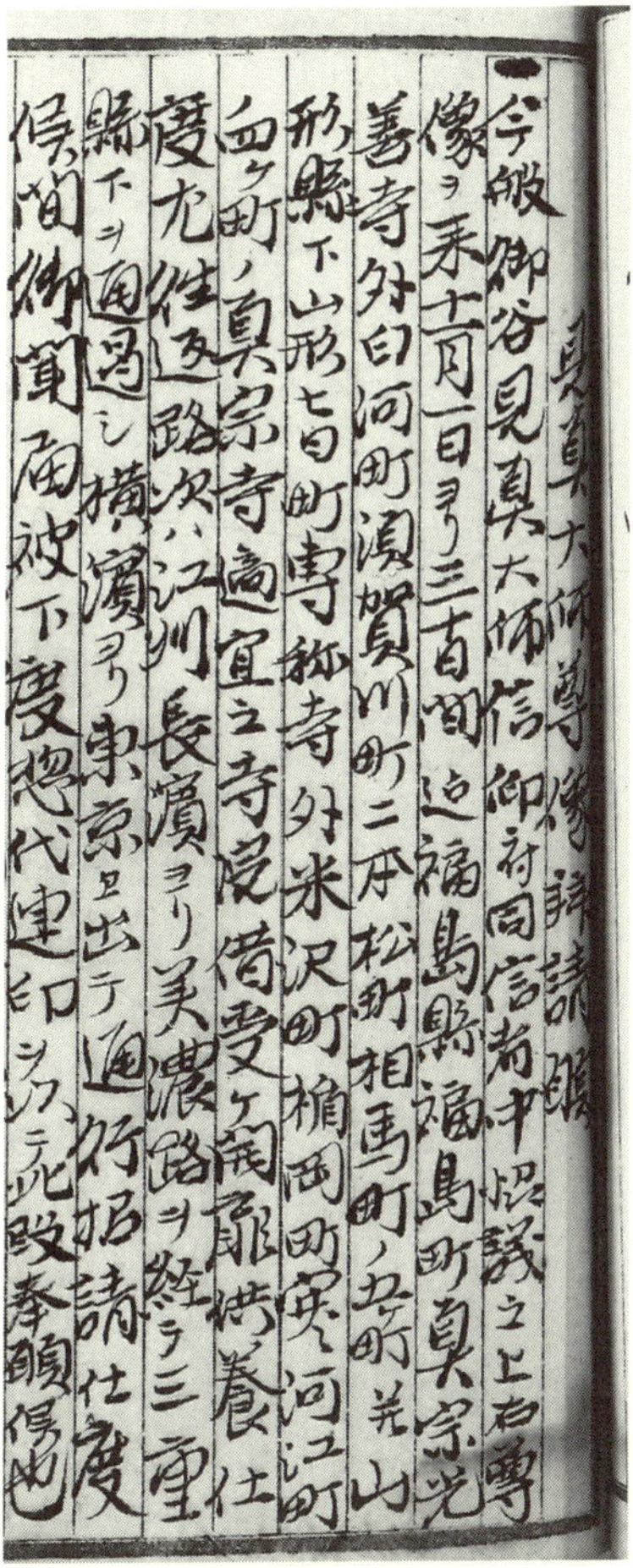

見真大師尊像拝請願

今般御谷見真大師信御付同信者井惣議之上右尊像ヲ来十月一日ヨリ三十日間迄福島縣福島町真宗光善寺外白河町須賀川町二本松町相馬町ノ五ヶ町并山形縣下山形七日町専称寺外米沢町楯岡町寒河江町四ヶ町ノ真宗寺適宜之寺院借受ケ開龕供養仕度尤往返路次ハ江州長濱ヨリ美濃路ヲ経テ三重縣下ヲ通過シ横濱ヨリ東京ヲ出テ通行招請仕度候間御聞届被下度惣代連印ヲ以テ此段奉願候也

写真②「見真大師尊像拝請願写」
明治 21 年【明す 74（101）】
この願書で「尊像」と書かれているのが「蕎麦喰霊像」のこと。「見真大師」は明治天皇から親鸞に贈られた諡号《しごう》。

ることになったためです。

延暦寺無動寺谷大乗院の蕎麦喰《そばくい》霊像[注1]は人気が高かったようで、何回も滋賀県に対して出開帳の出願がなされています。明治二十一年（一八八八）には福島県と山形県の真宗寺院での出開帳が許可されます。この件で山形県の信者らが比叡山に提出した「拝請願」の写し（写真②）には、十一月の一か月間をかけて、「福島県福島町真宗光善寺外《ほか》、白河町・須賀川町・二本松町・相馬町ノ五ヶ町、并《ならびに》山形県下山形七日町専称寺外、米沢町・楯岡町・寒河江町ノ四ヶ町ノ真宗寺適宜之寺院借受ケ」開帳したいと記しています。さらに霊像を遠路はるばる東北へ運ぶルートは長浜→美濃路→三重県→横浜→東京と書かれており、航路も利用するのだろうと思われるものでした。

このように江戸時代までと同じく、安置された寺院仏堂の外に出て多くの人に拝まれ見られる機会を持つ仏像もありました。しかし明治以降は出開帳だけでなく、共進会・博覧会や博物館での展示がその機会となる場合も出てきます。

有名な向源寺観音堂（長浜市高月町渡岸寺《どうがんじ》）の十一面観音立像は、明治三十六年（一九〇三）の彦根共進会への出陳が許可されています。公開場所は彦根城天守閣の一角でした。向源寺住職らが内務大臣に提出した願書には、「観音堂本尊観世音ノ仏体ハ、保存崇敬上、公衆ノ礼拝ヲ必要ト感シ」「（共進会の）機会ヲ以テ、素ヨリ該《がい》国宝観世音ハ有数ノ霊像タルヲ以テ」と、当時すでに国宝であったこの仏像を出陳したい理由を述べています。

一方でこの頃堂宇再建の資金獲得に苦心しており、出陳がそれを解消する一手段となるか、とも述べています（写真③）。国宝となった仏像でも、守り伝えるには並々ならぬ尽力が必要だったことがうかがえる文書です。

調査の記録

明治以降、それまでは信仰の対象であった仏像を調査する対象として見ることが増え、国による大規模な調査が実施されます。

明治三十三年（一九〇〇）夏には、当時古社寺保存会[注2]委員であった高村光雲が国宝指定に関する彫刻物調査のために来県しています。同年十二月、知事が内務大臣に提出した「彫刻物写真進達の義に付上申」（写真④）には、「社寺仏堂参百弐拾九ヶ所巡回、神仏像等総数無慮《むりょ》（＝おおよそ）三千八百七拾五点調査ノ結果、優秀ナル物件別紙記載之通六拾余点ヲ発見」した、と光雲の驚異的な活動を記しています。

上申書は「優秀ナル物件」の写真を進達して国宝に指定してほしいと願うものです。そ

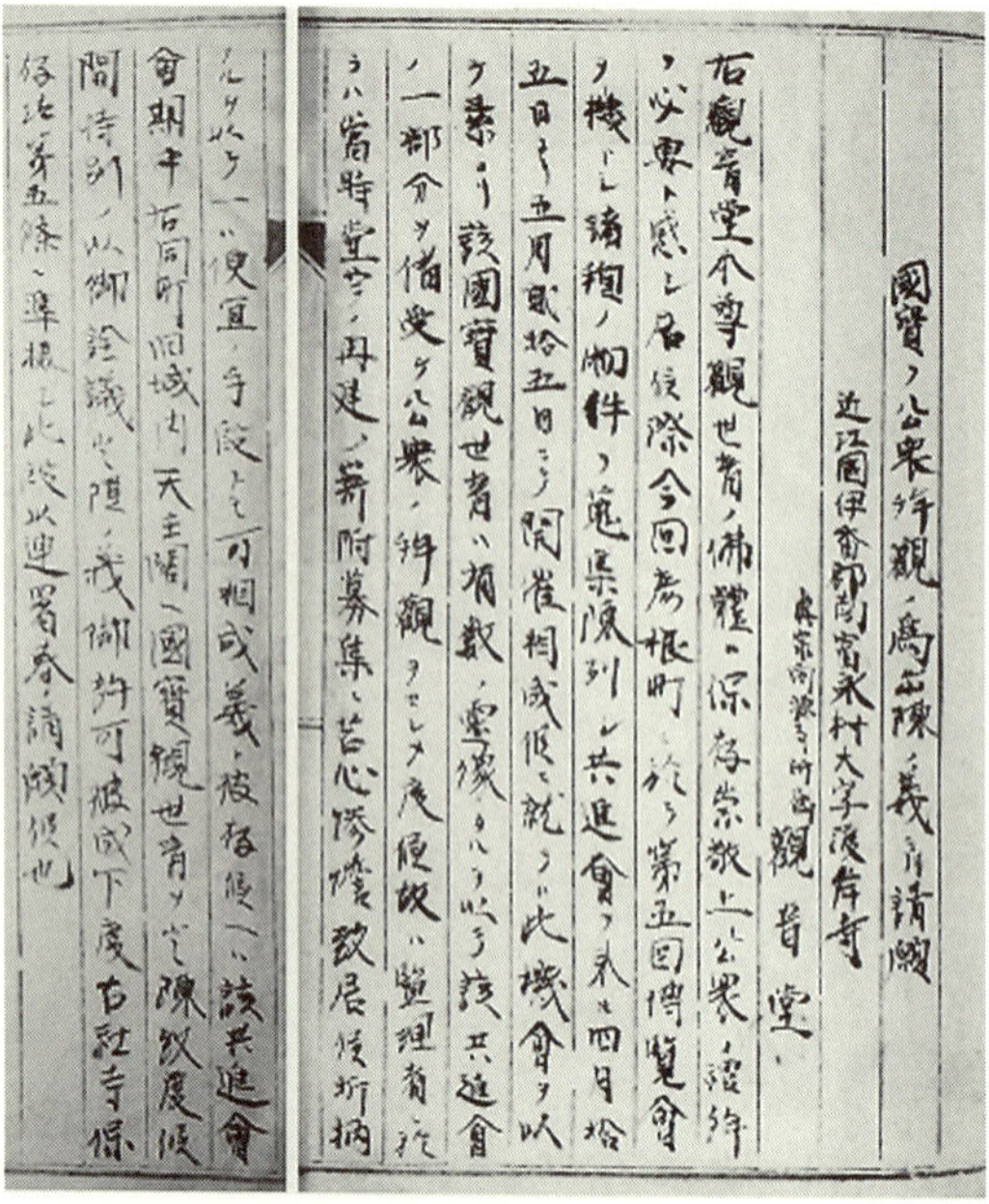
國寶ノ公衆拝観ノ爲出陳ノ義ニ付請願

近江國伊香郡高月村大字渡岸寺

観音堂

右観音堂本尊観世音ノ佛體ハ保存崇敬上公衆ノ瞻拝ヲ必要ト感シ居候際今回大阪府ニ於テ第五回博覧會ノ機ニ際シ諸種ノ物件ヲ蒐集陳列シ共進會ヲ本年四月拾五日ヨリ五月貳拾五日ニ至ル間催相成候ニ就テハ此機會ヲ以テ該國寶観世音ハ稀有ノ霊像ナルヲ以テ該共進會ノ一部分ヲ借受ケ公衆ノ拝観ニ供セシメ度候故ハ當時堂宇ノ再建ノ寄附募集ニ苦心惨憺致居候折柄ニ之ガ収入ヲ以テ一ハ便宜ノ手段トモ可相成義ト存候ヘハ該共進會會期中右同町同域内天王閣ニ國寶観世音ヲ出陳致度候間特別ノ以御詮議ヲ以テ御許可被成下度右社寺保存法第五條ニ準據シ此段以連署奉請願候也

写真③「国宝を公衆拝観の為出陳の義に付請願」
明治36年【明す634（19）】

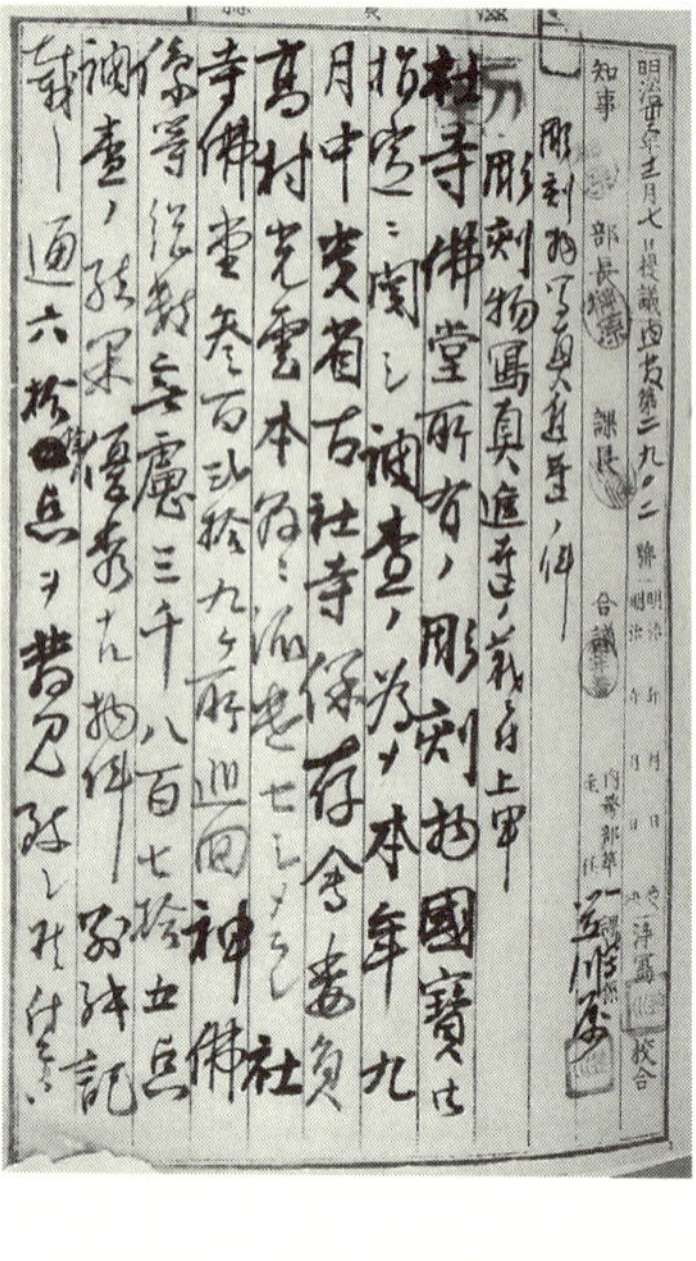

写真④「彫刻物写真進達の義に付上申」
明治33年12月【明せ22（2）】

のリストのうち二〇数点の名称の上（欄外）には「国」という書き込みがあります。これは上申後、明治三十四年三月二十七日付けで国宝となった物件を確認した跡と見られ、当時の滋賀県の国宝指定に対する関心を示しているように思われます。

修理の記録

歴史的文書のなかには仏像の修理記録もあります。古社寺保存法により国宝に指定された仏像は一部国庫補助を受けて修理することができましたが、その修理を請け負った美術院から県に、各種報告書を提出しているからです。

なかには仏像の修理部分と新しく補った部分とを色分けして示した「修繕図解」（写真⑤）や、修理以前の状態と修理手段を記した「修繕解説書」も多く含まれています。例えば大正十年（一九二一）に国宝（現在は重要文化財）となった愛知郡秦川村松尾寺（愛荘町）金剛輪寺の木造増長天立像は同十三年に修理されています。その「修繕解説書」には「増長天ノ三鈷（三鈷《さんこ》）ノ一半、欠失セルハ他方残存ノ一半ニヨリ檜ヲ以テ補足シ塗箔古色仕上ゲトナシタリ」と書かれています。「解説書」には美術院以前に施されていた修理・補作についての記述もあるので、仏像がそれ以前にどのように扱われていたかを知る手だてとな

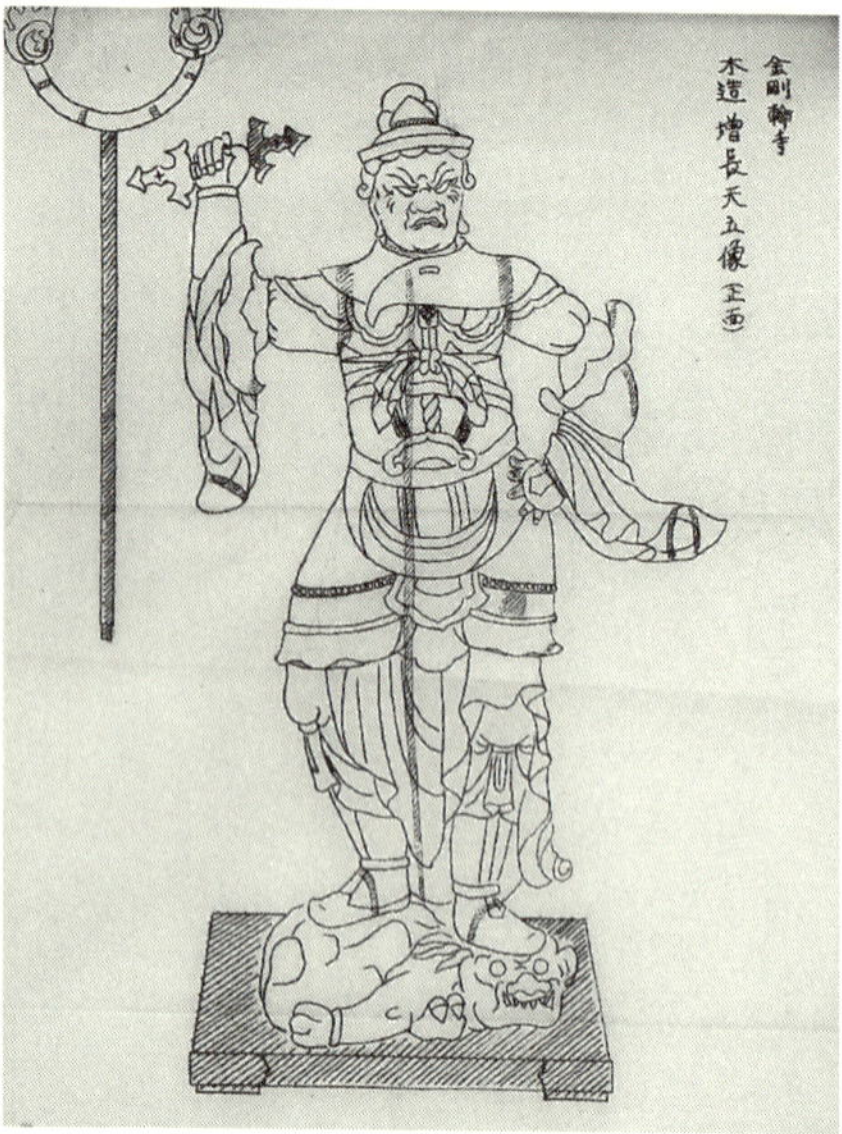

写真⑤「金剛輪寺木造増長天立像修繕図解」（正面）大正 13 年【大せ 11（23）】

写真⑥金剛輪寺木造増長天立像（金剛輪寺所蔵）

るでしょう。

このように、信仰心や美的感覚をもって見るだけでは知ることのできない仏像の来歴、さらには明治以降の人々が仏像をどのように捉えていたのかを知る手かがりが、歴史的文書にはちりばめられているのです。（生嶋輝美）

※本稿でふれた「国宝」とは古社寺保存法によるもので、現行法である文化財保護法（昭和二十五年）による「国宝」とは異なります。

注1　親鸞（当時は範宴）が比叡山で修行していた頃、山を抜け出して京都六角堂に参詣していた彼の代わりに、師匠が振る舞った蕎麦を食べてその不在を隠したという木像（親鸞の自彫）。

注2　古社寺保存会は、古社寺保存法（明治三十年制定）で国宝・特別保護建造物を定めるにあたり内務大臣に諮詢《しじゅん》（諮問）する機関

フェノロサの名を記す公文書

日本美術研究家フェノロサ（一八五三〜一九〇八）の墓は園城寺法明院にあります。アメリカ人フェノロサは御雇外国人として明治十一年（一八七八）に来日し、東京大学で哲学・政治学・経済学・社会学などを講義しました。一方で日本美術を高く評価してその研究に打ち込み、のちに岡倉天心とともに東京美術学校設立に参画して教授となっています。

その間の明治十八年、フェノロサは法明院の住職桜井敬徳より受戒し仏門に帰依しました。その縁で、ロンドンで客死したフェノロサの遺骨は法明院に改葬されて墓所が営まれたのです。

このフェノロサの名を記す文書が二通、歴史的文書のなかにあります。一通は明治二十一年（一八八八）四月二十日付けの内務大臣山県有朋より知事宛て（写真①）、もう一通は同二十六日付けの図書頭《ずしょのかみ》九鬼隆一《りゅういち》より知事宛て（写真②）。ともに滋賀県内の社寺宝物・美

フェノロサ（イラスト画）

岡倉覚三（天心）（イラスト画）

術品・古建築などの調査に九鬼のほか東京美術学校幹事岡倉覚三（天心）・教授フェノロサ等も参加することを伝え、調査への便宜をはかるよう求めたものです。実際の滋賀県での調査はこの後、九月に宮内省に設置された臨時全国宝物取調局（委員長は九鬼）によって、十月末から開始されています。

しかし残念ながら今のところ、この二通以外の歴史的文書の中に、フェノロサの名を見ることはできません。

（生嶋輝美）

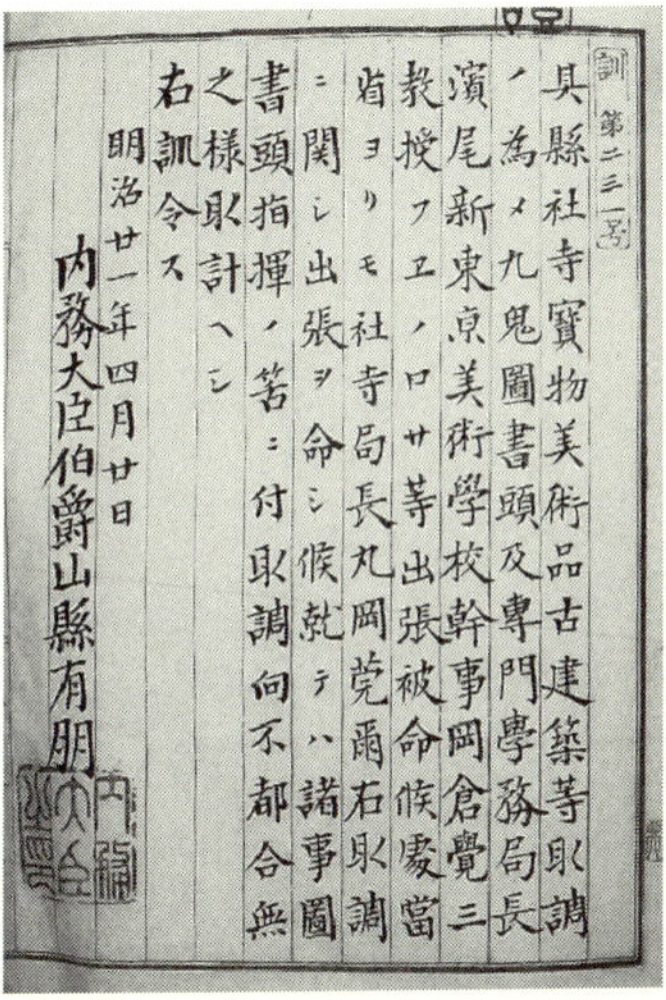
訓第二三一号
其縣社寺寶物美術品古建築等取調
ノ為メ九鬼圖書頭及專門學務局長
濱尾新東京美術學校幹事岡倉覺三
教授フエノロサ等出張被命候處當
省ヨリモ社寺局長丸岡莞爾右取調
ニ関シ出張ヲ命シ候就テハ諸事圖
書頭指揮ノ筈ニ付取調向不都合無
之様取計ヘシ
右訓令ス
明治廿一年四月廿日
内務大臣伯爵山縣有朋

写真①「社寺宝物美術品古建築等取調のため図書頭外《ほか》出張せしむるの件」明治21年4月20日【明せ11（8）】

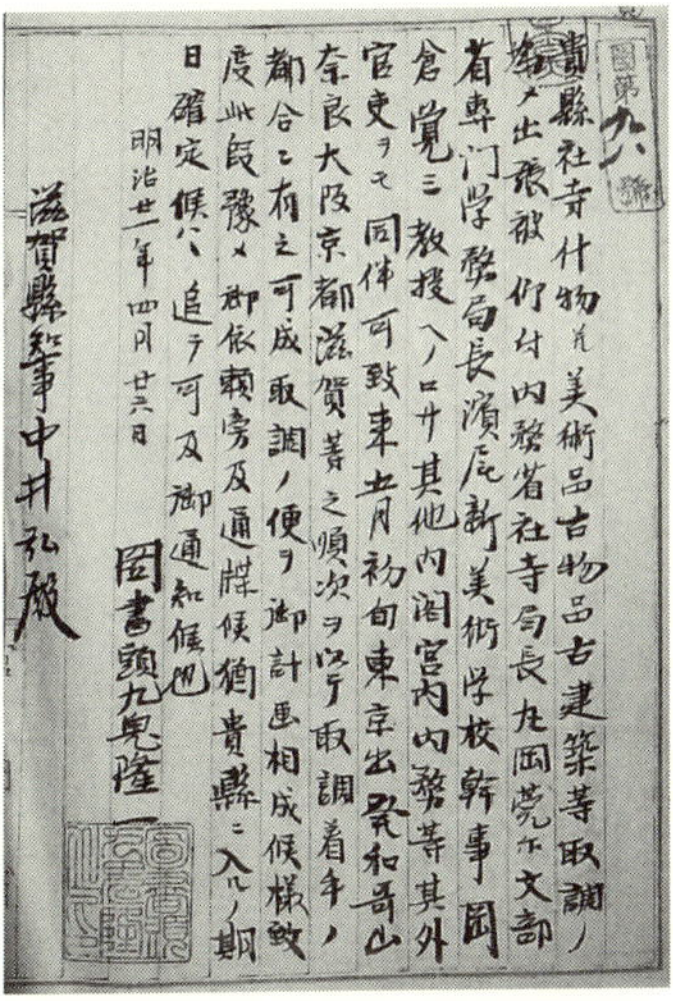
貴縣社寺什物及美術品古物品古建築等取調ノ
為メ出張被仰付内務省社寺局長丸岡莞爾文部
省専門学務局長濱尾新美術学校幹事岡
倉覚三教授ヘノロサ其他内閣宮内内務等其外
官吏ヲモ同伴可致来五月初旬東京出発和歌山
奈良大阪京都滋賀等之順次ヲ以テ取調着手ノ
都合ニ有之可成取調ノ便ヲ御計画相成候様致
度此段豫メ御依頼旁及通牒候猶貴縣ニ入ルノ期
日確定候ハヽ追テ可及御通知候也
明治廿一年四月廿六日
図書頭九鬼隆一
滋賀縣知事中井弘殿

写真②「社寺宝物美術品古建築等取調の予定日程通知」明治21年4月26日【明せ11（10）】
「教授ヘノロサ」とある。明治21年5月開始の調査は、滋賀だけでなく和歌山・奈良・大阪・京都をも対象とした大規模なものだった。

6 琵琶湖の魚

―明治の水産事業―

琵琶湖の水産業は古くから多くの人々の生活を支えてきました。しかしマス・アユ・コイなどの漁獲量が近年減少していることはよく知られているところです。この漁獲量減少は外来魚の繁殖や環境の変化などが原因と言われています。かつて明治の初期にも琵琶湖の魚が減少し、問題となっていました。もっとも、その原因は近年とは少し異なります。

江戸時代から明治時代へ

明治四十年（一九〇七）に近江水産組合長が県知事に提出した「水産業に関する意見上申書」（写真①）には、江戸時代から明治時代への移行期における水産業の様子が記されています。上申書によると、江戸時代には、社寺や藩の領地において漁場が制限されるなどしていたことが自然と「天然蕃《（繁）》殖ヲ保護」していたようです。しかし明治維新によって「水産制度ノ如キモ時ノ風潮ニ従ヒ、頓《とみ》ニ変動」し、殺生禁断の地がなくなり、漁具や漁法も次第に精巧になるなどしたことが「魚族ノ乱獲ヲ為シ始メタル原因ナリ」とされています

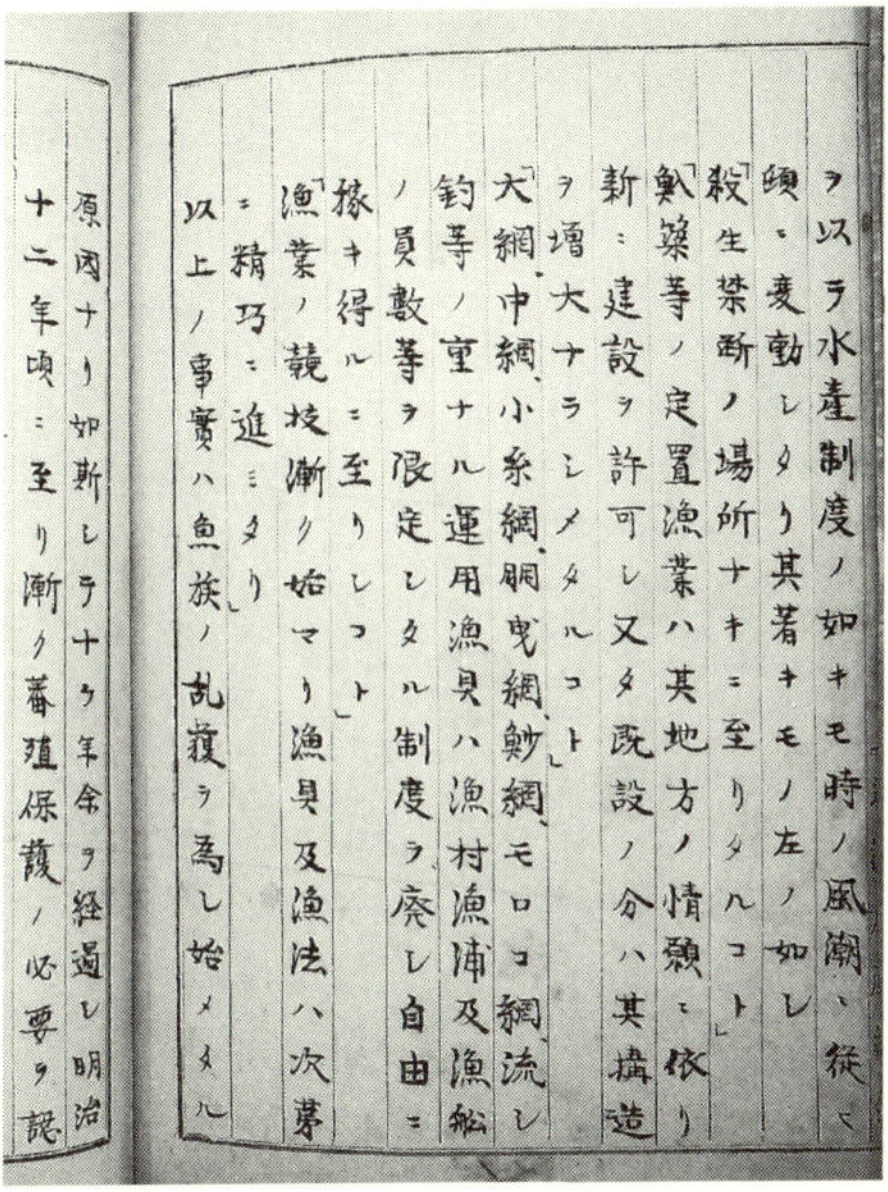
ヲ以テ水産制度ノ如キモ時ノ風潮ニ従ヒ
頻ニ変動シタリ其著キモノ左ノ如シ
「殺生禁断ノ場所ナキニ至リタルコト」
「魞簗等ノ定置漁業ハ其地方ノ情願ニ依リ
新ニ建設ヲ許可シ又タ既設ノ分ハ其構造
ヲ増大ナラシメタルコト」
「大網、中網、小糸網、胴曳網、鯵網、モロコ網、流シ
釣等ノ重ナル運用漁具ハ漁村漁浦及漁船
ノ員数等ヲ限定シタル制度ヲ廃シ自由ニ
稼キ得ルニ至リシコト」
「漁業ノ競技漸ク始マリ漁具及漁法ハ次第
ニ精巧ニ進ミタリ」
以上ノ事実ハ魚族ノ乱獲ヲ為シ始メタル
原因ナリ如斯シテ十ケ年余ヲ経過シ明治
十二年頃ニ至リ漸ク蕃殖保護ノ必要ヲ認

写真①「水産業に関する意見上申書」
明治 40 年【明て 61 合本 4（1−8）】

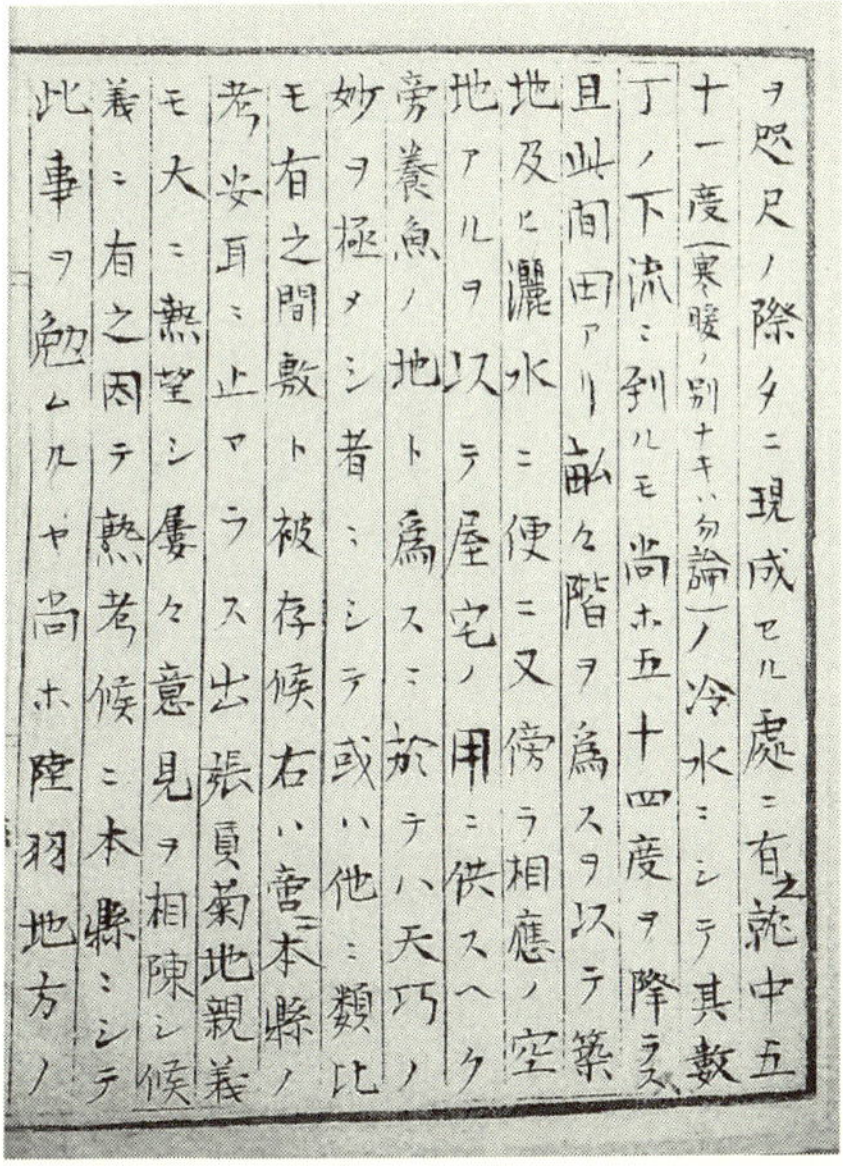
ヲ咫尺ノ際タニ現成セル処ニ有之就中五
十一度（寒暖ノ別ナキハ勿論）ノ冷水ニシテ其数
丁ノ下流ニ到ルモ尚ホ五十四度ヲ降ラス
且此間田アリ畝々階ヲ為スヲ以テ築
地及ヒ灑水ニ便ニ又傍ラ相應ノ空
地アルヲ以テ屋宅ノ用ニ供スヘク
旁養魚ノ地ト為スニ於テハ天巧ノ
妙ヲ極メシ者ニシテ或ハ他ニ類比
モ有之間敷ト被存候右ハ曽テ本県ノ
考安耳ニ止マラス出張員菊地親義
モ大ニ熱望シ屡々意見ヲ相陳シ候
義ニ有之因テ熟考候ニ本県ニシテ
此事ヲ勉ムルヤ尚ホ陸羽地方ノ

写真②「養魚場改設の義に付伺」
明治 12 年【明う 29 合本 1（4）】

【明て61合本4（1-8）】。

また、高島郡海津村（高島市）における、江戸時代の漁業に関する慣例を報告した史料では、漁業で引網をしようとする者は庄屋か年寄の承諾を得る必要があり、さらに収獲高の一〇分の一を村内の各戸に分配しなくてはならなかったことが記されています【明ふ6合本3（2-2）】。

江戸時代における漁業の慣習や規制は各地で異なり、琵琶湖一円に対する魚類の保護政策はありませんでした。しかしそれぞれの地域で独自に乱獲を規制していた様子がうかがえます。

県の水産事業

明治維新によって一旦崩壊した旧来の漁業制度を改めるため、県は新たな規則を定めるようになります。例えば明治七年（一八七四）には漁業に免許制度を取り入れ【明い51（33）】、明治十七年（一八八四）には一郡もしくは数町村で「連合水産区」を設け、水産保護と営業取り締まりに関する規約を定めることを義務付けました【明い145（28）】。

漁場や漁具など様々な漁業制度を改める一方で、水産業の振興を図るために、県は魚類の養殖や繁殖方法を研究する施設を設立するようになります。

明治十一年に県はビワマスの養殖を目的として、県営の孵化場を設置してマスの人工孵化を始めます。この施設が現在の醒井《さめがい》養鱒場の前身です。写真②は坂田郡枝折《しおり》村に設置した孵化場（史料では「養魚場」）を丹生《にう》村（米原市、現在の醒井養鱒場所在地）に移転する際の伺いです。マスは経済的な利益を得られる優れた魚であり、神戸在住の西欧人からも好まれている魚だとしています。移転希望地の丹生村については、冷水の流れる「養魚ノ地ト為スニ於テハ天巧ノ妙ヲ極メシ」と、養魚場の開設にふさわしい土地であることを述べています。

また、明治三十三年（一九〇〇）には犬上郡福満村（彦根市）に県立の水産試験場が設置されます。水産試験場は県の内務部に属し、水産養殖の改良・発達を図ることが目的とされました【明い18合本1（42）】。

水産試験場では養魚場を増設し、魚の孵化や飼養を大々的に行いました。例えば明治三十九年には彦根城の外堀に水産試験場付属の養魚場がつくられ、放流用のコイの育成が始められます。こうした魚の養成・放流事業の他、水産試験場では魚の飼料や病気の研究、あるいは淡水養殖の実地講習会を開いて養魚の技術者を養成するなど、様々な活動が続けられていきます（写真③）。

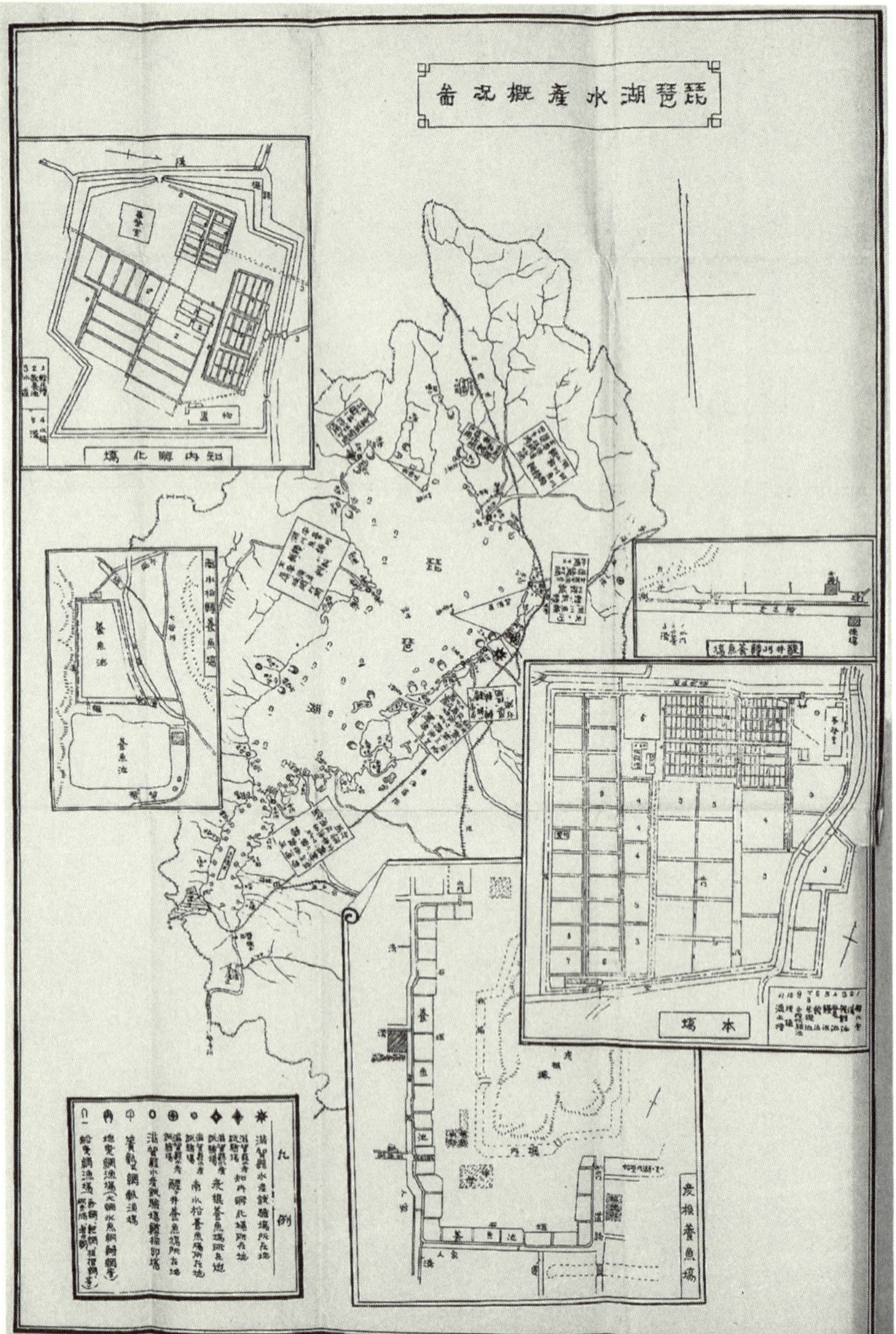

写真③「琵琶湖水産概況図」明治40年頃（『滋賀県水産事業要覧』）【明て61 合本4（2-8）】
県内5か所に設けられた水産試験場の位置や構造が描かれている。

魚の放流活動

水産物の養成・放流の活動は民間でも各地で行われました。高島郡百瀬村（高島市）の中川源吾によって組織された高島水産蕃殖会では、魚の放流事業として明治十六年（一八八三）に、余呉湖にアメノウオ（ビワマスの別名）二万尾を県の許可を得て放流しました。放流の成績はすこぶる良好であったといいます。次の年にはアメノウオ五〇〇〇尾、サケ五〇〇〇尾を再び放流しています。こうした放流に必要な費用はすべて同会の支出で賄われました。

さらに同会は、「清国産鮰魚《かいぎょ》」（中国に生息するナマズの一種）の親魚一六匹を神戸から取り寄せ沼池に放して産卵を試みることまでしています。残念ながらこの鮰魚は産卵期に至る前に洪水のために外湖に逃げてしまい、成績の確認は出来なかったようです（写真④）。サケや鮰魚の放流は、現在では意外に感じられるかもしれませんが、明治時代には水産業において利益を見込める魚が求められていたからか、琵琶湖産ではない魚もわざわざ取り寄せて成育を試みました。

明治二十年には「北海道産鮭卵　五万粒」「福島県下伊南川産鱒卵　拾万粒」をもらい受けたいと県知事が農商務大臣に願い出ています（写真⑤）。前年に試した「嘉魚」（イワナ）

は成育が良くなかったが、サケ・マスは成育がよかったため「前途倍々蕃殖セシメ度《たく》」、と希望を述べています。

明治三十五年（一九〇二）分の統計報告では、一年間に放流した魚の数を、坂田郡ではコイ三〇〇〇尾・マス一万尾・ヒガイ五〇〇〇尾、伊香郡ではコイ一万五七〇尾・アメノウオ四八二〇尾などと記しており、各地で盛んに魚の放流が行われていた様子が見えてきます【明た40（108）】。

さて、明治四十年頃に作成された文書には、水産業にまた新たな問題が発生していたことが記されています。淀川の改良工事により湖の水量が減少し、コイ・フナなどの産卵場が干上がったのです。また南郷洗堰《あらいぜき》（明治三十八年完成）によって、ウナギなど川を遡上する魚の道が遮断され、天然の繁殖力を阻害する事態になったとも記しています。県は河川工事そのものは必要な工事であったとし、解決策として、県立水産試験場を拡張して放流事業に取り組む意見を出しています【明て61合本4（1-8）】。

時代と共に変化して起こる様々な問題を解決するために、先人たちは琵琶湖に適した魚の調査・研究や毎年の放流など、様々な活動を続けてきました。今日に続く水産業の発展には人々の絶え間ない地道な努力があるのです。

（栗生春実）

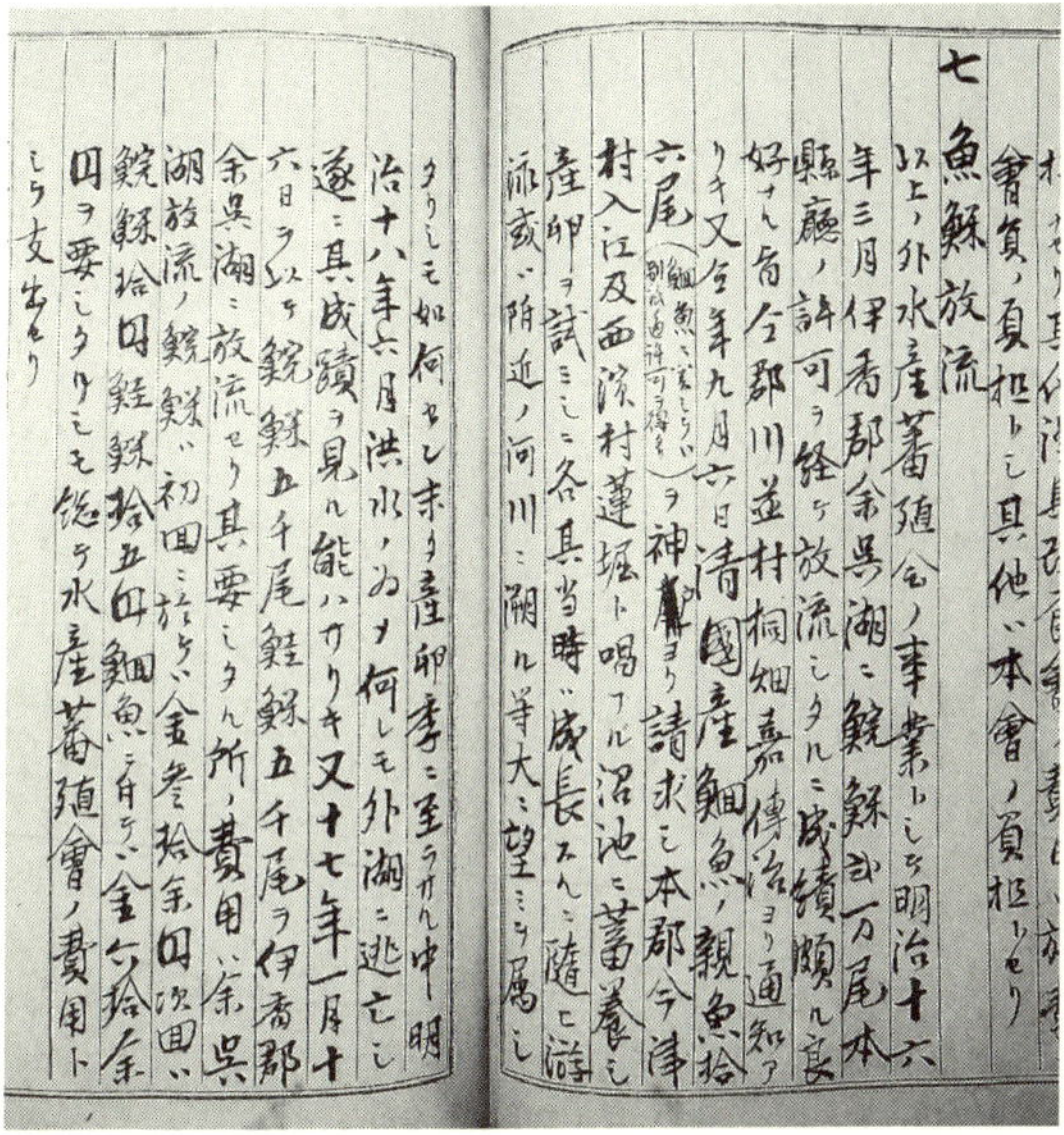

會員ノ負担トシ其他ハ本會ノ負担トセリ

七 魚類放流

以上ノ外水産蕃殖会ノ事業トシテ明治十六年三月伊香郡余呉湖ニ鯇鯀三万尾本縣廳ノ許可ヲ経テ放流シタルニ成績頗ル良好ナル旨仝郡川並村桐畑嘉傳治ヨリ通知アリキ又仝年九月六日清國産鯽魚ノ親魚拾六尾ヲ請求シ本郡今津村入江及西濱村蓮堀ト唱フル沼池ニ蓄養シ産卵ヲ試ミシニ各其当時ハ成長スルニ随ヒ游泳或ハ附近ノ河川ニ溯ル等大ニ望ミヲ属シタリシモ如何セン未タ産卵季ニ至ラサル中明治十八年六月洪水ノ為メ何レモ外湖ニ逃亡シ遂ニ其成績ヲ見ル能ハサリキ又十七年一月十六日ヲ以テ鯇鯀五千尾鮭鯀五千尾ヲ伊香郡余呉湖ニ放流セリ其要シタル所ノ費用ハ余呉湖放流ノ鯇鯀ハ初回ニ於テハ金参拾余円次回ハ鯇鯀拾円鮭鯀拾五円鯽魚ニ有テハ金六拾余円ヲ要シタリシモ総テ水産蕃殖會ノ費用トシテ支出セリ

写真④「中川源吾事蹟調書」
明治 44 年【明え 259 (3)】

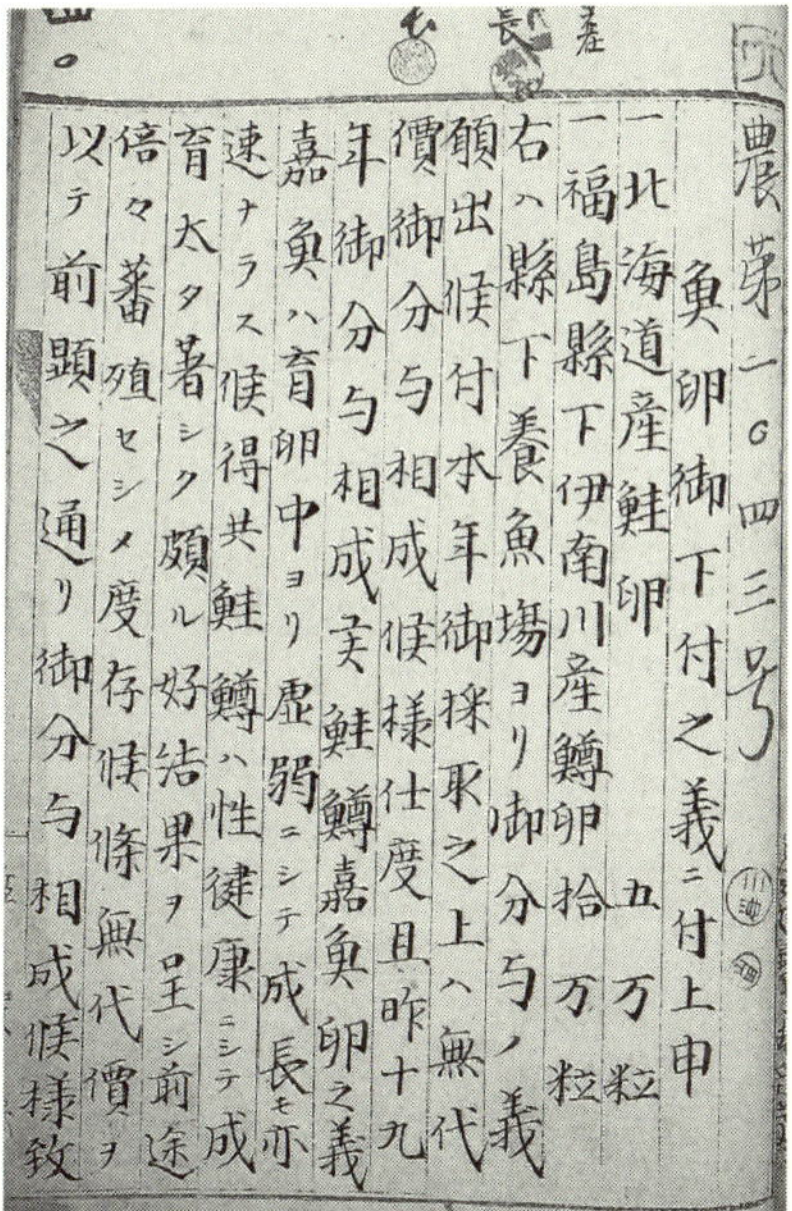

農第二〇四三号

魚卵御下付之義ニ付上申

一北海道産鮭卵　五万粒

一福島縣下伊南川産鱒卵　拾万粒

右ハ縣下養魚場ヨリ御分与ノ義願出候付本年御採取之上ハ無代價御分与相成候様仕度且昨十九年御分与相成候鮭鱒嘉魚卵之義嘉魚ハ育卵中ヨリ虚弱ニシテ成長モ亦速ナラス候得共鮭鱒ハ性健康ニシテ成育太タ著シク頗ル好結果ヲ呈シ前途倍々蕃殖セシメ度存候條無代價ヲ以テ前顕之通リ御分与相成候様致

写真⑤「魚卵御下付の義に付上申」
明治 20 年【明う 43 合本 4 (40)】

養蚕と科学

明治三十五年（一九〇二）四月二十八日、県知事河島醇《あつしじゅん》は各郡長に対して次のような訓令を発しました（写真①）。

養蚕期間及二百十日前後に限り、彦根測候所より天気予報ヲ通報セシムへク候条、適宜ノ方法ニ依リ成ルへク公衆に周知セシムル様取計ハルへク（以下略）

養蚕期間と二百十日前後に限り、天気予報を彦根測候所から各郡へ通報させ、それを各郡から管内の人々に周知するよう取り計らわせる、というものです。台風襲来時期で農家が警戒する二百十日（九月一日頃）前後とともに、養蚕期間がこの通報の対象となっているのは、蚕が非常に繊細な生き物であるためです。蚕は温度・湿度にさえも生死や生育が左右され、餌の桑の葉が雨に濡れているだけでも病気にかかりやすくなります。

明治初年の県内では、寒暖・天候の変化に弱い蚕を守る工夫を知らないため、せっかく繭の質がよく量も取れる春蚕《はるご》を飼っていても飼育に失敗する者が多かったといいます（写真②）。明治十年代以降、「温暖育」という火気を使用した飼育法の普及により、寒暖調節はある程度できるようになりました。これに加えて、天気予報の通報により、天候の変化に「事前に備える」ことが可能となったわけです。

農村に現金収入をもたらしてくれる養蚕業の安定化に、科学の力は欠かせなかったのです。

（生嶋輝美）

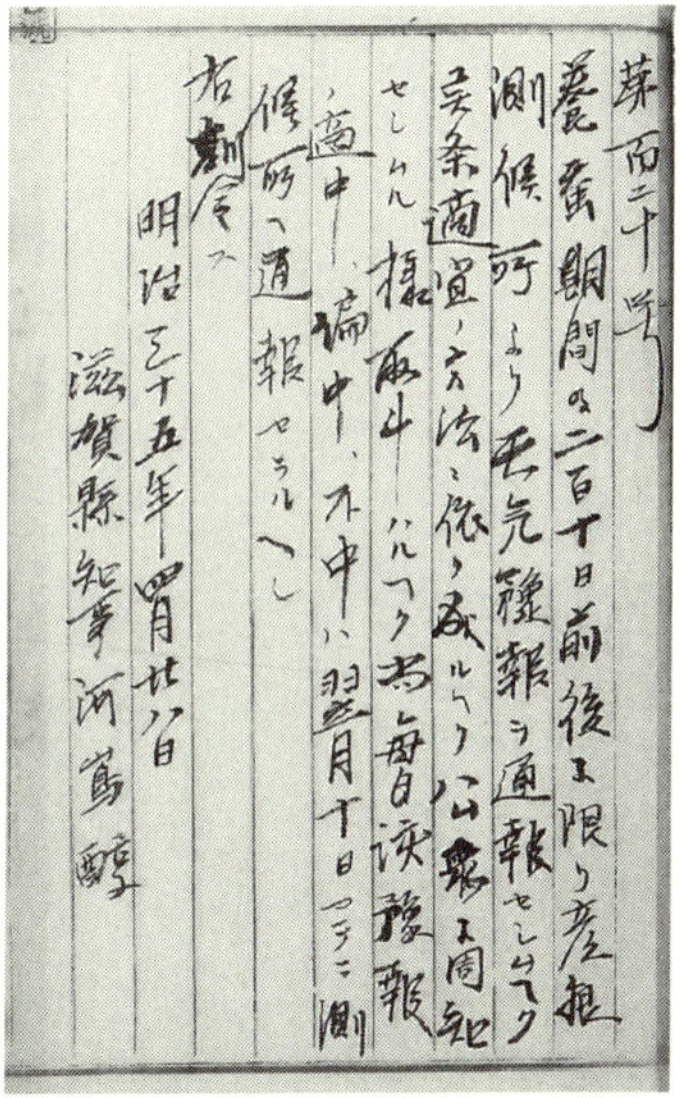
第百二十号
養蚕期間ハ二百十日前後ヲ限リ彦根
測候所ヨリ天気豫報ヲ通報セシムヘク
其適當ノ方法ニ依リ成ルヘク公衆ニ周知
セシムル様取計ハルヘク尚右豫報
適中、不適中、不中ハ翌月十日マテニ測
候所ヘ通報セラルヘシ
右訓令ス
明治三十五年四月廿八日
滋賀縣知事河島醇

写真①「天気予報公衆周知の件につき訓令」明治35年4月28日【明い212合本1(120)】
「養蚕期間」とはおおむね4月末から8月末頃か(春蚕・夏蚕・秋蚕の3期がある)。予報の当たり具合を郡から測候所に通報することも定めている。

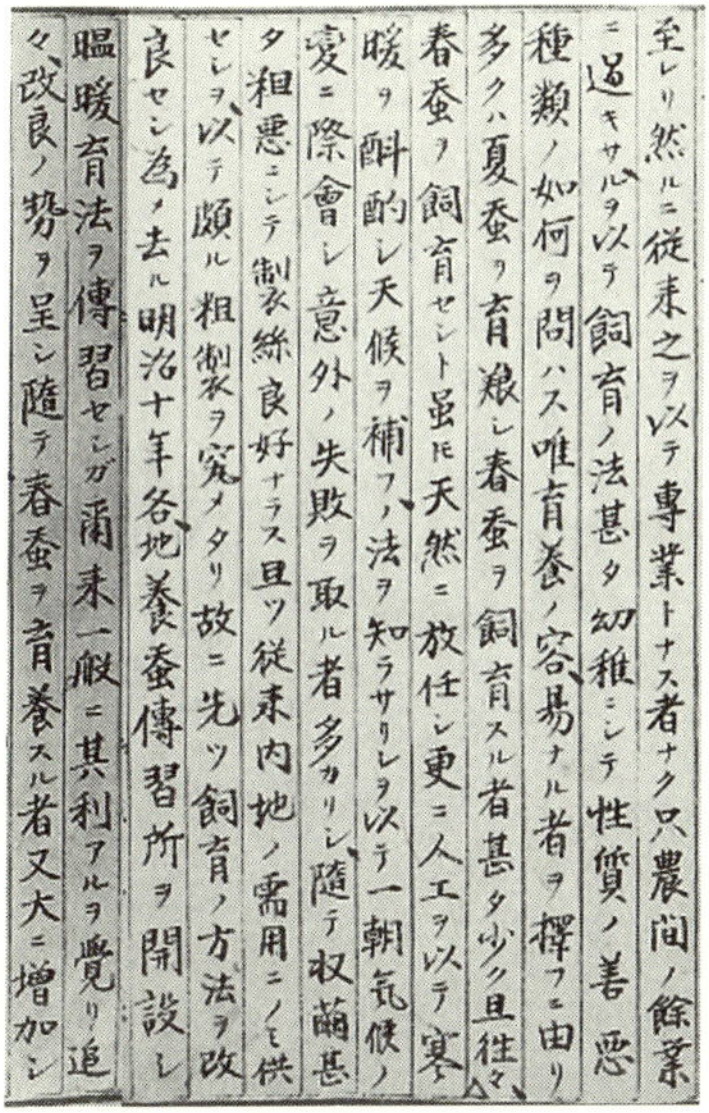
至レリ然ルニ従来之ヲ以テ専業トナス者ナク只農間ノ餘業
ニ過キサルヲ以テ飼育ノ法甚タ幼稚ニシテ性質ノ善悪
種類ノ如何ヲ問ハス唯育養ノ容易ナル者ヲ撰フニ由リ
多クハ夏蚕ヲ育艱シ春蚕ヲ飼育スル者甚タ少ク且往々
春蚕ヲ飼育セント雖モ天然ニ放任シ更ニ人工ヲ以テ寒
暖ヲ斟酌シ天候ヲ補フノ法ヲ知ラサリシヲ以テ一朝氣候ノ
変ニ際會シ意外ノ失敗ヲ取ル者多カリシ随テ収繭甚
タ粗悪ニシテ製糸良好ナラス且ツ従来内地ノ需用ニノミ供
セシヲ以テ頗ル粗製ヲ究メタリ故ニ先ツ飼育ノ方法ヲ改
良セン為メ去ル明治十年各地養蚕傳習所ヲ開設シ
温暖育法ヲ傳習セシガ爾来一般ニ其利アルヲ覚リ追
々改良ノ勢ヲ呈シ随テ春蚕ヲ育養スル者又大ニ増加シ

写真②「養蚕の事」明治19年頃(『滋賀県治意見書』のうち)【明お45(36)】
明治初年までは幼稚な飼育方法で、ただ育てやすいという理由で夏蚕を飼う者が多かったとも述べる。

7 姉川地震
―明治四十二年の大震災―

明治四十二年（一九〇九）八月十四日、滋賀県東北部で大きな地震が発生し、甚大な被害がありました。姉川地震です。歴史的文書からは地震発生の当日からその後にわたる行政や一般民衆の動きを読み取ることができます。当時の人々が地震の被害や復旧の様子を後世に伝えるために残した記録をひもといてみましょう。

激震！　そのとき

明治四十二年八月十四日午後三時三一分に主に東浅井郡を中心とする滋賀県北東部を襲った地震は、マグニチュード六・八という激しいものでした。死者は滋賀県三五名、岐阜県六名の計四一名で、多くが家屋の倒壊のために亡くなりました。滋賀県では、他に重軽傷者六四三人、全潰《ぜんかい》家屋九七二棟という被害が報告されました（『近江国姉川地震報告』滋賀県彦根測候所、明治四十四年）。

東浅井郡の隣郡である坂田郡が地震の翌年にまとめた記録では、地震の瞬間を「激震ノ模様」の項で次のように記しています（写真①）。「最初ハ何トモ判シ難キ不快ノ揺ギ身ニ感スルヤ否《いなや》、忽《たちま》チ遠雷ノ如キ一大鳴動ヲ聞ク（中略）周章狼狽混乱ノ状、真ニコレ世界ノ破滅、阿修羅ノ巷《ちまた》モ此《か》クヤト思ハレタリ」。さらに激震のあとには余震がくり返し起こり、当日だけでも二一回の余震がありました。余震が襲うたびに、「倒屋死傷ノ悲報ハ刻一刻ニ増加」する状態でした。

東浅井郡役所の倒壊

最も地震による被害が大きかったのは東浅井郡で、県内の死傷者や全潰家屋の半数以上を占めていました。それでも東浅井郡は当時の様子を、発生の時間帯が昼間であったので避難しやすく、さらに「失火ノ之ニ伴ハザリシ為メ附随ノ災害ヲ免レタルハ不幸中ノ幸ナリト言フベシ」と振り返っています【明ふ162合本1】。

しかし、復旧活動は容易ではありませんでした。東浅井郡の郡役所は当時、東浅井郡虎姫村の本願寺別院（五村《ごむら》別院）内にありましたが、これが地震によって別院の建物と共に倒壊したのです。このため、緊急措置として、別院の門前に設けられていた商人の露店小屋をひとまず仮庁舎とし、職員は事務に必要な書類や道具を掘り出して執務にあたる有り様でした【明ふ162合本1】。

このような状況の中でも郡役所では炊き出しの準備や被害状況確認のための各地への職員派遣、近隣の地域への救援要請など、緊急に必要な業務を着々と進めていました。

当日の午後一一時に出された報告では、一〇戸以上が被災した大字にはそれぞれ焚き出し救助の手続きをさせており、全郡の被害の実況は目下各方面に職員を派遣して取り調べている所なので、詳細は追って報告するとあります（写真②）。

救護・支援活動

十七日に上草野村が東浅井郡に村の状況を報告した文書によると、本震から三日経過しても、「微震打続キ至リ人心洶々《きょうきょう》（ざわめくさま）」とした状況でした。警察官と協力して夜は屋内に入ることを禁じ、消防手を召集して火災がないよう、警戒させているといいます【明ふ160合本2（14）】。しかし現地の人々だけでは復旧はままならず、多くの支援の手が必要とされていました。

坂田郡長浜町から派遣された医師や看護婦は、事件当日に救援活動を開始しました。翌十五日には日本赤十字社滋賀支部、十七日には西本願寺からそれぞれ救護班が編成されて

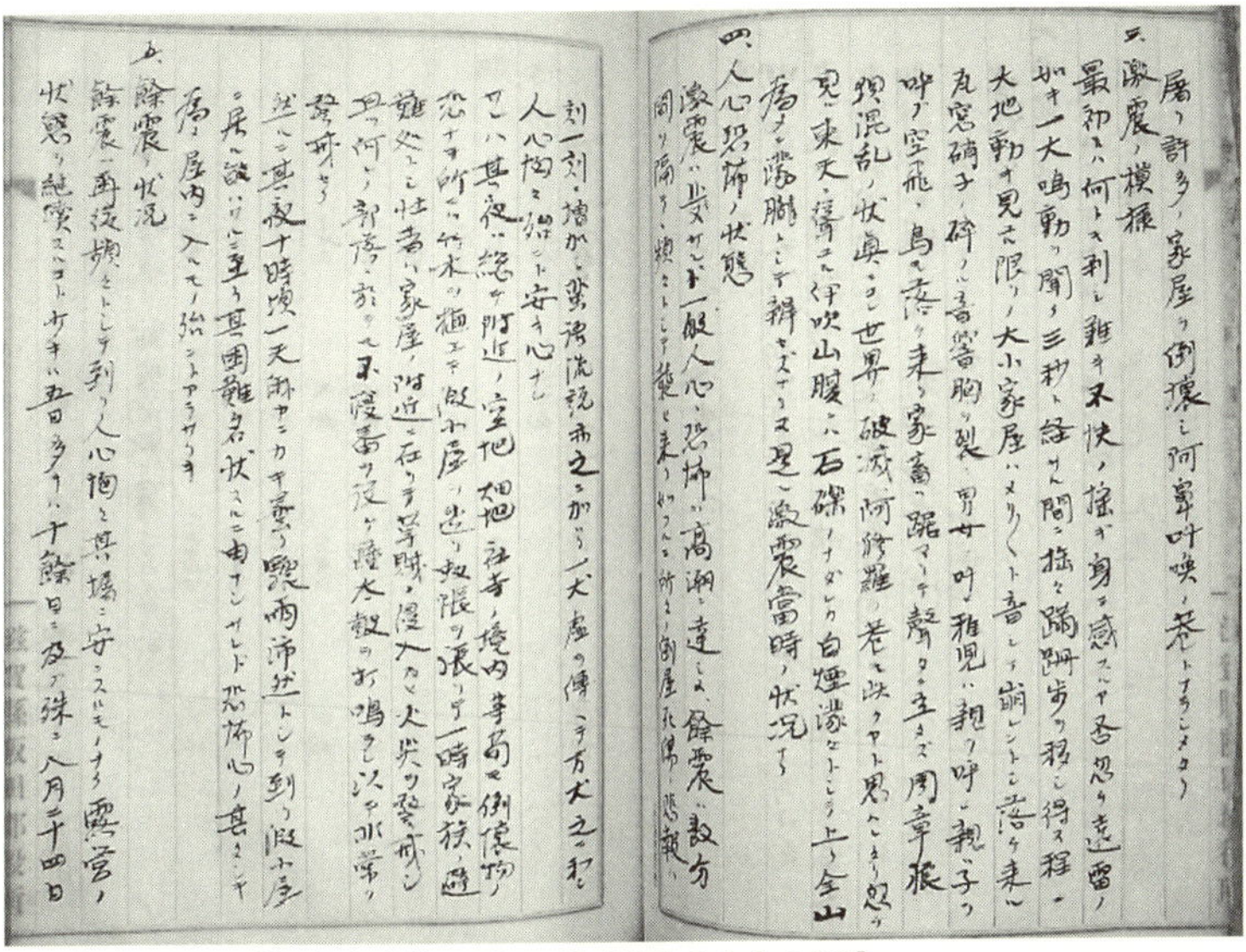
屠リ許多ノ家屋ヲ倒壊シ阿鼻叫喚ノ巷トナラシメタリ
三、激震ノ模様
最初ニハ何トモ判ジ難キ不快ノ揺ギヲ身ニ感ズルヤ否忽チ遠雷ノ
如キ一大鳴動ヲ聞ク三秒ト経ザル間ニ揺ギ踊躍歩ヲ移シ得ヌ程ニ
大地動キ見ユル限リノ大小家屋ハメリメリト音シテ崩レントシ落チ来ル
瓦窓硝子ノ砕クル音響胸ヲ裂ク男女ノ叫ビ稚児ハ親ヲ呼ビ親ハ子ヲ
呼ブ空飛ブ鳥モ落チ来リ家畜ハ躍リテ聲ヲ立テ主ヲ求メ周章狼
狽混乱ノ状真ニコレ世界ノ破滅阿修羅ノ巷モ斯クヤト思ハルバカリ
見ル東天ハ濛々伊吹山腹ニハ石礫ノ崩レ落チ白煙濛々トシテ上リ全山
為メニ朦朧トシテ弁ゼズ是レ激震当時ノ状況ナリ
四、人心恐怖ノ状態
激震ハ止ミタレドモ一般人心ノ恐怖ハ高潮ニ達シ又余震ハ数分
間ヲ隔テ頻々トシテ襲ヒ来リ加フルニ所々ノ倒屋ハ悲報ハ
刻一刻ト増加シ警鐘流説亦之ニ加ワリ一犬虚ヲ伝ヘテ万犬之ニ和シ
人心恟々トシテ安キ心ナシ
サレバ其夜ハ総テ附近ノ空地畑地社寺ノ境内等苟モ倒壊物ノ
恐ナキ所ニハ竹木ヲ植エテ仮小屋ヲ造リ数限リナク張リテ一時家族ヲ避
難セシメ壮者ハ家屋ノ附近ニ在リテ盗賊ノ侵入火災ヲ警戒シ
且ツ何レノ部落モ終夜不寝番ヲ設ケ或ハ太鼓ヲ打鳴ラシ以テ非常ヲ
警戒セリ
然ルニ其夜十時頃ヨリ天俄カニ曇リ驟雨沛然トシテ到リ仮小屋
ニ居ル能ハザルニ至リ其困難名状スベカラザリシモ恐怖心ノ甚シキ
為メ屋内ニ入ルモノ殆ンドアラザリキ
五、余震ノ状況
余震ハ爾後頻々トシテ到リ人心為ニ其堵ニ安ンズルモノナク震害ノ
状態ヲ継続スルコト少ナキハ五日多キハ十余日ニ及ブ殊ニ八月二十四日

写真①「坂田郡震災記録」明治 43 年 8 月【明そ 6 合本 2 (3)】

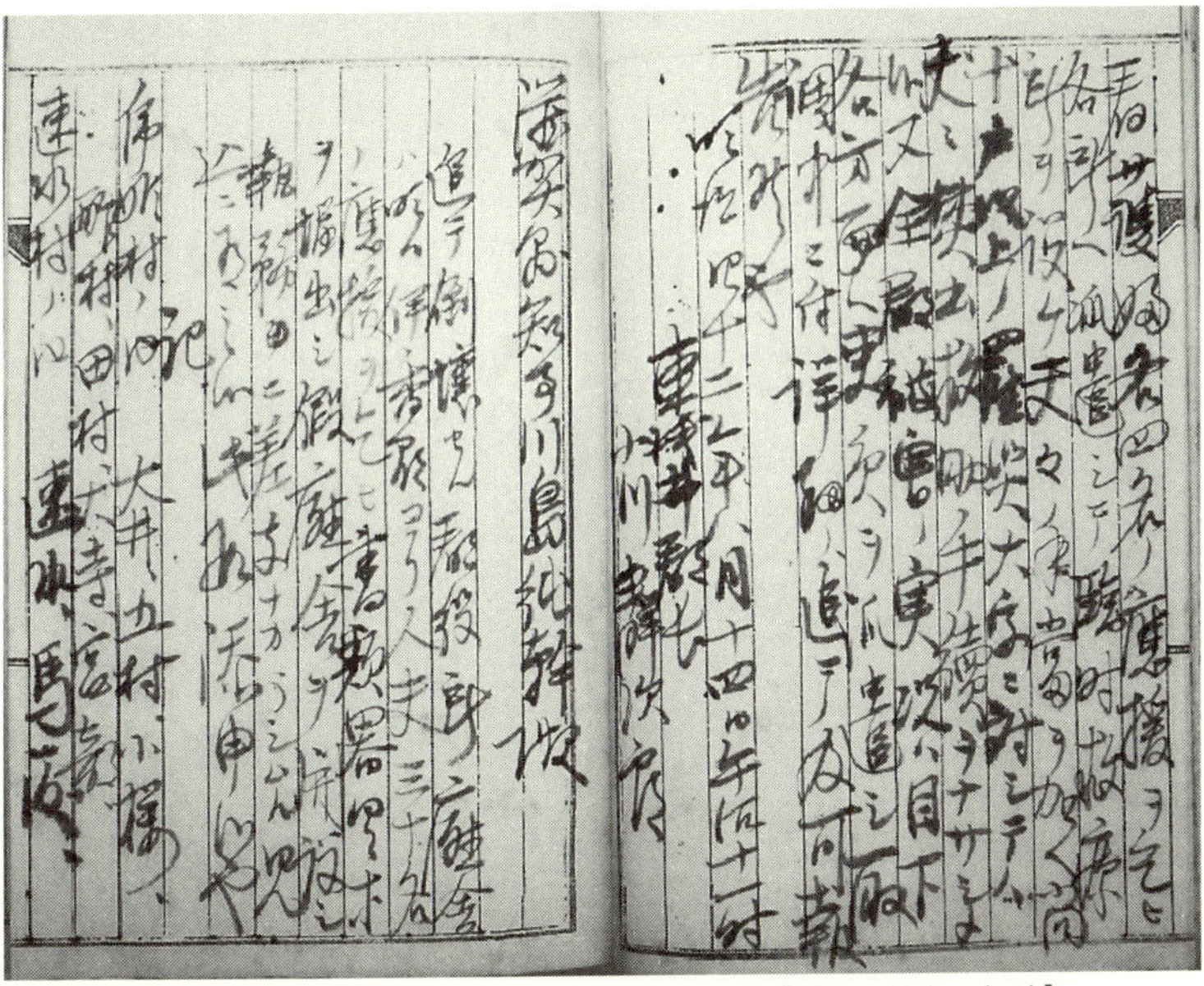

写真②「被災状況報告」明治 42 年 8 月 14 日午後 11 時【明そ 6 合本 1 (10)】

虎姫村に到着しました。最も長く現地にいた日本赤十字社滋賀支部の救護班が九月四日に引き上げた後は、翌五日から滋賀県医師会東浅井郡支部が引き継ぎ、治療を継続しました。滋賀県医師会同支部による臨時救護所の設置規定によると、活動期間は五週間を予定し、医員はすべて無報酬でした【明ふ158合本3（5）】。九月二十八日に作成された「震災負傷者救療表」では救療のべ人数が四三二一人と記録されています（写真③）。

また、救援物資については、新聞社が義捐《ぎえん》金品の募集の取り扱いを任されました。写真④は八月二十五日に大阪朝日新聞社が扱った寄贈品について、伊香郡での分配状況を記したものです。奈良漬の缶詰・梅干・足袋・手拭い・歯磨き粉など、食料や衣料・日用品が各村へ送られています。

地震の影響

地震は人々の心にも傷を残しました。坂田郡役所は地震後の児童の様子を「極メテ軽微ナル余震ハ勿論、遠雷ノ音、汽車ノ響、サテハ一陣ノ風声ニモ心ヲ配リ、恟々《きょうきょう》トシテ思想散漫常ナラサルモノアリキ」と述べています。今後の教育現場での注意事項として、児童に「余震ノ恐ルヽニ足ラサル事ヲ会得」させる、「蜚語《ひご》流言ノ信スルニ足ラサルコトヲ理

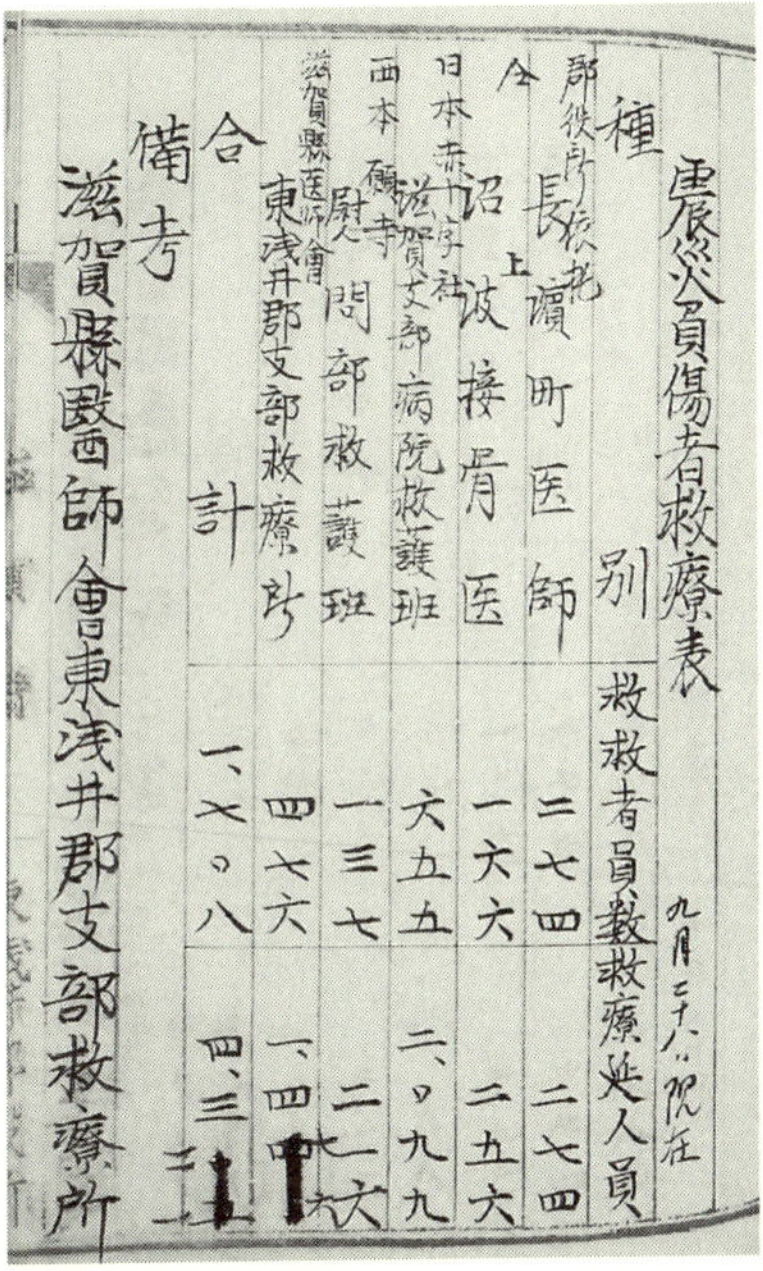

震災負傷者救療表　九月二十八日現在

種別	救療者員数	救療延人員
郡役所嘱託 長濱町医師	二七四	二七四
仝上 沼波接骨医	一六六	二五六
日本赤十字社滋賀支部病院救護班	六五五	二、〇九九
西本願寺慰問部救護班	一三七	二[illegible]
滋賀県医師会東浅井郡支部救療所	四七六	一、四四[illegible]
合計	一、七〇八	四、三[illegible]

備考　滋賀縣醫師會東浅井郡支部救療所

写真③「震災負傷者救療表」
明治 42 年 9 月 28 日現在
【明ふ 158 合本 3 (2)】

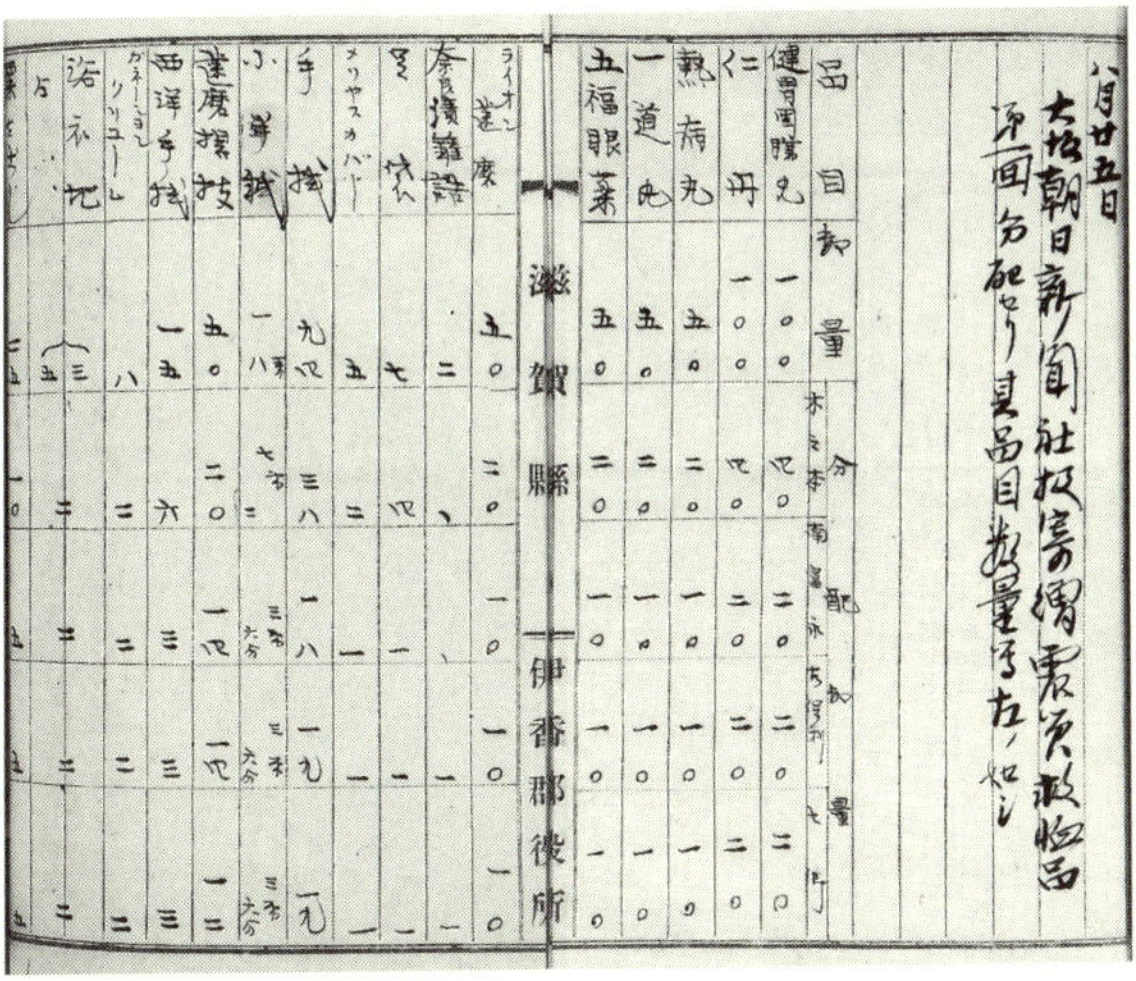

八月廿五日
大阪朝日新聞社扱寄贈品目数量左ノ如シ

滋賀縣　伊香郡役所

写真④「大阪朝日新聞社扱寄贈品目」明治 43 年
【明そ 6 合本 2 (2)】
（伊香郡作成明治 42 年近江地震記録より）

解セシメ、恐怖心ヲ根底ヨリ撤去」させることなどが挙げられており、被災した子どもたちの心のケアにも気を配る様子が伺えます【明そ6合本2（3）】。

さらに坂田郡役所は、坂田郡の人々は避難に精一杯で地震後一週間ほどは郡内を通して休業の有様であったと記しています。また、飼育中の蚕の幼虫は蚕棚が転落したため死傷する、ブドウなどの果実は落下して損傷するなど、地震は経済にも多大な影響を与えました【明そ6合本2（3）】。

東浅井郡・坂田郡・伊香郡役所では地震の翌年に各郡における震災の記録がまとめられました。また、地震による被害状況を記録した写真帳が県の森林課によって作成されました。森林課は震災のための建築用材の価格調査や伊吹山の崩壊箇所の調査等をする一方で、罹災民の避難状況などを視察し、被災地で写真撮影をしていました。写真帳は現在でも『滋賀県震災実景写真帖』（滋賀県、明治四十三年）に見ることができます【明ち319合本6】。

姉川地震の発生から一〇〇年以上が経ちましたが、震災による人々の恐怖の状況や社会などに及ぼす影響は現在とそう変わらないのではないでしょうか。長い年月が経っても当時の様子を詳細に知ることができるのは、過去の人々が意識的に記録を残そうとしていたおかげです。過去の記録を読み解くときには、ただ記されている文字を読むだけではなく、記録を残してくれた人々の姿にも思いをはせてみてはいかがでしょうか。

（栗生春実）

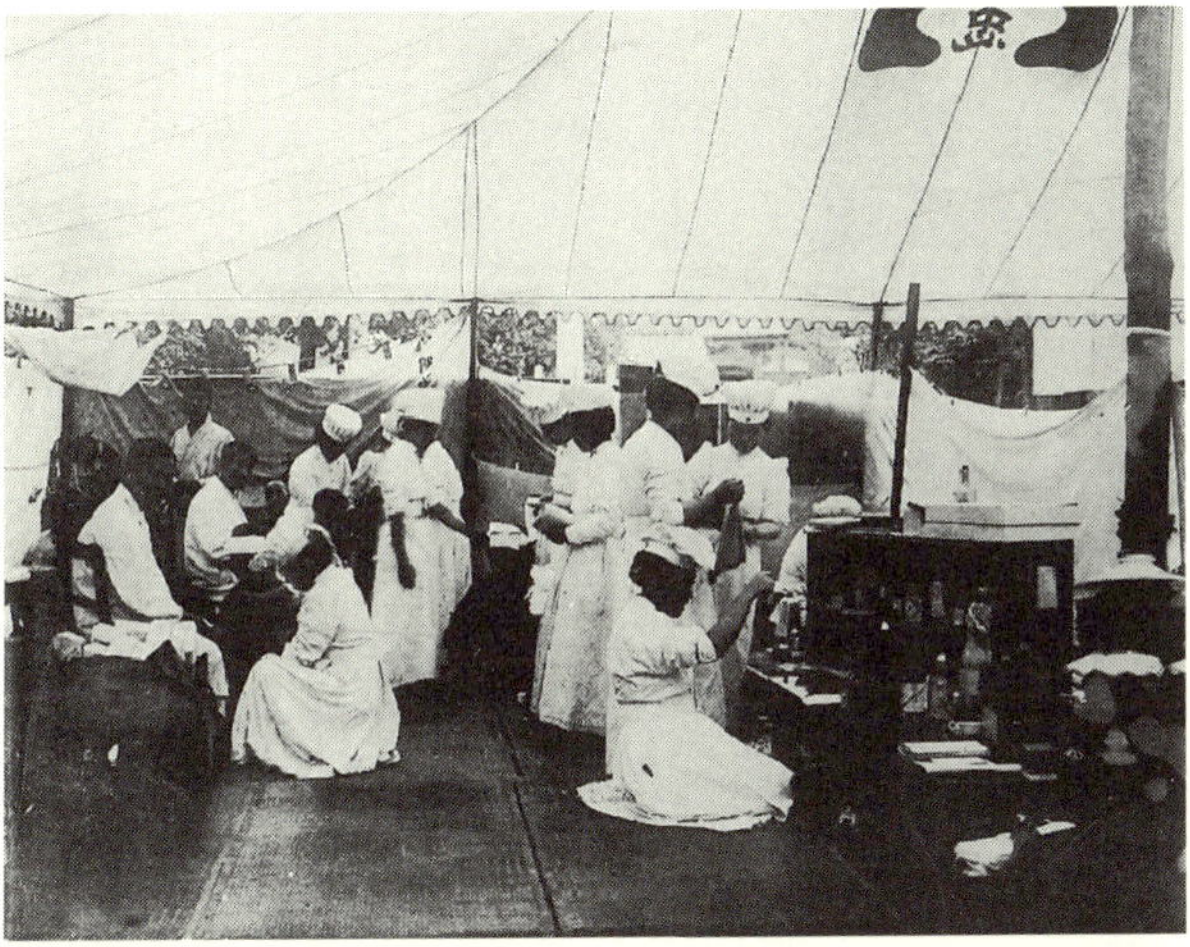

写真⑤「東浅井郡虎姫村大字五村に於ける日本赤十字社滋賀支部救護班執務の状況」明治43年3月（『滋賀県震災実景写真帖』）（県立図書館所蔵）

写真⑥「東浅井郡虎姫村大字宮部民家全潰の状況」
明治43年3月（『滋賀県震災実景写真帖』）（県立図書館所蔵）

比叡山の国界絵図

現在の滋賀県の県域は、明治五年（一八七二）九月に犬上県が滋賀県に合併されたことにより確定します。しかしこの時点でも、犬上郡五僧村（多賀町）と美濃国、甲賀郡五反田村（甲賀市甲賀町）と伊賀国、甲賀郡上朝宮村・同下朝宮村・同宮尻村（いずれも甲賀市信楽町）・岩間山（大津市）と山城国など、国界《くにざかい》（国境）が不明確なところがいくつもあったのです。

比叡山もその一つで、滋賀県の前身である大津県の時代から、京都府と国界調査が行われています。『比叡山近江山城国界取調書』【明へ61】には、国界確定の参考資料とするために延暦寺などから提出させた古文書の写しのほか、何枚かの絵図も綴られています。そのうち写真①の絵図には、四明《しめい》ケ嶽《がたけ》の下方、蛇《じゃ》ケ池の少し右の地点から、左右に直線が引かれています。これが延暦寺の主張する国界だったことは、同簿冊のほかの絵図や文書から判明します。

しかし明治六年七月七日、国が決定した国界はこの線とは異なり、釈迦多宝・相輪樘《そうりんとう》・四明ヶ嶽東の大比叡・撞木島《しゅもく》・山中重ね石《やまなかかさ》を結んでいます【同（27）】。尾根など自然地形の連続（地脈）を重視したこの国界は、後々のため不明瞭さを排除したい京都府・滋賀県から上申したものでした。

写真②の絵図からは、早くも七月十九日・二十日には国界を示す標柱が建てられたことが分かります。

（生嶋輝美）

写真①「比叡山上城江国界絵図面」(部分)【明へ 61 (37)】
著色、全体45.0 × 126.5cm。左が北、手前が山城側。地点と地点を結ぶ直線(見通し線)のほか、地点と地点を「地脈」で結んだ点線も描かれている。

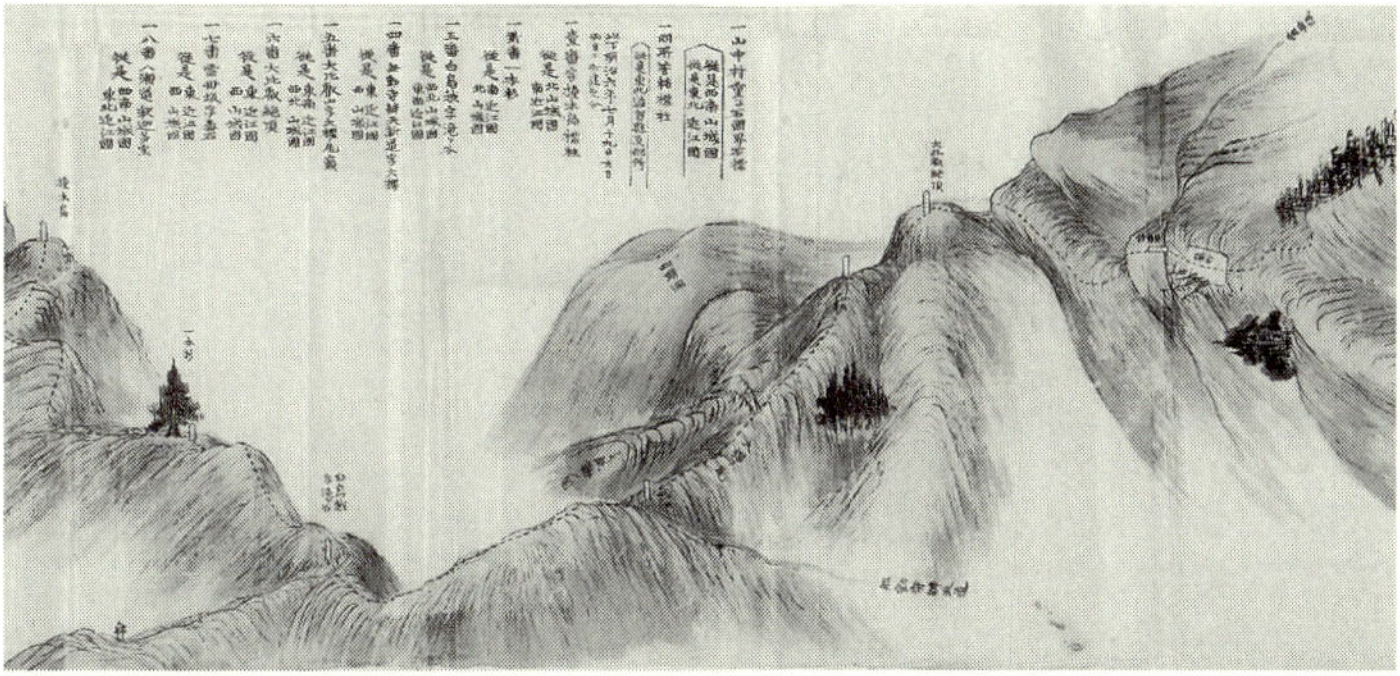

写真②明治 6 年 7 月 19 日・20 日に建てた標柱位置を示す絵図(部分)【明へ 61 (28)】
著色、全体 27.5 × 155.0cm。右が北、手前が近江側。標柱には「従是《これより》北山城国、南近江国」などと記された。

8 災害への援助
―関東大震災を中心に―

日本は、災害に襲われ続けてきました。地震、津波、台風、洪水…しかしその都度、周囲からの援助を得て住民たちは元の生活を取り戻してきました。離れた地域の人々の不幸へも共感と同情を寄せてきた先人たちの思いを関東大震災での援助を中心に見てみましょう。

県を越えた援助

明治期は日本の中で県域を越えた助け合いが進んでいった時代といえます。それ以前は、たびたび襲いかかる災害には、幕府や藩の援助をもとにその土地周辺の富裕層などが援助することで復興が図られていきました。しかし明治期になると、新聞による情報の流通もあり、自分たちの土地から離れた地域のできごとをわがことのように思い、支援の手を差し伸べるようになっていったのです。

明治二十九年（一八九六）の三陸沖津波は、その多大な被害を新聞などが伝えることによって、多くの人が義捐金《ぎえんきん》を送ったといわれています。滋賀県にも寄付者に対する感謝状の送付について宮城県などから問い合わせがきており、遠く東北地方の人々を援助した人がいたことがわかります（写真①）。他にも、「香川県下暴風雨の際救恤金《きゅうじゅつきん》（義捐金）寄付者」（明治三十三年）や「宮城県下凶作に因る窮民救恤金恵与」（明治三十八年）、「（北海道）函館区火災の節罹災民救恤金寄付者」（明治四十年）に対する賞状を県が受け取り、配布しています。寄付者は限られた人であったかもしれませんが、道府県が横の連携を取り、行政の仕事として義捐金を集め、援助していたことがうかがえます。当然、滋賀県で起きた姉川地震（明治四十二年）にも他府県から支援がもたらされています。

関東大震災での援助（府県連合）

大正期に起こった関東大震災では、県を越えた援助のネットワークが最大限に発揮されたといえます。

関東大震災は大正十二年（一九二三）九月一日の昼前に起こりました。災害情報は、正式には軍の飛行機によって県に送られていますが、夕方五時の新聞の号外でまず情報を知ったと県総務部がのちにまとめた記録には記されています。翌日は日曜日にもかかわらず、対策会議がもたれ、職員や救護班が早速、東京へ派遣されています【大そ25（105）】。

県ごとの対応ではとても間に合わないと考えた知事たちは、大阪府を中心とした近畿・四国・中国地方にまで広がる二府一五県で「臨時震災救護関西府県連合（府県連合）」を設立します。五日には堀田義次郎知事が自ら大阪府へ行き府県連合の協定を結んでいます。府県連合事務所が東京に置かれ、救援物資を大阪港に集めて一括して船で送付するようになります。

また、府県連合で人員を派遣して「バラック（仮設住宅）」の建設を進めます。さらにその中の滋賀県を含む二府五県によって横浜市に一〇〇〇人を収容できる規模という「震災救護仮病院」を作り、医師や看護婦、事務員までも県から派遣して救護活動を行いました（写真③）。後日、県には入院患者から感謝の寄せ書きが届いており、神奈川県会議長からも感謝状が送られてきています。

関東大震災での援助（個人の尽力）

これらの援助の源は、震災救援費として計上した県費一〇万円に加えて、県内に住む個人からの義捐金です。市町村単位で地域・職場・学校ごとに集められ、その額は膨大なも

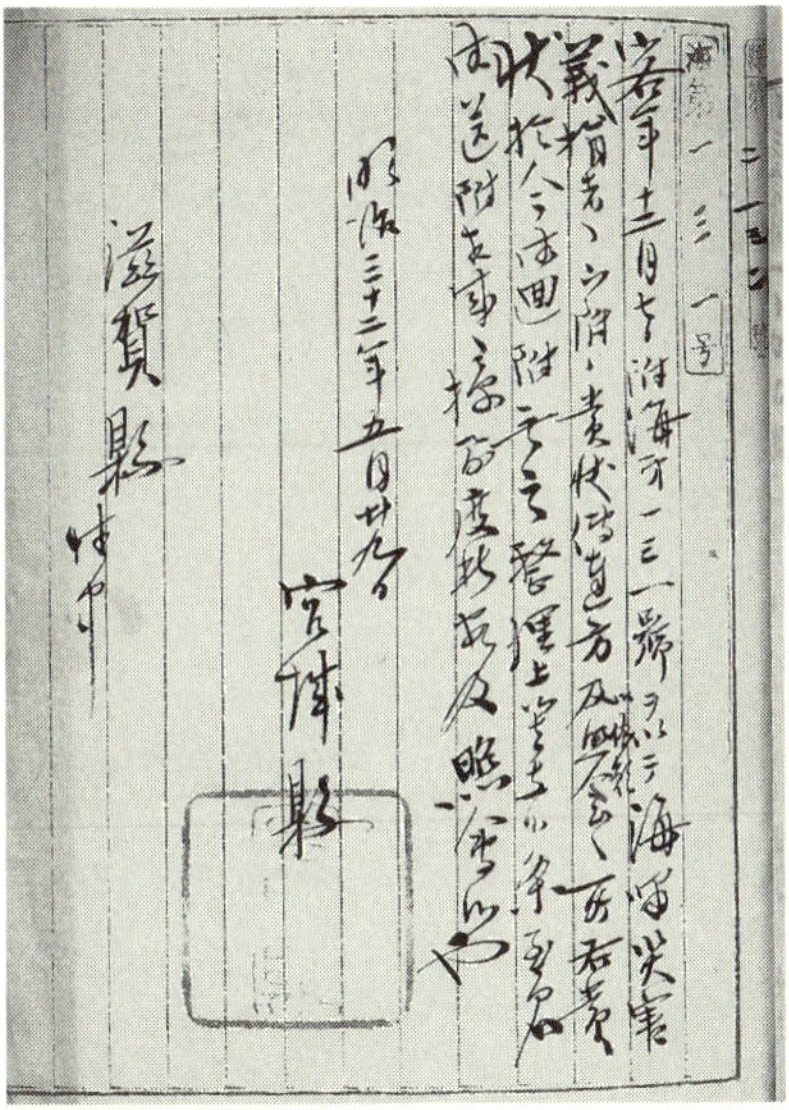

写真①「海嘯《かいしょう》（津波）義捐《ぎえん》金の件」明治 32 年【明え 249（16）】

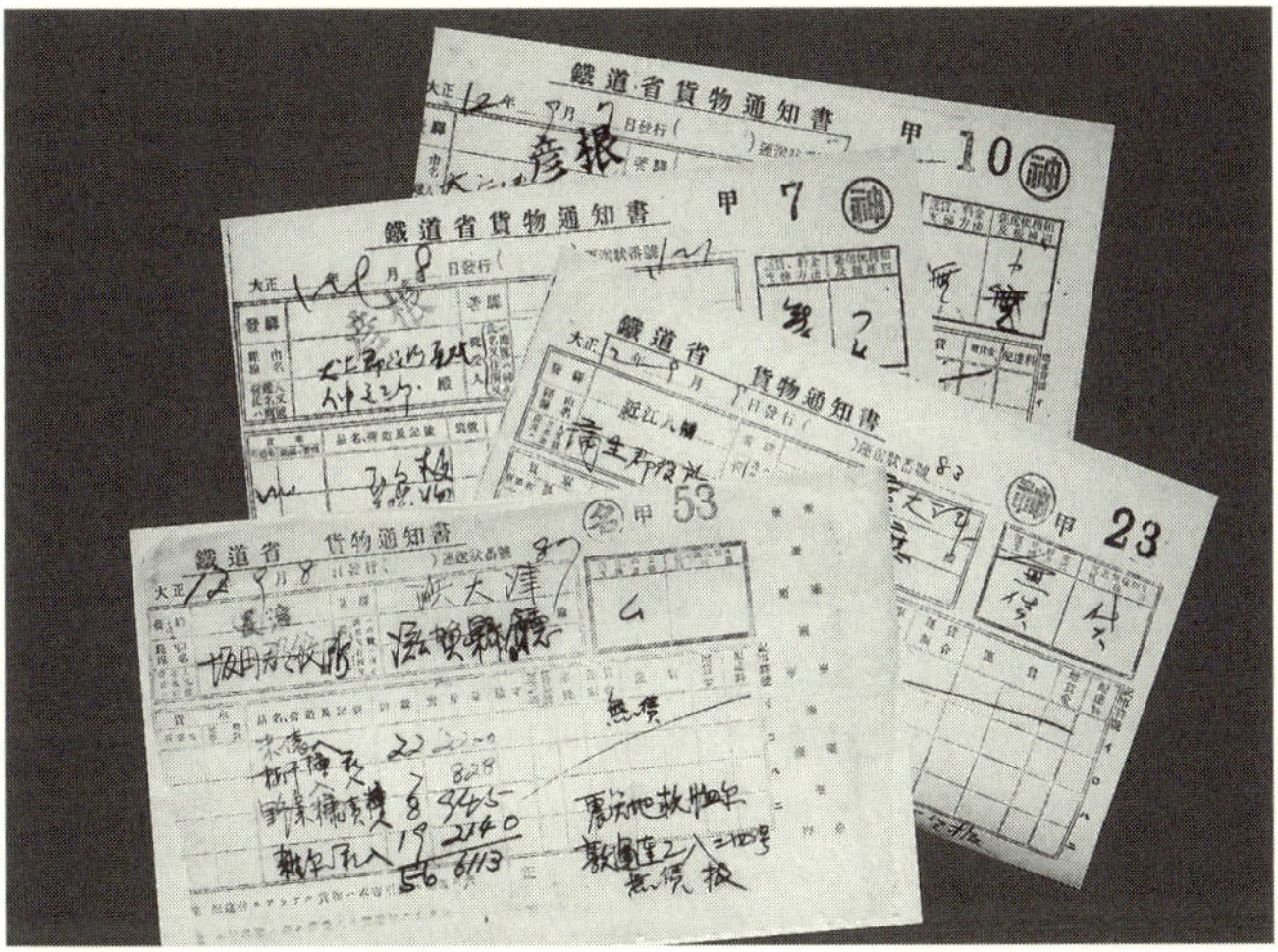

写真②「鉄道省貨物通知書」大正 12 年【大そ 14（6）】

のになりました。十月の調査時点での義捐金は三二万九八八三円です。小学校教員の初任給が四〇～五五円の時代ですから[注1]、いかに多額であったかわかります。そればかりではなく多くの援助物資も届けられました。白米は一四七九俵、梅干七〇九樽、衣類三万九九〇〇点などです。また、手拭や学用品などを一人一人に届くようにあらかじめ小分けした慰問袋は一三万袋余りにもなっています。

鉄道省は救援物資の輸送を無賃とし（写真②）、県も私鉄や船舶会社に同様の依頼をして物資の寄付を呼びかけたのです。当初は、品物を県庁で整理区分し、大阪港に輸送して府県連合に引き渡す予定でしたが、あまりの多さに内容がわかるものは大阪港へ直送するようにしました。浜大津駅に輸送本部を設けて、職員は徹夜勤務で仕分けと送付にあたり、貨車七三両分の救護品を送ったといいます。

市町村、字ごとの義捐金の額が県に報告されていることから、地域での圧力もあったと考えられますが、それだけではない人々の熱い思いが確実にありました。個人から被災者への「同情」の気持ちを表す手紙が多数残っているのです。多少拙いと見える文字で某氏は、妻には内緒で「先祖伝来の愛木」を売却して工面した一〇〇円を義援金として持参したいと述べています。また別の青年は、貧しい「其日稼《そのひかせぎ》」の貯えから「我が同胞」を助け

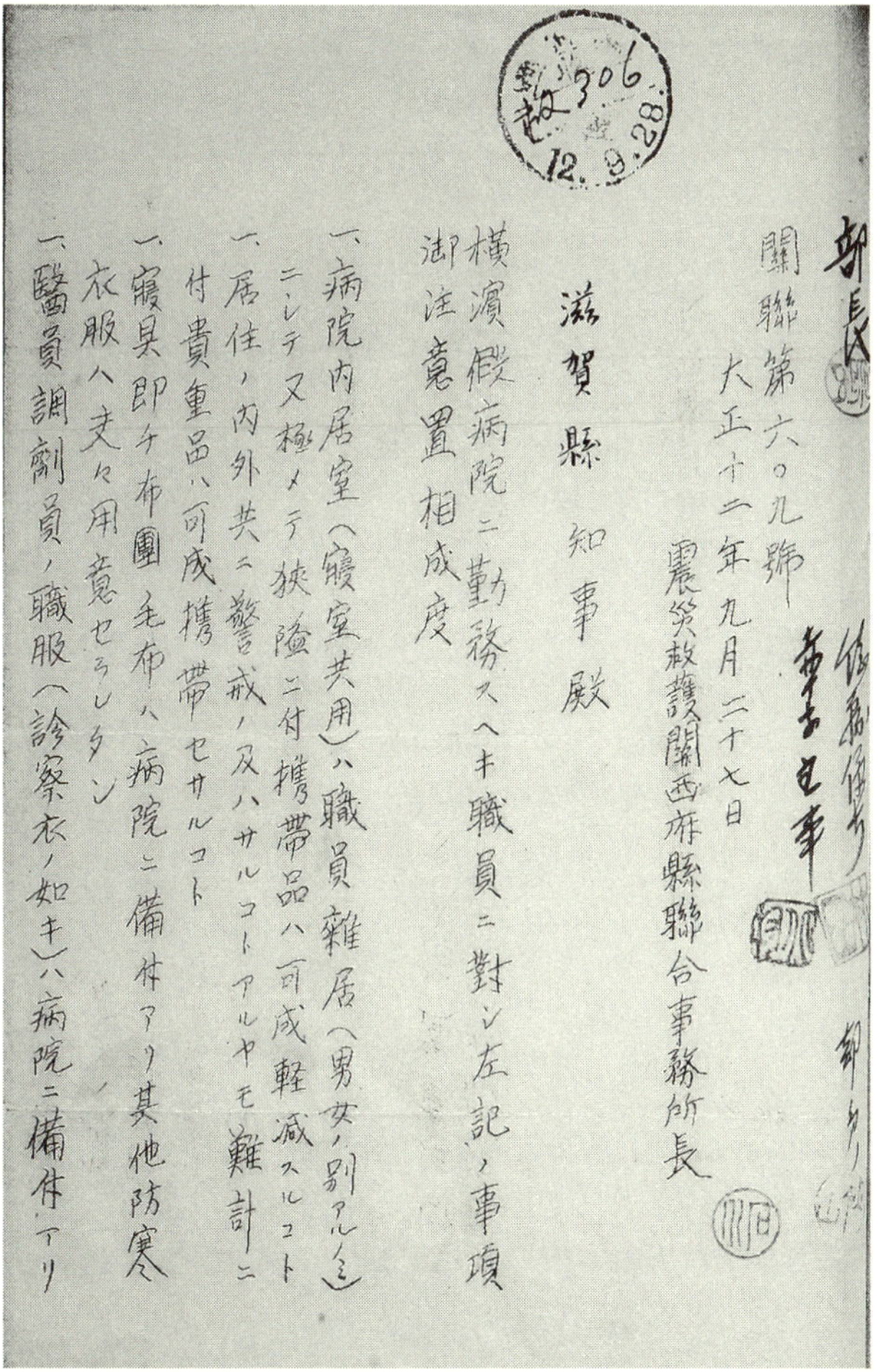
關聯第六〇九號
大正十二年九月二十七日
震災救護關西府縣聯合事務所長
滋賀縣知事殿
横濱假病院ニ勤務スヘキ職員ニ對シ左記ノ事項御注意置相成度
一、病院内居室（寝室共用）ハ職員雜居（男女ノ別アル迄）ニシテ又極メテ狭隘ニ付携帯品ハ可成軽減スルコト
一、居住ノ内外共ニ警戒ノ及ハサルコトアルヤモ難計ニ付貴重品ハ可成携帯セサルコト
一、寝具即チ布團毛布ハ病院ニ備付アリ其他防寒衣服ハ丈々用意セラレタシ
一、醫員調劑員ノ職服（診察衣ノ如キ）ハ病院ニ備付アリ

写真③「横浜仮病院へ派遣する職員への注意」大正 12 年【大そ 18 (64)】

たいと送金を申し出ています。さらに、災害の報を聞き、すぐに救助に行こうとしたが戒厳令下で動けず、日々の報道によってその惨害が目の前にちらつき夜も眠れなかったという青年が、労働者募集の報を聞き、「秋《とき》は来たれり!」と喜び勇んで応募する手紙などもあります(写真④)。

平成の東北地方の震災では他府県はもとより、海外からも多数の支援がもたらされました。明治から一世紀以上を経た現在は、国を越えて互いに手を差し伸べあえる新しい援助の時代になっているのです。

(東資子)

注1　甲賀忠一、製作部委員会編『明治・大正・昭和・平成　物価の文化史事典』展望社、二〇〇八年

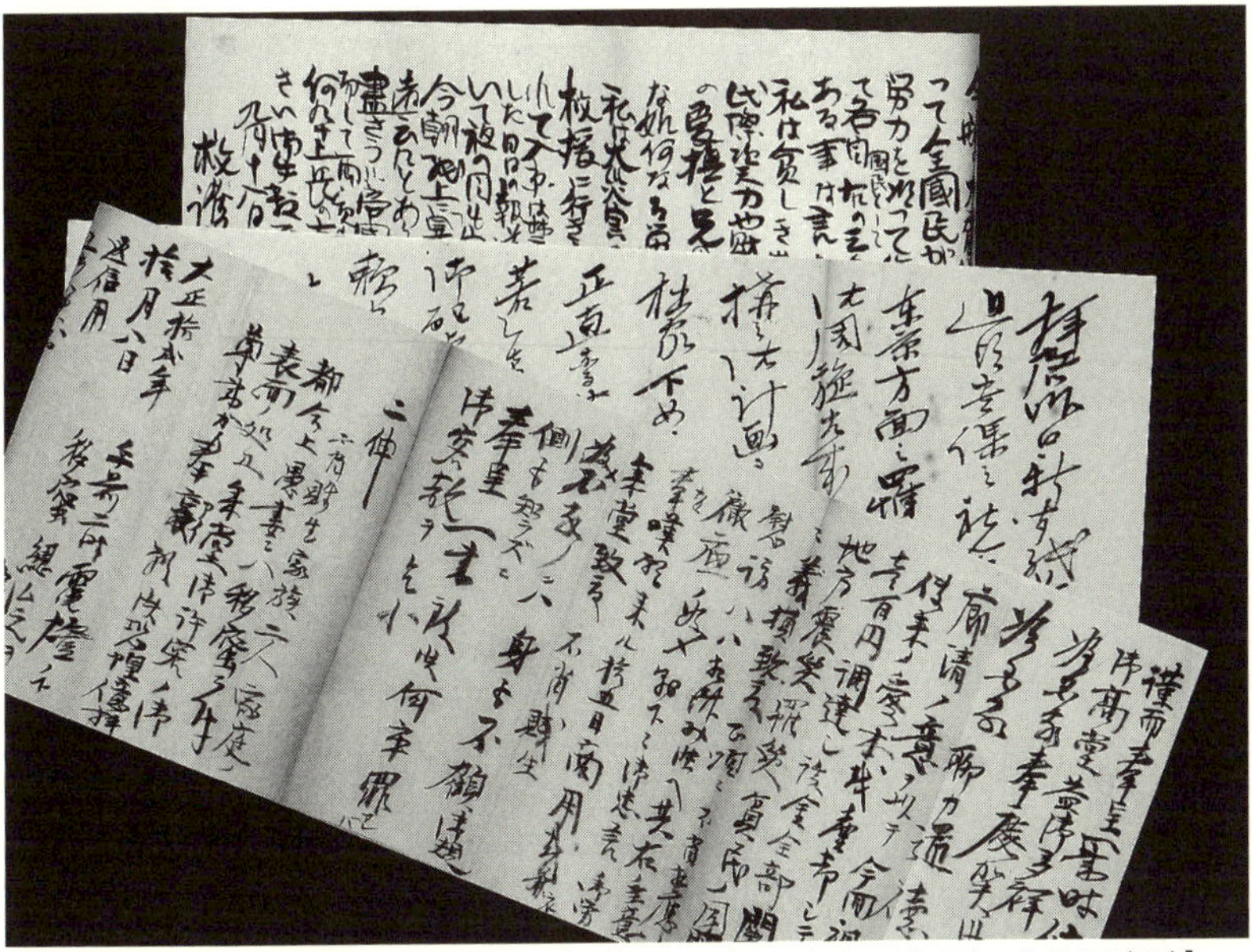

写真④ 寄付を申し出る手紙など　大正12年【大そ16(9)、大そ25(127)、大そ28(36)】

戦争中に竣功した現県庁舎

現滋賀県庁本館は昭和十四年(一九三九)に竣功しました。設計は佐藤功一・国枝博。工学博士佐藤功一は、早稲田大学大隈講堂(昭和二年)や旧群馬県庁(昭和三年)・日比谷公会堂(昭和四年)・旧栃木県庁(昭和十三年)なども設計しています。一方の国枝博は朝鮮総督府庁舎(大正十五年)の設計者です。

昭和十一年、県が現庁舎建築を決定した大きな理由は、旧庁舎の耐震性欠如でした。明治二十一年(一八八八)に建築された煉瓦造の旧庁舎は、関東大震災(大正十二年)のような巨大地震にはまったく耐えることができない、と診断されていたのです。

新庁舎は鉄筋コンクリート一部鉄骨造の四階建てとなりました。新築決定後に日中戦争が始まったため(昭和十二年七月)、いそぎ鉄材の確保に奔走したようです。しかし鉄材の節減は免れず、全部鉄骨とするはずだった本館中央部を鉄筋に変更しています。

なお、新庁舎は地下防護室付き、外壁タイル部分は防空色(暗色系のめだたない色)で防空用暗幕が設置されるなど、多分に空襲を意識した造りでした。庁舎内には「近江神宮奉讃会」「特高課」「大政翼賛会支部事務局」など、昭和初期独特の組織が入る部屋もありました(『滋賀県庁舎改築記念誌』)。

戦争中の不穏な時代に建てられた現県庁舎ですが、幸いにも空襲にも遭わず、現在では滋賀県の代表的な近代建築とされています。

(生嶋輝美)

コラム 7

写真①県政史料室入り口にある県庁舎模型
（200 分の 1、石膏製、昭和 14 年、東京市滝野川区の建彫社制作）
現県庁舎は建築面積延べ 4698 坪、工費 200 万円で建設された。5 階部分の塔屋は、明治 23 年の明治天皇行幸を記念して旧庁舎正庁を移築したもの（聖蹟記念室）。

写真② 5 月 16 日の竣功式当日の県庁舎
（昭和 16 年『滋賀県庁舎改築記念誌』）【昭の 6】
「挙国一致」「堅忍持久」の垂れ幕が見える。大津市内の小学生・高等女学校生徒による旗行列で庁舎前は埋め尽くされている。

9 滋賀県の植林事業と山樫

滋賀県といえば琵琶湖。しかし実は県面積の半分は森林です。近年は放置されて荒廃しているところも多いといわれますが、遠くから見ると全山青々とした「緑の山」です。ところがこのような緑の風景を、百数十年前に生きた私たちの先祖は見ていなかったかもしれないのです。

禿げ山のひろがりと植林奨励

明治初年の滋賀県内の村を描いた絵図のなかには、緑の山にまじって禿《は》げ山の描写をよく見かけます（写真①）。田上山（大津市）の広大な禿げ山は全国的に有名でしたが、それ以外にも禿げ山は県内各地で見られたようです。「蒲生郡円山村絵図」【明へ4（15）】に描かれる如く、湖岸地域にも禿げ山は存在しました。

一般に明治初期の日本の山林は、江戸時代までの濫伐や、薪炭や草肥《くさごえ》用の樹木・草柴を刈る里山としての濫用により、さらに維新後は幕府・藩の山林管理制度が撤廃されたことにより、荒廃していたところが多かったといわれています。明治十三年（一八八〇）に県令

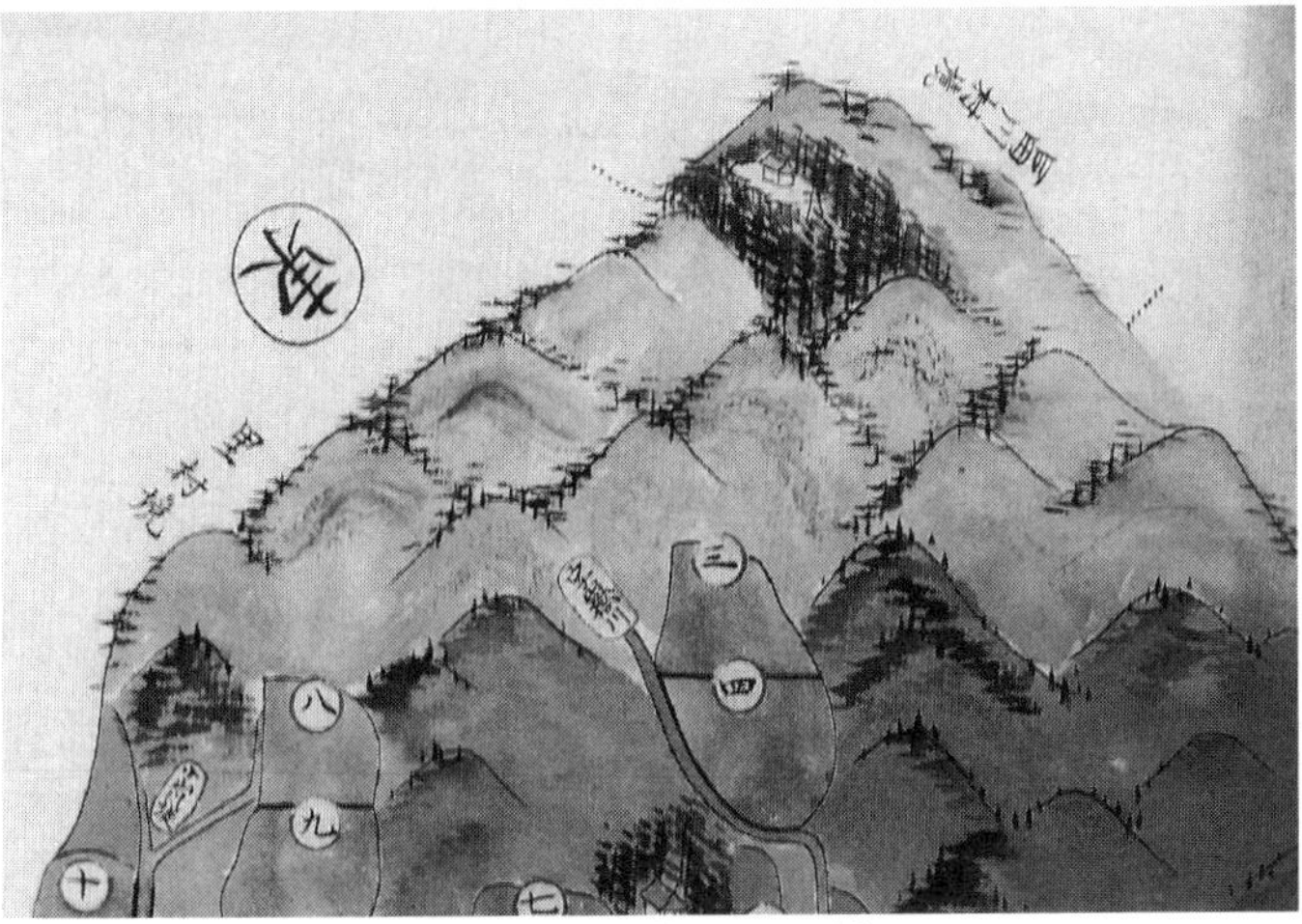

写真①「栗太郡関津村絵図」明治７年頃【明へ２(96)】
色が薄く見える山の上部は禿げ山(オレンジ色に著色)、色が濃い下部は木山(緑色に著色)。

写真②「明治44年度砂防工事施工地　野洲川流域甲賀郡三雲村大字三雲」(滋賀県所蔵)
禿げ山緑化の過程。段々に固めた山腹に山榿などを植える。

代理から各郡役所に宛てた通達でも、「近来民有森林ノ樹木ヲ濫伐浪用ノ弊」が生じ、官林の柴草刈取を許可された村人も「採薪ノ際、林中叢生ノ稚樹ハ何等ノ木種ヲ不問《とわず》一切苅採」している現況は「森林保護ノ旨趣」に悖《もと》ると戒めています【明い115合本1(9)】。

この状況は砂防・水源涵養の観点からも憂慮されたため、県は明治十年代から濫伐を規制するとともに植林を奨励する規則をいくつか制定しています。しかし、樹苗を購入するのが負担となっていたこともあり、これらの効果は顕著ではなかったといいます(『滋賀県史四最近世』昭和三年)。

実際に大規模な植林が成功し始めるのは明治三十年代以降のようです。県は明治三十五年(一九〇二)に「林業奨励規則」を定め、植林促進のための奨励金を下付し、管内四林区にそれぞれ樹苗圃を設置して無立木林・禿赭林《とくしゃりん》(禿げ山)などの植林に樹苗を無償交付することとしています。樹苗の無償交付は同年から一五か年継続事業として実施され、期間中の交付樹苗は四九四五万本にも達しています(『大正六年知事事務引継書類』【明お3合本3(15)】)。ちなみにこのとき樹苗圃で栽培するとされたのは杉・檜・赤松・落葉松《からまつ》・櫟《くぬぎ》・栗・欅《けやき》・山桜の八種類で、このうち最も多く栽培が計画されたのは「山桜」でした。

禿げ山を縛る木「山榿」

さて、滋賀県の植林・治山の歴史を見るとき、避けて通れないのがこの「山榿」でしょう。明治十七年（一八八四）の県勧業課山林部「山榿樹の効用」【明ち287（8）】には、「ヤマバリ」「ハゲシバリ」「ジヤリバリ」「ヤマシゲリ」といった呼称を持つ山榿は、赤楊（榿〈ハンノキ〉または橎〈ハリノキ〉とも）の一種である「ヤマハンノキ」の別種とします。さらに山榿について

> 其性兀山《はげやま》ニ生育シ易ク土砂ノ流出ヲ止ムルコト他ニ比類ナシ、一タビ稚苗ヲ植栽スルトキハ三年目ニハ必ス実ヲ結ブニヨリ種子ノ落テ発芽シ漸次蕃《（繁）》殖シテ赭山《しゃざん》（＝禿げ山）変シテ緑山トナルコト甚タ容易ナリ

と説明しています。そして国により土砂扞止《かんし》（土砂流出防止）工事中である栗太郡・甲賀郡の禿げ山にも専らこの木を植栽していることからして、「国土保安ニ関係アル赭山ヲ変シテ緑山ナラシメント欲セハ、山榿ヲ措テ他ニ植ユヘキモノナカルヘシ」とまで述べているのです。

また明治三十七年（一九〇四）の県技手提出「造林事業調査復命書」は「山榿ハ学名ヲ『ひめやしやぶし』ト云ヒ本県下ニ於テハ専ラ兀シバリト称ス」ると記します（写真③）。これ

によって「山榿」とは、現在では一般的に「ヒメヤシャブシ」（姫夜叉五倍子）と呼ばれる植物を指すのだと分かります。さらに復命書は、山榿という植物は生育が速いうえ乾燥地に強く「株根拡張シテ土壌ヲ緊結」する、つまり土地を縛る効果があるのだと述べます。このため植栽すれば土砂扞止に効果大で、数年で禿げ山も落ち葉と苔に覆われた湿潤地となり、その樹間に松を植えれば松の成長までも促進するとします。山榿は土砂扞止と植林両方に有用な植物というわけです。

山榿植栽の歴史

明治十七年（一八八四）「山榿樹の効用」によれば、県内において山榿は江戸時代後期にはその効能を知られていたものの、当時は浅井郡・伊香郡にわずかに自生するのみの希少種だったようです。同文書は、そんな状況下にありながら、①一八三〇年代頃、犬上郡池寺村（甲良町）西明寺除地の本堂山に、彦根藩から領内浅井郡産の山榿の樹苗数本を送ってもらい植栽したところ、おびただしく繁殖し現今は第一等官林となっている、②西大路藩は稚苗を領内に配り、それが成長したものが蒲生郡鏡村（竜王町）字星ヶ峰近傍に現存している、③明治十五年の山林共進会で五等賞を受賞した犬上郡四手《しで》村（多賀町）の森野儀平ら

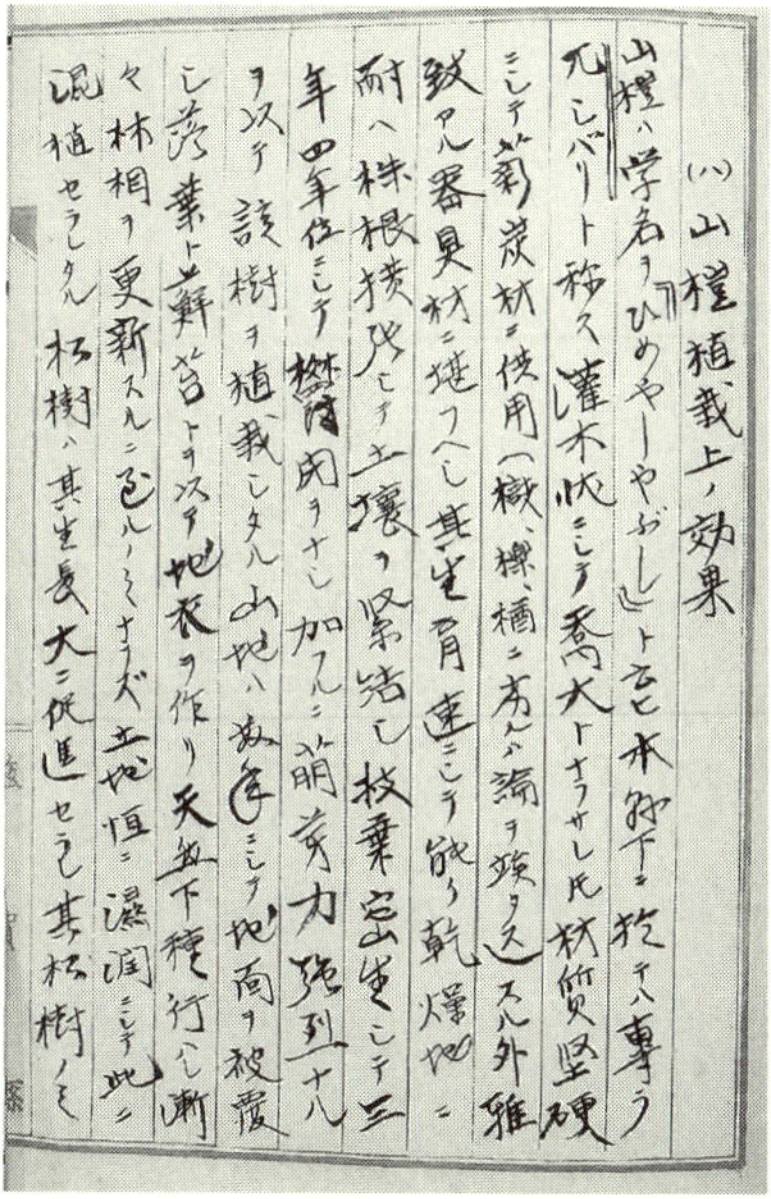

(ハ)山榿植栽上ノ効果
山榿ハ学名ヲ『ひめやしやぶし』ト云ヒ本邦下ニ於テハ専ラ
禿シバリト称ス灌木状ニシテ喬大トナラザレドモ材質堅硬
ニシテ薪炭材ニ使用(織、楔、梱ニ有ルハ論ヲ俟タズ)スル外雅
致アル器具材ニ適スヘシ其生育速ニシテ能ク乾燥地ニ
耐ヘ株根擴張シテ土壌ヲ緊結シ枝葉密生シテ三
年四年位ニシテ鬱閉ヲナシ加フルニ萌芽力強烈ナル
ヲ以テ該樹ヲ植栽シタル山地ハ数年ニシテ地面ヲ被覆
シ落葉ト共ニ皆ナ之ヲ以テ地衣ヲ作リ天然下種行ハレ漸
々林相ヲ更新スルニ至ルノミナラズ土地恒ニ湿潤ニシテ此ニ
混植セラレタル松樹ハ其生長大ニ促進セラレ其松樹ノミ

写真③「山榿植栽上の効果」

【明ち300(10)】

明治37年「造林事業調査復命書」のうち。山榿の学名は「ひめやしゃぶし」であると記す。

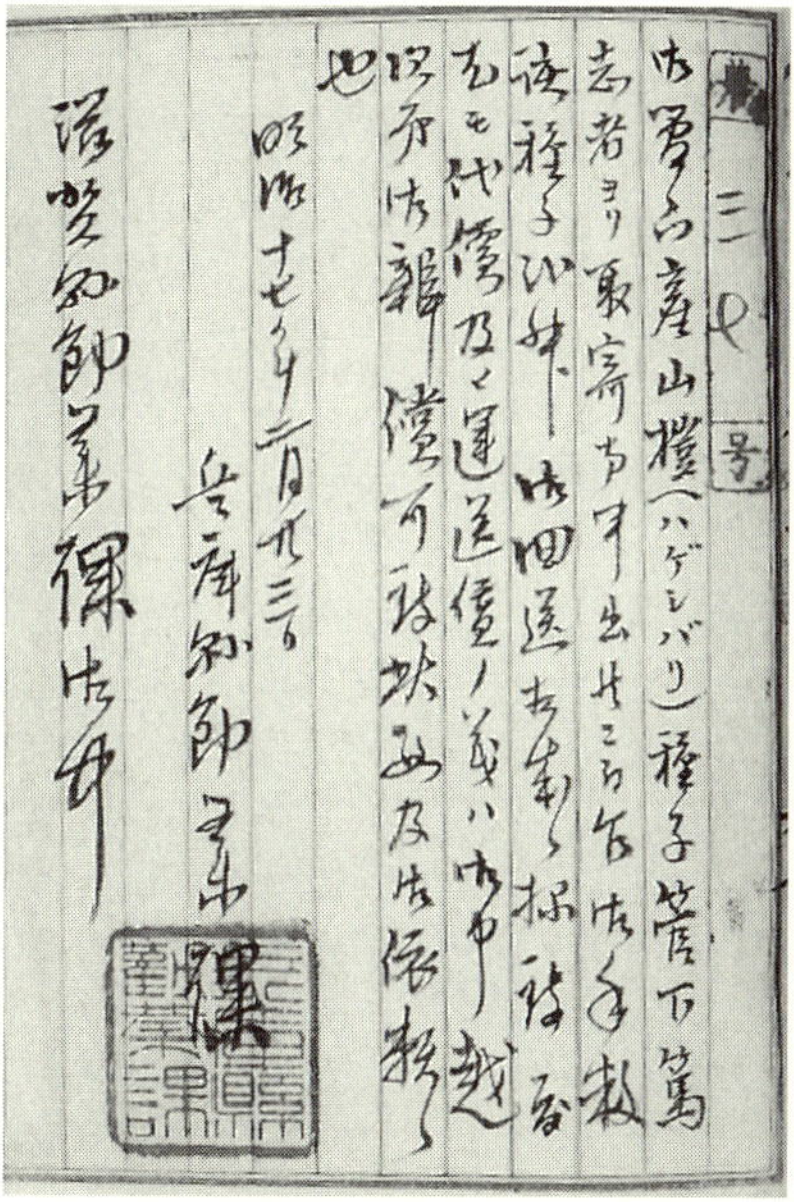

写真④「山榿(ハゲシバリ)種子回送依頼」
明治17年【明ち291(18)】
兵庫県勧業課が滋賀県勧業課に山榿の種子2升の回送を依頼した文書。

三名は、嘉永元年（一八四八）から一〇町歩余の赭山に山榿の苗六万六〇〇〇本を植栽して、薪炭材を伐採できるまでにした　と、その植栽の成功例を挙げています。

また④野洲郡辻町村（野洲市）では安政元年（一八五四）より山榿を植栽したとしています（明治十六年「山榿樹効験取調書」【明ち287（8）】）。

さらに、明治三十七年（一九〇四）「造林事業調査復命書」には、⑤愛知郡斧磨村《よきとぎ》（愛荘町）では、安政の大地震（一八五五）による土地崩壊・土砂流失で窮していた時に現れた不思議な老人が授けて行った「兀《はげ》シバリ」の苗木を植栽したところ、明治三年（一八七〇）の近畿大風雨でも山岳が崩落しなかった、⑥甲賀郡岩根村（湖南市）あたりでは、嘉永年間（一八四八～五三）に彦根藩士から山榿の効能を聞き、彦根地方から種を購入して山榿の栽培を始めた、との説を載せます[注1]。

多くが山榿植栽の始期を幕末に置くこれらの伝承からは、幕末頃の人々がいかに禿げ山に悩まされ、また問題解決の方策を求めていたかがうかがい知れます。

もっとも、山榿には同じく「ハゲシバリ」の性質・呼称を持つ別種の植物があります（ハンノキ・ヤシャブシ・ヤマハンノキなど）。また「山榿」はあえて読みがなをつければ「やまはんのき」と、別種の名称になってしまう紛らわしさもあるので、当時の人々のいう「山樒」がすべてヒメヤシャブシだったかどうかはさだかではありません。

滋賀県の特産「山樒」

しかしともかく明治十年代後半には、滋賀県は禿げ山への山樒植栽を奨励するとともに、県の苗圃で栽培した山樒の種子を希望する県内各村に有料で販売しています。この頃は県外からも「滋賀県産の山樒」は注目されたらしく、同じく禿げ山に悩む兵庫県・愛媛県・愛知県・福岡県・山口県などが山樒の種子や苗を送ってほしいと滋賀県に依頼した文書が残っています(写真④)。

さらに滋賀県が樹苗の無償交付を行った明治後半以降には、甲賀郡岩根村が県外をも販路とする山樒の大規模栽培でその名を知られるようになります。山樒の大量栽培・植栽を実現したことが、禿げ山から緑の山へ向かう下地となったのです。

(生嶋輝美)

注1　斧磨村の西川作平(一八四二〜一九一八)が山樒の効能を発見し、岩根村菩提寺の竜池藤兵衛(一八四〇〜九六)が大規模栽培・普及に尽力したという説が現在一般的です。

明治の博覧会

国内での博覧会は、明治初期には京都博覧会や名古屋博覧会など、全国各地で開催されていました。滋賀県でも「彦根城博覧会」が明治九年（一八七六）に元彦根藩士の武節貫治らによって開催されました。会場は彦根城で、出品を呼びかける文書には「新古ノ珍器及ヒ新発明ノ物品」を出品するようにとあり、やや見世物的な様子がうかがえます【明い80（61）】。

このような地方博覧会と一線を画したのが明治十年に東京上野で開催された第一回内国勧業博覧会でした。同博覧会の目的は殖産興業であったため、政府は書画や古代の遺物などの出品を禁止し、「片田舎の村々抔《など》の産物」であっても「追々繁盛に致《いたし》度《た》き見込あるもの」は、ありきたりの物でも差し出すよう指示しました【明い77合本2（1）】。

滋賀県下から同博覧会に出品する品物のリストには、県内各地から水晶・トパーズ・陶器・米・生糸・茶・高島縮・帽子・鞄、真鍮や銅で作られた置物といった特産品を中心に多岐にわたる品物が載っています（写真①）。

さて、ここで少し変わった出品物をご紹介しましょう。明治十年、甲賀郡多羅尾村で鶏が大きな卵を産みました。毎日卵を産んでいた鶏が急に産卵をしなくなり、一〇日ほどたって産み出したのは周囲六寸四分（約一九cm）、重さ四五匁（約一六九g）の卵でした。それを割ってみると、なんと中にもうひとつ卵が入っていました。

県は「卵中ニ卵ヲ含生スルハ亦《また》奇ト云へ

シ」と評し、研究のためにその殻を同年の京都博覧会へ出品することにしました（写真②）。

ちなみに平成二十年にも県立八日市南高校で飼育していた鶏が「巨大卵」を産み、ニュースになりました。この卵も二重の卵で、中からもうひとつ卵が出てきました（『朝日新聞』平成20年11月6日）。

（栗生春実）

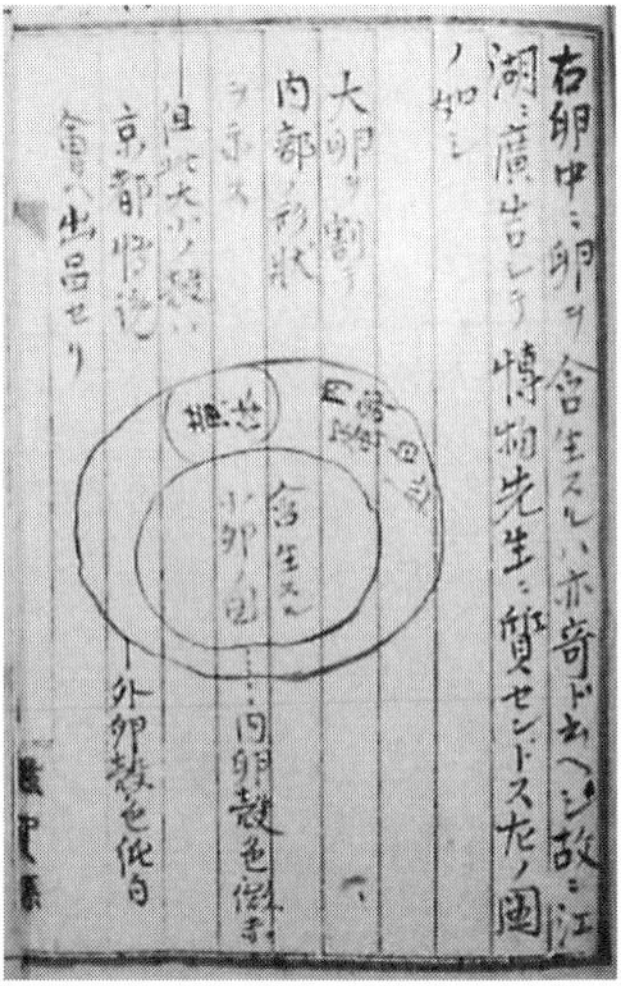

写真②「京都博覧会へ出品の大卵」明治10年【明て48合本4（20）】

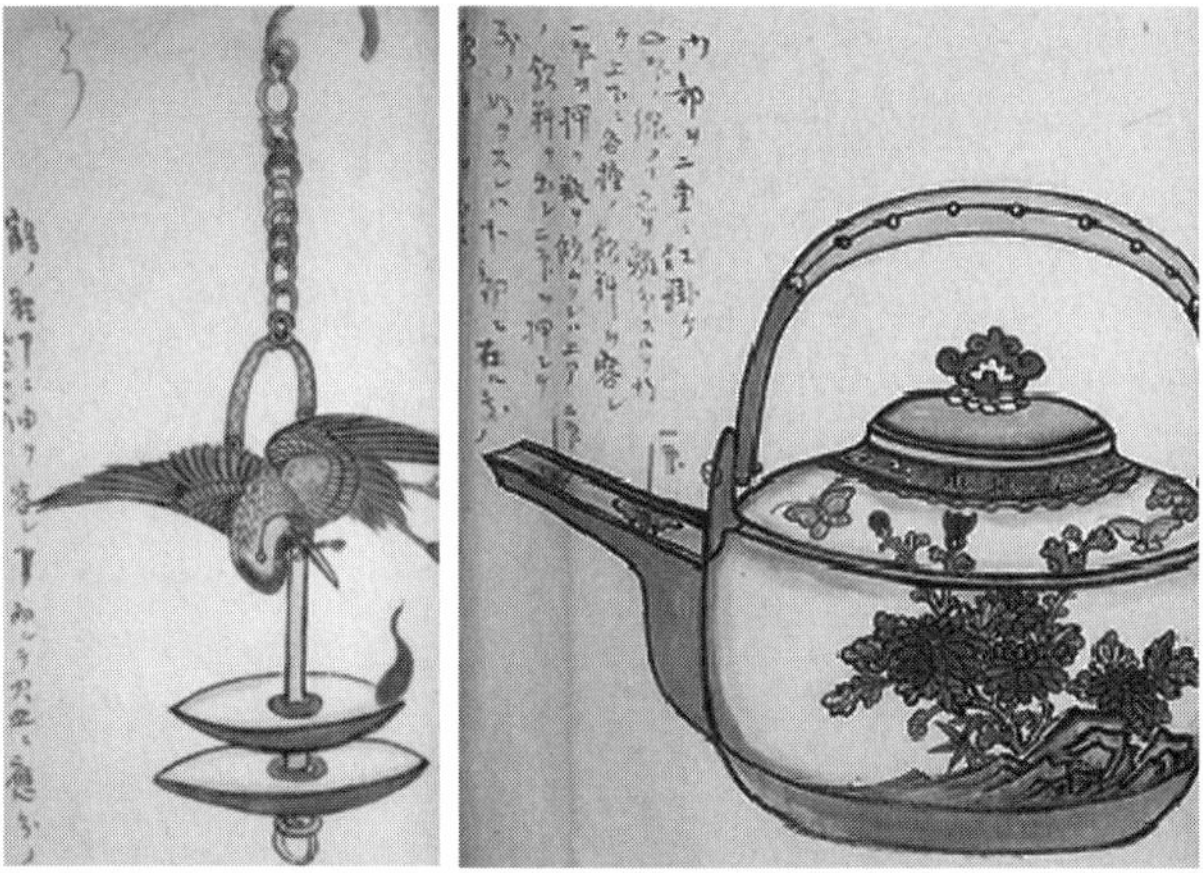

写真①「第1回内国勧業博覧会滋賀県下出品表　付図」明治10年【明て47（46）】（左）「鶴釣燭台」、（右）「銚子」　ともに栗太郡山寺村の職人による作品。

10 統計と国勢調査

人口や物の数の把握は、行政上の大きな問題です。成立時から西洋諸国との比較が基本にあった明治政府は国力の把握のため、諸統計の整備に積極的に取り組みました。しかし、正確な現住人口が確認できたのは、大正期になってからです。第一回国勢調査までの道のりを見てみましょう。

明治期の統計

明治政府は全国的な人口調査を明治五年（一八七二）に行い、壬申《じんしん》戸籍を作成します。初めての事業ではありましたが、江戸時代に人別改《にんべつあらため》などが定着していたため、大きく現実から離れた結果にはならなかったといいます。

人口だけでなく、軍事的な目的からは職業別人口や農産物生産数、牛馬の数などが陸軍省によって調べられ、また衛生統計、学事統計などもそれぞれに作られていきました。現在まで続く県の統計書は、明治十六年（一八八三）にその初刊が発行されています。土地や人口、工業、交通など二四部類、二四〇の項目の統計表が掲載されています。県ではさらに琵琶湖の水位も測られ、記録されています。瀬田の唐橋付近に設置された「鳥居川観測所」で明治七年から計測され始め、現在まで毎日続く数字の記録は貴重な資料になっています。

ところで明治五年の人口は、届け出による戸籍をもとにした数字です。そしてその後は、移動する人が出す入出寄留届によって数字を加除して人口を算出していくことになります。当然ながら届け出が漏れれば、現実を映さない数字になっていきます。明治三十三年（一九〇〇）には、それまでの人口に統計的処理を加えた計算上の数字を乙種現住人口として示すことにしたほど、現実から乖離《かいり》した数字になっていました。

現実の人口を把握するためには、人口の悉皆《しっかい》調査を行うべきであるという主張は、明治の初期からすでにありました。「日本近代統計の祖」といわれる杉亨二《すぎこうじ》は先行調査まで行い、その必要性と経済性を説きました。しかし、実際に調査の機運が高まるのは国際的な動きを受けてのことです。世界的機関である万国統計協会からの働きかけによって法案が作られ、明治三十八年に国勢調査を行うことが決まります。ところが、三十七年に日露戦争が起こり、国内の状況は一変し、調査は延期を余儀なくされたのです。国勢調査は、多数の調査員を動員して全国で一斉に行うため、国が落ち着いた状態になくては行えない平和時の調査なのです。

国勢調査の準備

延期していた第一回国勢調査は、大正九年（一九二〇）に行われることになります。大正七年に「国勢調査施行令」が出されると県は「臨時国勢調査部」を設置して準備を始めました。何しろ初めての試みであり、告知や準備に万全を期したようです。

まず、推薦によって三〇〇〇人余りの名士たちが調査員に選ばれました。国から支給された調査員の徽章《きしょう》を羽織袴などにつけて各家を回ったといいます。徽章の模様は、金鵄《きんし》がとまった弓を手にした神武天皇の姿と朝鮮半島・台湾までを含めた日本地図という、当時の国家観を表したものでした。調査終了後にも調査員には記念章が付与されています。

臨時国勢調査部の職員は、各地で説明会を開催して調査の意義を説明して回りました。その時に使ったのでしょうか、国勢調査について解説した原稿があります。欄外には「十四万五千枚」とほぼ県の世帯数に相当する数字が書かれており、全世帯への配布を考えていたことがわかります。漢字にふりがなをふった平易なことばで書かれ、「外国人に負けぬ立派な成績を挙げる様にしたいものであります」と締めくくられています【大さ8（42）】。

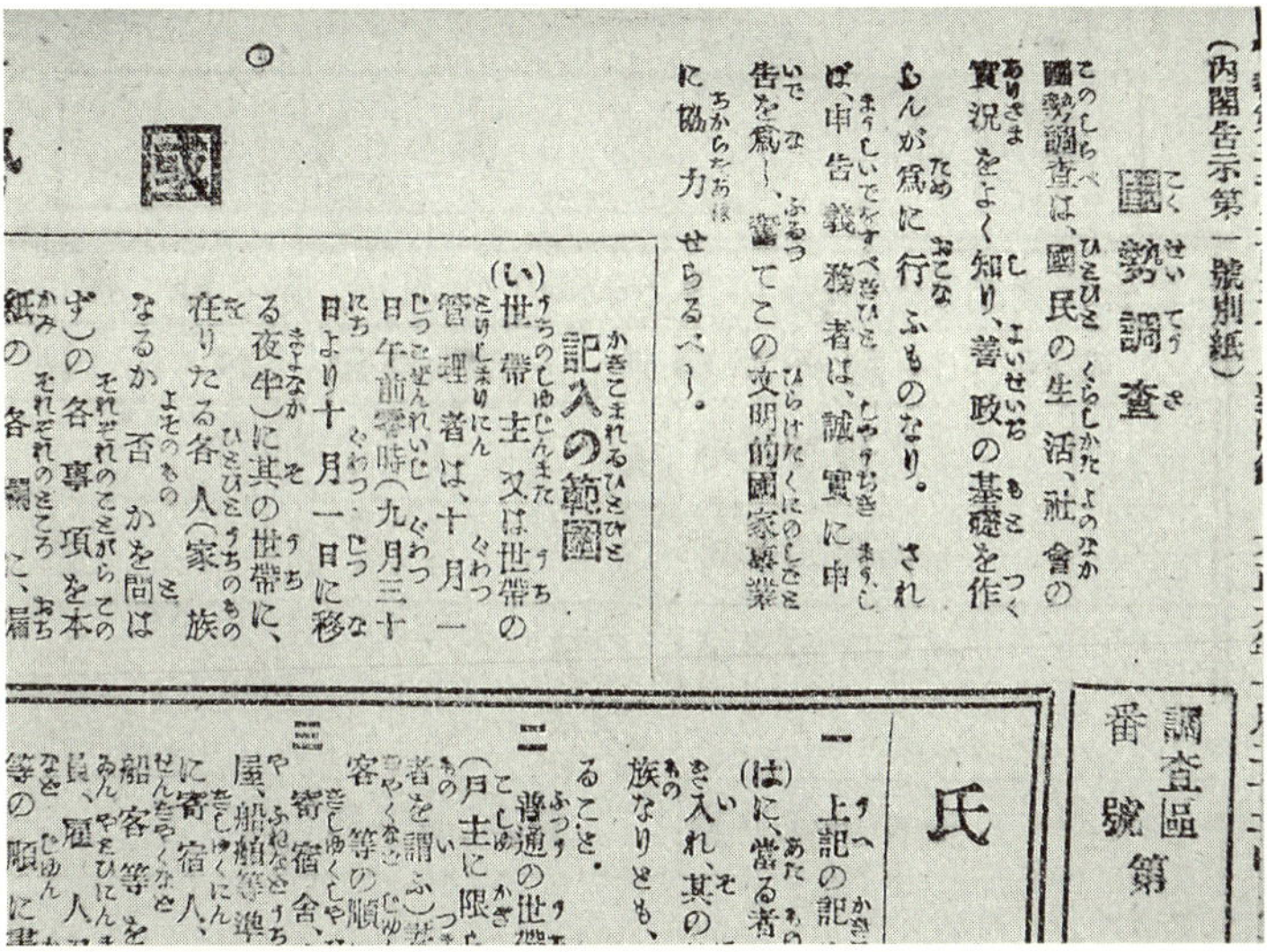

写真①「国勢調査票(部分)」『官報』大正９年１月

写真②「『国勢調査の歌』一等入賞作品」大正９年【大さ 10(38)】

さらに告知のために一等五〇円などの懸賞金をつけて「国勢調査唱歌」の歌詞を募集します（当時、東京の小学校教員の初任給は四〇～五五円程度）。一等に選ばれたのは、栗太郡山田尋常高等小学校の訓導（教諭）の柴原氏の作詞・作曲歌です（写真②）。歌詞には調査事項はもとより「覚悟」まで読み込み、「権威」を感じるよう文語体で作ったと作成の意図を添えて応募してきています。この歌は県下の小学校や幼稚園に配布され、神崎郡では小学生がその歌を歌いながら旗行列を行いました。ほかにも盆踊りに「国勢調査宣伝踊歌」を作って踊らせたり、村芝居で宣伝させたりしています。練習のための予習調査まで行われました【大さ10】。

県が懸念したのは、家計や出生の秘密を暴露されると恐れて、協力しない人がいることでした。そこで税金徴収が目的ではない旨や秘密は洩らさないことをさかんに説明し、地元の名士たちに調査を託したのでした。しかし、中には逆に「国のしらべが仲立ちとなり、今日から日陰でない此身《このみ》」などと歌う「大津四遊郭」が作成したリーフレットもありました【大さ9】。

調査当日と結果

調査は、十月一日の午前零時を基準にした申告によって行いました。一人の調査員が四〇世帯ほどを受け持ち、あらかじめ配っていた申告書を確認しながら回収していきました。

栗太郡では当日の夜九時と一〇時にいっせいに号鐘や汽笛を鳴らして注意を呼びかけましたが、葉山村（栗東市）では火災や事変と間違えた人々が戸外へ飛び出し、一時騒然としたといいます。遊郭や料理店は休業が奨励され、早めに閉店する店も多くありました。人々は外出を見合わせ、旅行者もわざわざ帰ってきて調査に協力したといいます。

当日は雨でしたが、調査はおおむね順調だったようです。八幡町（近江八幡市）では、九月で終わる予定であった大相撲興業が雨で順延し、力士一五〇人が宿泊先で申告することになりました。用紙はあらかじめ多めに用意していたので間に合ったのですが、自分の出生地を正確に知らない者が多く、調査員が市町村便覧などで調べながら徹夜で書き入れ、翌日の興行開始までになんとか回収し終えたと、報告されています。

調査の結果は予想通りの数字でした。全国で本籍人口を約一三〇〇万人下回る現住人口が明らかになりました。それまでの人口には死亡や脱籍等の届出漏れが相当数含まれていたのです。滋賀県でも、推計の大正八年（一九一九）末現住人口よりも四万九七五六人の減少となり、やはり存在しない人が計上されていたことがわかります。特に犬上郡の差は一万人以上で現状とかけ離れた数字になっていました【大さ10（5）】。

ところで県民情報室には昭和四年（一九二九）に内閣統計局が発行した『国勢調査職業名鑑』という分厚い本があります。これは、第一回国勢調査で申告された職業を収録した一覧です。農業、商業から無職業までの一〇業種を二五二目《もく》に分類していますが、その職業名称はなんと一九万にもなっています。たとえば「音楽家」の目は「伶人《れいじん》（雅楽師）」から始まり「バー音楽部長」、「よかよか節遊芸人」などさまざまな名称があり、人々が思い思いに申告し、それをそのまま回収していたことがわかります。集計にあたった職員の苦労はいかばかりだったでしょうか。現在は「日本標準産業分類・職業分類」があらかじめ決められています。

このような揺籃期を経て、現在までほぼ五年おきに国勢調査は続けられてきているのです。

（東資子）

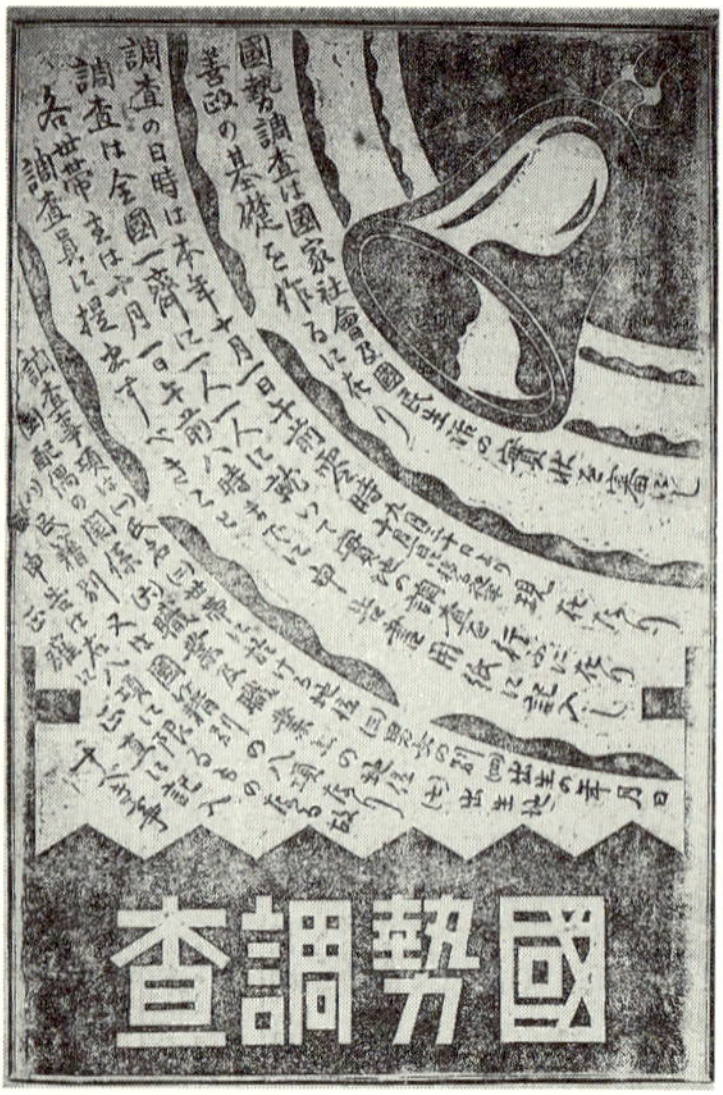

写真③「国勢調査ポスター」『官報』大正９年７月

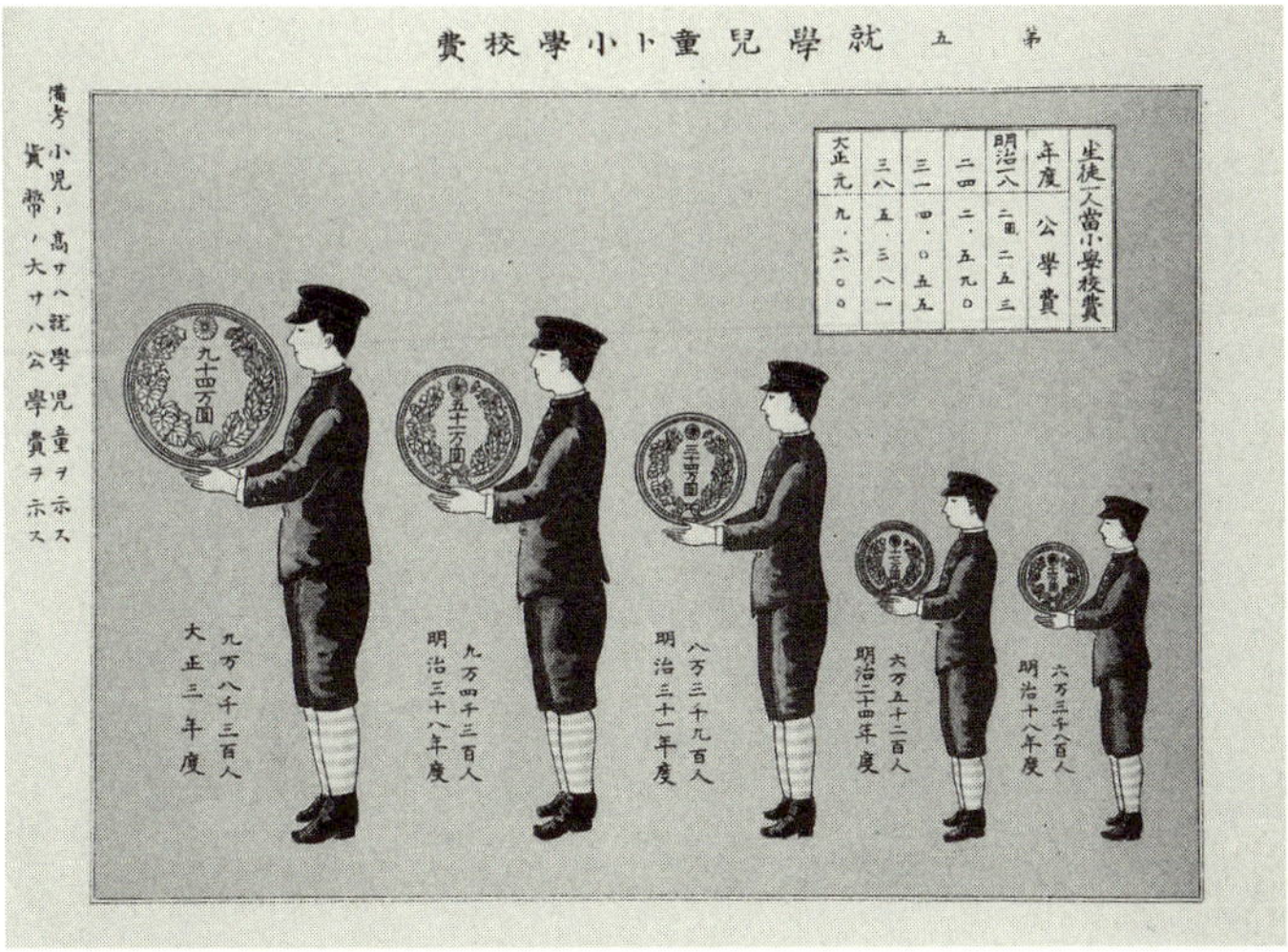

写真④「就学児童と小学校費（明治18年～大正3年）」
『滋賀県統計図表』大正4年（滋賀県所蔵）
児童の身長は就学児童数、貨幣の大きさは小学校費を表している。大正期はデザイン的な統計表が作られている。

滋賀県からの海外渡航

日本政府が公式に移民を認め、本格的な海外渡航が始まったのはハワイからでした。日本とハワイ王国が明治十八年（一八八五）に渡航条約を結び、出稼ぎを目的とした渡航者の募集が始まりました【明い200合本2（15）】。

移民は当初、多くがハワイやアメリカ・カナダに向かいました。しかし、日本人移民が増加するにつれ、カナダでは現地での職を日本人が奪っているとして排日運動が起こるようになります。明治三十三年（一九〇〇）に日本政府がカナダへの移民の数を制限することについて達した文書によると、「移民ノ総数非常ノ多数ニ上リ」、日本人労働者への反抗の気勢がいよいよ「激烈」であると述べています【明あ261（49）】。

さて、写真①は明治二十八年に旅券作成の手続きに必要な渡航目的等の証明を県知事に依頼しているものです。この依頼者は商業見習いのためにアメリカのシカゴへ渡航を希望する犬上郡に住む一六歳の少年です。

写真②は内務大臣宛に作成された明治三十九年分の県内の景況報告書です。報告書の「海外渡航」の項には、「海外渡航者ハ年ヲ追フテ増加シ」との記載があり、渡航者は九一八名とあります。渡航先は一二あり、ハワイ・アメリカ・カナダの他にもフランスやメキシコ・アルゼンチンも挙がっています。外国との摩擦が生じていた一方で、衰えることのない活発な海外渡航の様子がうかがえます。

ところで、外国の表記には「布哇」（ハワ

イ）や「墨西哥」（メキシコ）など現在ではあまり見ることのない表記があります。珍しい文字に触れることも歴史的文書を読む楽しみの一つかもしれません。

（栗生春実）

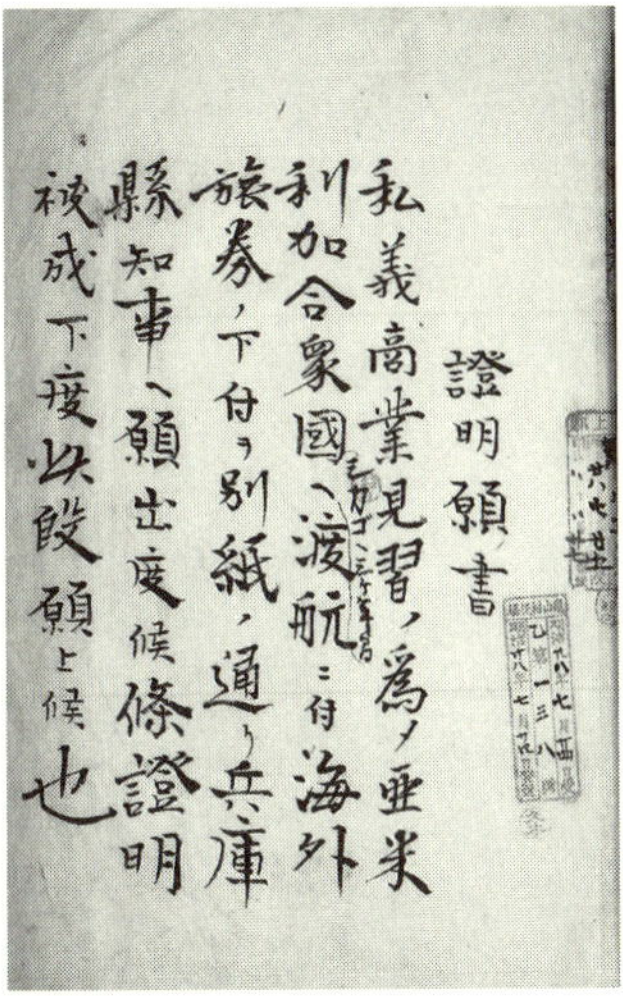
證明願書
私義商業見習ノ爲メ亞米利加合衆國ヘ渡航ニ付海外旅券ノ下付ヲ別紙ノ通リ兵庫縣知事ヘ願出度候條證明被成下度此段願上候也

写真①「海外渡航証明願書」明治28 年【明こ194（12）】

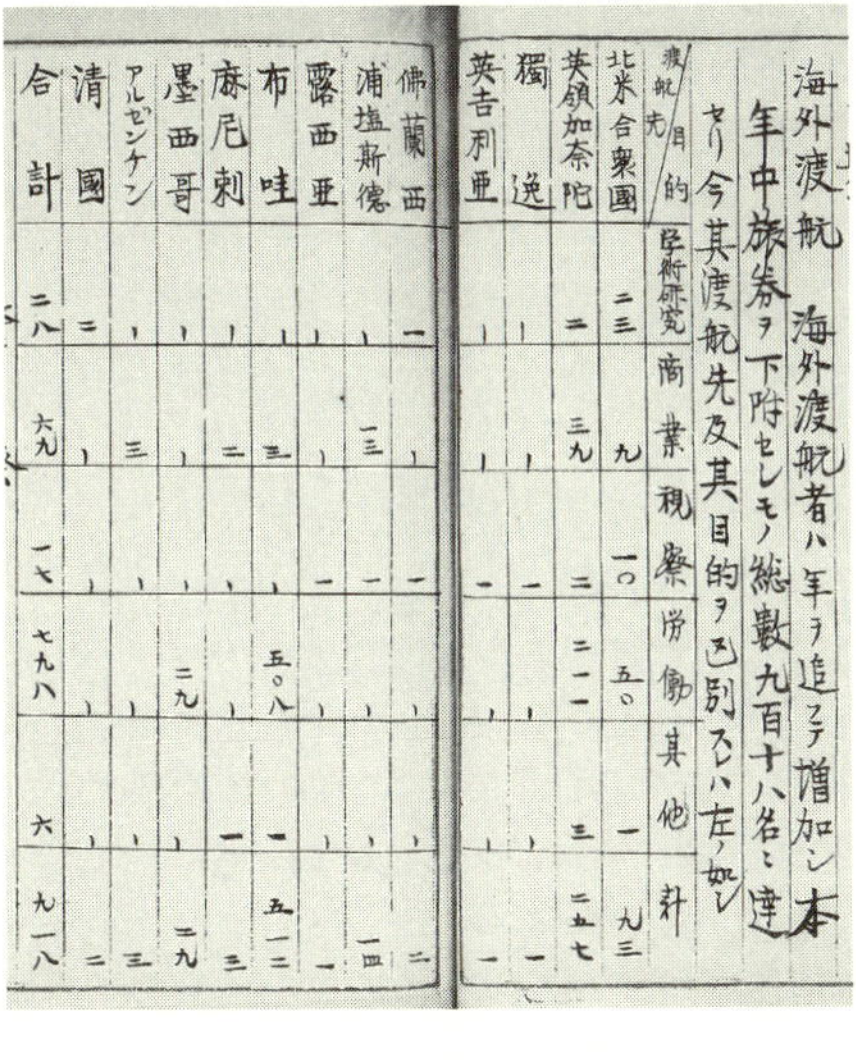
海外渡航　海外渡航者ハ年ヲ追フテ増加シ本年中旅券ヲ下附セシモノ総數九百十八名ニ達セリ今其渡航先及其目的ヲ区別スレハ左ノ如シ

渡航先／目的	学術研究	商業	視察	労働	其他	計
北米合衆國	二三	九	一〇	五〇	一	九三
英領加奈陀	二	三九	二	二一一	三	二五七
獨逸	、	、	一	、	、	一
英吉利亜	、	、	一	、	、	一
佛蘭西	一	、	一	、	、	二
浦塩斯德	、	一三	一	、	、	一四
露西亜	、	、	一	、	、	一
布哇	、	三	、	五〇八	一	五一二
麻尼刺	、	二	、	、	一	三
墨西哥	、	、	、	二九	、	二九
アルゼンケン	、	三	、	、	、	三
清國	二	、	、	、	、	二
合計	二八	六九	一七	七九八	六	九一八

写真②「明治39 年滋賀県海外渡航者記録」明治40 年
【明こ11（4）】

—難読外国漢字表記—

浦塩斯徳→ウラジオストク
布　　哇→ハワイ
麻 尼 剌→マニラ
墨 西 哥→メキシコ

11 人々の暮らしと行政

いつの時代も人々の暮らしは、行政との関わりの中で営まれてきました。歴史的文書には、行政が行ってきた人々の生活への規制とともに当時の暮らしの記録も残されています。ときに行政の記録は、その時代の息遣いを感じることができる貴重な民俗の史料にもなるのです。

生活への規制

明治政府は、西洋諸国との経済力や軍事力の差を埋めるべく、まずは生活をそれまでとは異なるものにしようと考えたようです。明治初期には県を通してさまざまな禁止令が出されます。「開明的」な県令たちもそのような動きを積極的に推し進めました。

当時の人々の習俗を「違式」などとして罰則を設けて取り締まったのが「違式詿違《いしきかいい》条例」です。身体への「刺繍（入れ墨）」や風呂屋での男女混浴、巨大な「紙鳶（凧）」をあげることなどが規制の対象とされています。また、それまでの人々の信仰のあり方も「迷信」や「淫祠《いんし》邪教」として排斥の対象となり、梓巫女《あずさみこ》などの占いや口寄せ行為などが禁止されます。

人々がまつる地蔵も神仏分離令の流れの中で取り除きが指示され、「地蔵祭」の禁止の令が出されています。

それらに加えて、特定の行事がやり玉に挙げられました。左義長は「ドンド」などともいう、主に小正月(一月十五日)に行う火祭り行事です。旧八幡町(近江八幡市)では、趣向をこらした造り物(ダシ)を掲げた左義長を作り、それを練りまわした後に日牟礼《ひむれ》八幡宮で奉火します[記録作成等の措置を講ずべき無形の民俗文化財(国・県選択)]。それが虚飾をはり、費用をかけた悪習になっているので、「冗費(むだな費用)」を省いた「実用当然」の祭りに改め、十一月末日までにその見込みを報告するように指示されたのです(写真①)。明治五年(一八七二)の十月二十九日のことでした。この年には改暦があり、実質的に祭りまではひと月半しかありませんでした。『滋賀県八幡町史 中』(一九四〇)によれば、明治六・七年の祭りは中止になっています。その後に提出した文書は残念ながら残っていませんが、質素倹約をうたい、新たな祭りの意義を説いたのでしょうか、明治八年からは、日程を三月に変更して祭りが再開されています。

現在も祭りが行われ、路傍にお地蔵様があるのは、それらを工夫して守り、伝えてきた人々がいたからなのです。

文書に残る大正・昭和初期の暮らし

大正期には、「民力涵養《かんよう》運動」の名のもとに郡や市町村単位で生活に干渉が行われます。第一次世界大戦後の経済的拡大にともなう浮揚感を引き締めるため、またその後の恐慌を乗り切り、国力を高めるために勤倹貯蓄が奨励されました。県でも行事の簡素化が指示され、そのもとでなされた村ごとの報告があります。基本的には、「行事は簡素化しています」「費用はかけていません」という報告になっていますが、時には行事のようすを細かく記述している村もあります。

たとえば、滋賀郡北部の琵琶湖に面した木戸村（大津市）では、数々の行事が行われていると記されています。正月には、伊勢大神楽《だいかぐら》の獅子舞が訪れて神社で奉納し、そのあと各部落を「悪鬼払」をして回ります。特別な時には狂言を雇い入れることもありました。村には芝居の「興業好キ」な人がおり、年に一度か二度上演しており、音頭の「好キ者」による披露の会もあったといいます。そして盆や二百十日（台風の多いとされる日）が無事過ぎた時などには、青年たちが総出で太鼓踊りを踊っていました。芸能が人々の生活の身近にあり、豊かな娯楽の時間を持っていたとわかります。

しかし、この時点ですでに尺八は、昔は集まりがあったが現在ではだれも吹かない、浄

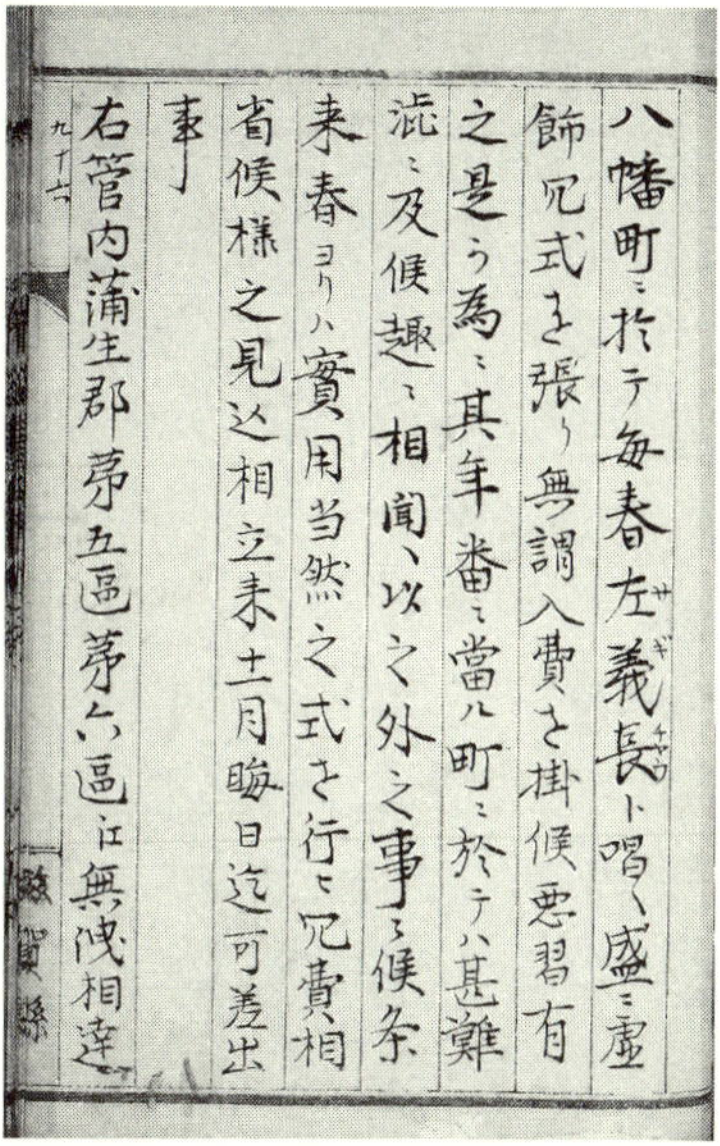

八幡町ニ於テ毎春左《サ》義《ギ》長《チヤウ》ト唱ヘ盛ニ虚
飾冗式ヲ張リ無謂入費ヲ掛候悪習有
之是ガ為ニ其年番ニ當ル町ニ於テハ甚難
渋ニ及候趣ニ相聞ヘ以之外之事ニ候条
来春ヨリハ實用当然之式ヲ行ヒ冗費相
省候様之見込相立来十一月晦日迄可差出
事
右管内蒲生郡第五區第六區江無洩相達
九十六

写真①「八幡町の左義長、冗費相省方見込差出すよう達」明治5年【明い31合本2（96）】

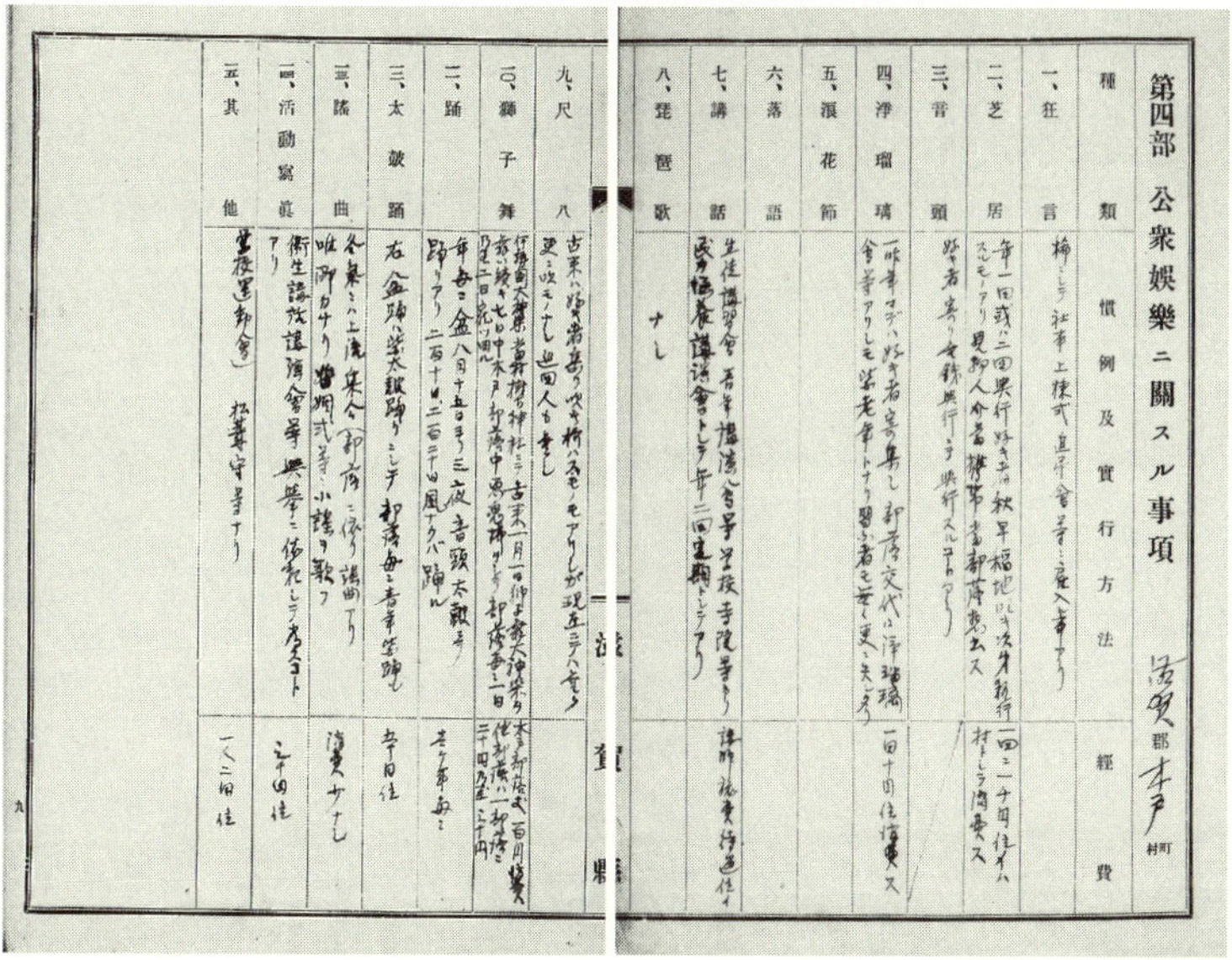

第四部　公衆娯樂ニ關スル事項

滋賀郡木戸村

種類	慣例及實行方法	經費
一、狂言	極ニシテ社寺上棟式直会等ニ雇入ル事アリ	
二、芝居	年一回或ハ二回興行好キ者ガ秋季稲地[illegible]次第興行スルモノアリ見物人ハ各部落[illegible]	一回ニ一千円位イハ村トシテ消費ス
三、音頭	好キ者寄リ[illegible]興行シテ興行スルコトアリ	
四、浄瑠璃	一昨年マデハ好キ者寄リ集シ部落交代ニ浄瑠璃会等アリシモ[illegible]	一回十円位消費ス
五、浪花節		
六、落語		
七、講話	生徒講習会　青年講演会等学校寺院等ニテ民力涵養講話会トシテ年二回定期トシテアリ	講師旅費[illegible]位イ
八、琵琶歌	ナシ	
九、尺八	古来ハ好キ者寄リ吹キ[illegible]モノモアリシガ現在ニテハ全ク更ニ吹クモノナシ[illegible]	
一〇、獅子舞	[illegible]一月一日[illegible]大神宮[illegible]部落毎ニ一日[illegible]	木戸部落ハ百円[illegible]二十円乃至三十円
一一、踊	年毎ニ盆八月十五日ヨリ三夜音頭太鼓ヲ踊リアリ二百十日二百二十日風ナクバ踊ル	若干年毎ニ
一二、太鼓踊	右盆踊ハ[illegible]太鼓踊リニシテ部落毎ニ青年等踊ル	五十円位
一三、謡曲	冬期ニハ上流集会（部落ニ依リ謡曲アリ）唯所カナリ[illegible]式等ニ小謡ヲ歌フ	消費少ナシ
一四、活動寫眞	衛生講演[illegible]会等興業ニ依託シテ[illegible]コトアリ	二十円位
一五、其他	[illegible]　松茸狩等ナリ	一人二円位

写真②「民力涵養勤倹奨励　娯楽調査　滋賀郡木戸村」昭和4年【昭そ7（第4部）】

瑠璃は一昨年までは浄瑠璃会をしていたにもかかわらず、現在は習う人も絶えているとされています（写真②）。

この報告がまとめられたのは、昭和四年（一九二九）です。実は木戸村には、大正十五年（一九二六）に江若鉄道の近江木戸駅が置かれ、浜大津までの鉄道の便が通じています。まさに生活や娯楽の変化が起こっている時期の報告だったのです。人々の暮らしは、規制の力だけでなく、人々の求めるものも反映して変化していくのです。そのように考えると意図はともかく、当時のようすを報告させている県の文書には、民俗の記録としての意義を認めることができます。

祭りの記録

では、そのような記録をもう一つ見てみましょう。

大正十三年（一九二四）に県は「県社以下神社特種《とくしゅ》神事」の報告を求めており、その回答の一部が歴史的文書にあります。蒲生郡北比都佐《きたひっさ》村中山（日野町）の村社熊野神社は「芋競べ神事」について一四頁にわたって詳細を報告しています（写真③）。

芋競べ神事は、中山の東谷と西谷が里芋（トウノイモなど）の長さを競う祭りです（国指定

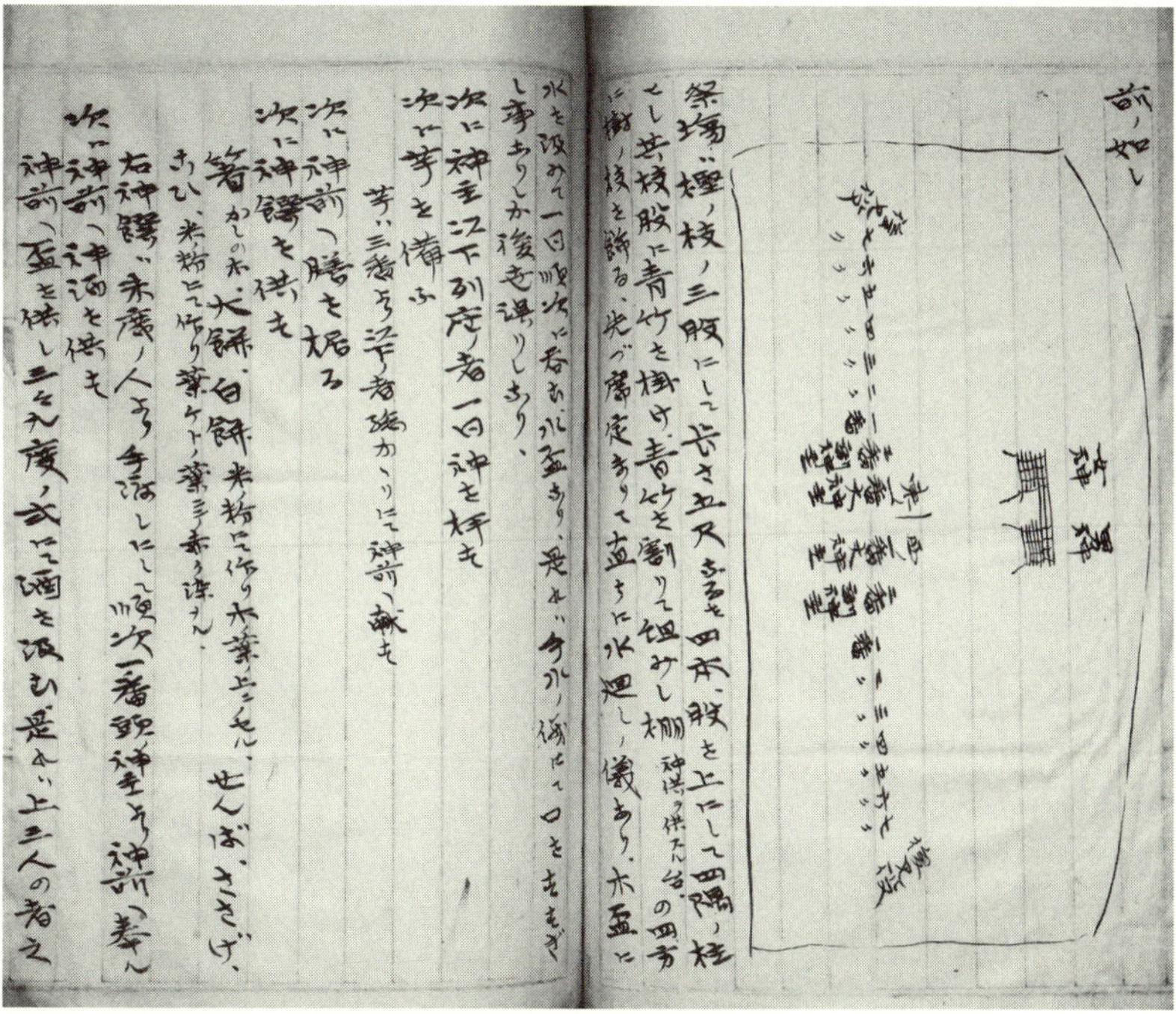

写真③「神社特種神事報告（中山熊野神社芋競べ神事）」大正 13 年【大ふ 48（17）】

重要無形民俗文化財）。祭礼は「山若《やまわか》」という一定年齢の男子の集団によって行われ、「丈《じょう》尺《じゃく》（芋を計る樫の木の物差し）」で芋の長さが測られ、勝敗が決められます。

現在も祭りは、裃《かみしも》をつけた山若たちによって数多くの供え物を用いておごそかに行われています。日野観光協会が作成し、祭り当日に配られるパンフレット「近江中山芋くらべ祭」には、神饌《しんせん》は「餅、をり、せんば、ぶと、かもうり、ささげ」とあり、祭りを行う人々もその通りに教えてくれます。「をり」とは、米粉を魚の形に押したもので「御鯉」の字をあてるといい、「ぶと」は奈良時代の唐菓子《からくだもの》の「伏兎」と関係しているといいます。

ところが、大正十三年の報告にはそのようには書かれていません。神饌は、「箸、大餅、白餅、せんば、ささげ、こひ」となっています。白餅が現在の「ぶと」にあたり、「をり」は、単に「こひ」（鯉）とされているのです。この記録は祭りを行う神社社掌《しゃしょう》が書いていることから、当時の人々はこのように称していたのだと考えられます。ただし、この祭りには「神事文」が伝えられており、そこには確かに「伏兎餅」と書かれています。これ以降の時代に、より由緒のある言い方を神事文の中に発見して、「古式ゆかしく」使い始めたのかもしれません。

このように当時の人々が書いた祭りの記録は、その変遷を知る上で興味深い事実を示してくれるのです。

一方、行政が積極的に観光資源として民俗を利用する場合もありました。外国貴賓や天皇の訪問の際に地曳網漁のようすを見せたり、曳山を出させたりしているのです。逆に人々は、国の指示によって行われる天皇の即位や戦勝を祝う行事の機会には、仮装行列や手踊りの行列を出したり、簡易な曳山を作って引き回したりしてここぞとばかりに楽しんでいます。

行政の意図と人々の思いが織りなす歴史の中で暮らしの営みが現在に続いてきたのです。

（東資子）

明治の改暦

「今般太陰暦ヲ廃シ太陽暦御頒行相成候《ごはんこうあいなりそうろう》ニ付、来ル十二月三日ヲ以テ明治六年一月一日ト被定候事《さだめられそうろうこと》」。明治政府は明治五年（一八七二）十一月九日、突然、改暦詔書を出します。

それまでの日本の暦は、初めて日本人によって作られた渋川春海《しぶかわはるみ》の「大和暦（貞享《じょうきょう》暦）」（貞享二年〈一六六五〉）以降、「宝暦」、「寛政」、「天保」と改暦が試みられてきましたが、一貫して太陰太陽暦を使ってきました。しかし、近代化を図る中で暦も西洋式に太陽暦に変更することを決定したのでした。

改暦によって、一年が三六五日になるだけでなく、一日は二四時間になり、休みは「一《いち》六日《ろくび》」から日曜日に替わりました。五節句は廃止されて新たな祝日が作られ、さらに十二直などの日の吉凶を占う暦注は暦から消えたのです。この変化に人々はさぞ混乱したことでしょう。

当時の県令松田道之は、改暦は「意味深長」につき、「愚昧」の者によく説明するようにと戸長などに指示しています（写真①）。さらに福沢諭吉の『改暦弁《かいれきべん》』（写真②）を解説のために配布しています。実は二人は親しく、のちに福沢は松田宛ての手紙の中でこの著作のことに触れて、十万部配布したと言っていますが[注1]、その売り上げに松田も貢献していたことは知らなかったようです。『改暦弁』には「此《この》改暦を怪む人ハ、必ず無学文盲の馬鹿者なり」とあり、太陽暦の便利さをくわしく説明しています。

現在は、改暦からすでに一世紀以上経っていますが、「月遅れ」の祭りや行事に旧暦はひそかに息づいています。五節句や雑節も一部は行事に残っており、新たな暦注である六曜が今では市民権を得ています。私たちはしぶとい「馬鹿者」のようですね。（東資子）

注1　慶應義塾『福澤諭吉書簡集第二巻』二〇〇一年　一七三頁

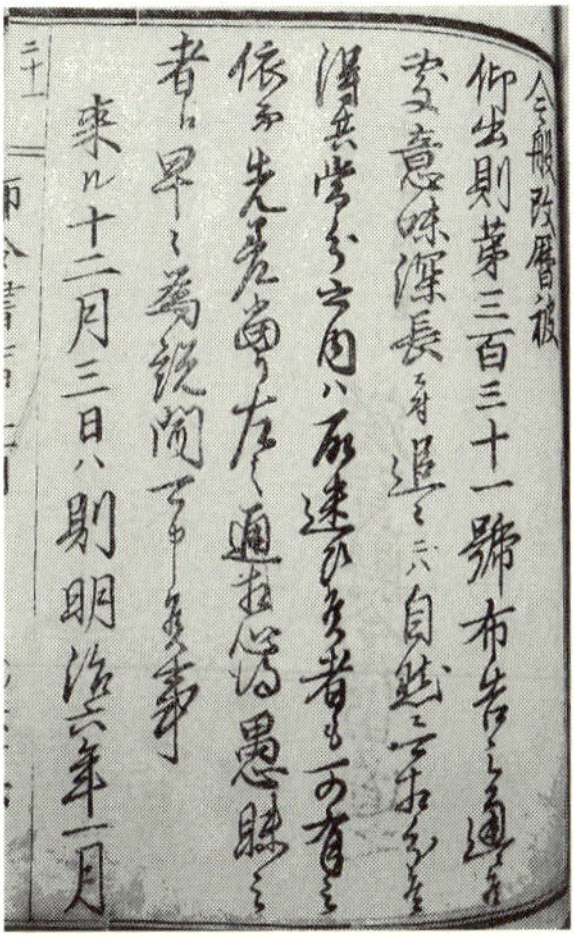

写真①「改暦につき達」明治５年11月９日【明い 32（21）】

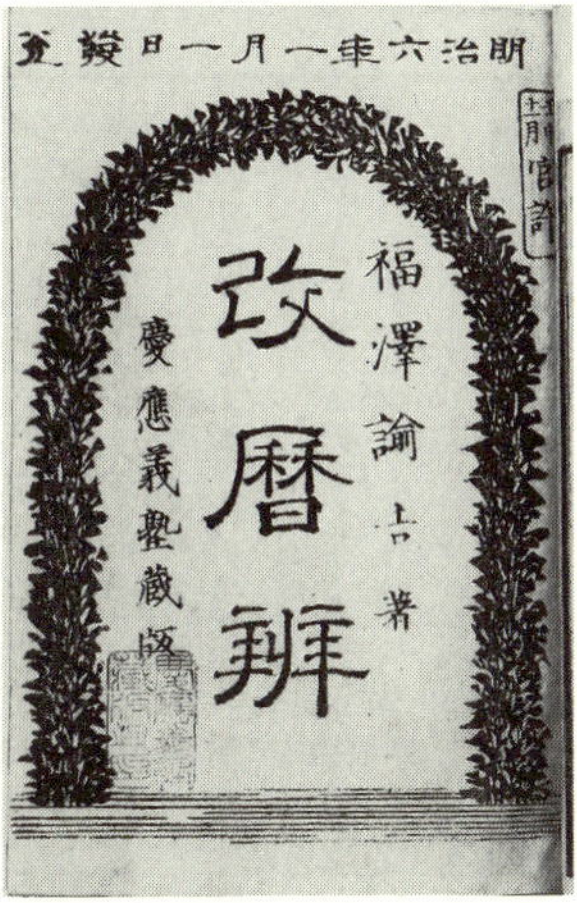

写真②『改暦弁』明治６年【明い 36（20）】

12　日露戦争と滋賀県民

歴史的文書のなかには、明治三十七年・三十八年（一九〇四・〇五）の日露戦争に関する史料が数多く残されています。一〇年前の日清戦争よりはるかに多い兵士が出征して戦死し、またのちの昭和の戦争にも大きな影響を及ぼしたと評される日露戦争で、滋賀県の人々は何を経験したのでしょうか。

滋賀県の『戦時事績』

滋賀県民がどのように日露戦争と関わったかを語ってくれる記録の一つに『戦時事績』があります。これは明治三十九年（一九〇六）十月六日の県訓令により各市町村に編纂が命じられたもので、現在は郡ごとに編綴され全一三冊となっています。『戦時事績』の編纂目的は、事変に対処する規範を後世に残し、常時の人心を奮起させ事業経営に役立てる、というものでした。主な内容は「時局ニ於ケル恤兵《じゅっぺい》・犒軍《こうぐん》[注1]・救護・其他記念事業ノ経営、青年団体ノ活動及戦後ニ処スヘキ経営等、各種事績」となっています。

例えば「甲賀郡貴生川村戦時事績」【明ひ12（5）】の「応召人員表」には、召集令状を受けた年月日・時間、召集区分、兵士数、召集にかかった諸費金額が詳細に記されています。貴生川村からは召集二三回で三九人の青年が召集されたことが分かります。同事績によると、村では彼らに餞別を送り、一戸につき必ず一人を氏神に参拝させ、停車場での万歳をもって故郷から送り出しました。村からの出征兵士は四人が戦死・戦病死し、二人が除隊・帰郷後に病死しています。ちなみに戦争当時、四大字から成る貴生川村の人口は一六〇〇人ほどでした。

帰郷する兵士を歓迎するため、神崎郡八日市町や蒲生郡八幡町などのように凱旋門をしつらえたところもあります。八幡停車場前の凱旋門は、蒲生郡西部の一町一二か村連合で建設したものでした（写真①）。蒲生郡金田村・犬上郡亀山村・東浅井郡竹生《ちくぶ》村などは、戦死者のための忠魂碑の建設や設計を報告しています（以上、各村「戦時事績」）。

「神崎郡南五個荘村戦時事績」【明ひ10（6）】には、村の小学校で週一回、修身の時間に教授された学年ごとの「戦時教材要目」を載せます。一年生に対しては、児童父兄のうちの兵士氏名と人数、ロシアが日本よりよほど大国であること、ロシア兵は日本兵より体が大きいこと、戦争には多額の金銭が必要であること、などが教えられています。また竹生尋常高等小学校児童が描いた出征兵士とその遺家族（留守家族と遺族）への慰問用絵葉書からは、子どもも慰問活動の担い手であったことだけでなく、当時のロシア人観をもうかがい知ることができます（写真②）。

戦費調達・軍需品供給への協力

日露戦争時には、莫大な戦費をまかなうため、国民に非常特別税の負担や多額の国債購入が求められました。これに応じるため各市町村では貯蓄組合を組織したり、節倹規約を定めたりしました。たとえば栗太郡常盤村は住民全員の加入を義務づける「戦時国民貯蓄組合」を組織し、一日平均一人金五厘以上の貯蓄を目標に掲げました。そしてこれを実行するために、葬式に際しての生花・造花の贈与や放鳥の禁止、病気見舞・種痘見舞・旅行留守見舞の名のもとの物品贈与の禁止、盆踊の廃止など二三項目にわたる倹約を取り決めています（写真③）。

人々は戦費調達のほか、軍需品供給にも協力しています。例えば明治三十七年十一月下旬、滋賀県は他の六県とともに陸軍省から玄米各四万石（約一〇万俵）の委託購買を依頼され、その後さらに一万石が追加されました。五万石とは、当時の滋賀県の米収穫一年分の約四パーセントに当たります。県は各郡と調整しつつ、十二月末の完納をめざして、県内

写真①八幡停車場前の凱旋門（「蒲生郡金田村戦時事績」）【明ひ 15（4）】

写真②竹生尋常高等小学校児童作画の慰問用絵葉書（彩色）
（「東浅井郡竹生村戦時実績」）【明ひ 16（10）】

各地の駅から兵庫に向けて、集荷した米の鉄道輸送を続けました【明た42・43】。

大津・彦根の両高等女学校は県に依頼され、陸軍被服廠《ひふくしょう》へ納入する軍用夏襦袢・袴下（ズボン下）の縫製を引き受けました。契約が明治三十七年十二月、納入期限が三十八年三月末のはずのところ、製品検査は四月にずれこんでいます。両校合わせて五〇〇〇組、計一万枚という数量でもあり、時間的にはきびしい作業だったようですが、検査の結果は「佳良」で、前年に大津市の商人が請け負ったものより出来がよいと評価されています【明て81（76）】。

ロシア兵俘虜《ふりょ》収容所

あまり知られていませんが、日露戦争時には七万人余という、驚くべき数のロシア兵が俘虜となり日本に送られました。「俘虜」とは「捕虜」の当時の言い方です。明治三十七年三月の松山（愛媛県）を皮切りに、日本各地に俘虜収容所が設置されました。陸軍第四師団歩兵第九連隊が置かれた大津市にも明治三十八年三月に開設され、一時は約一五〇〇人のロシア兵が収容されていました。

大津市の収容所は交道館（当時の大津商業会議所、現在の浜町にあった）、園城寺山内の諸院、

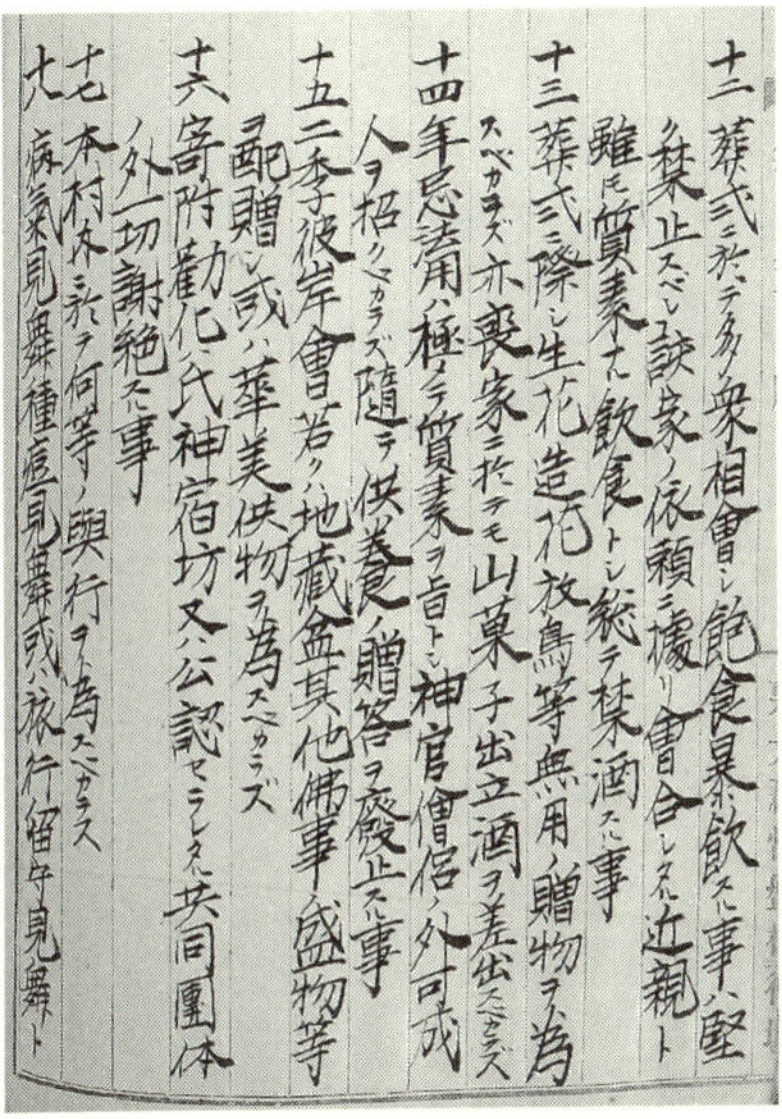

写真③「常盤村戦時国民貯蓄組合規則」
（「栗太郡常盤村戦時事績」）【明ひ 14（8）】

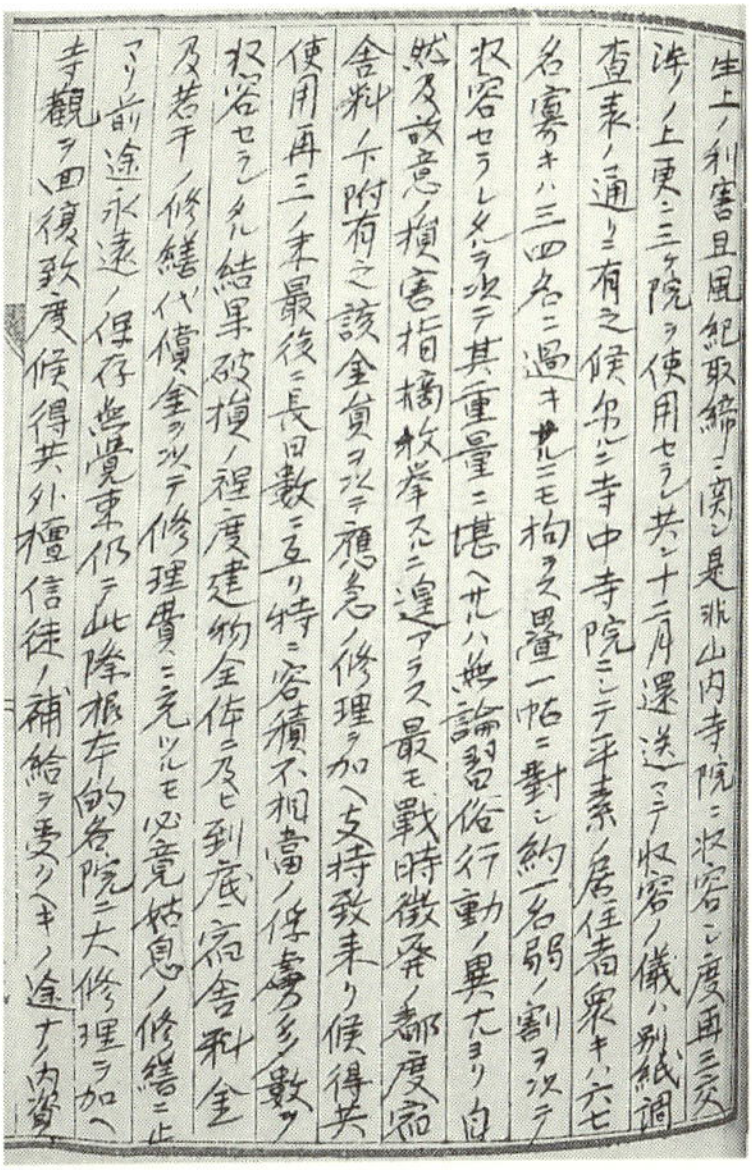

写真④「寺中建造物大修理に付補助費下賜願」明治 39 年 3 月【明し 77（111）】
園城寺には、戦争当時のロシア皇帝ニコライ二世も皇太子時代に訪れている。その直後、ニコライは大津事件に遭遇した（明治24年）。

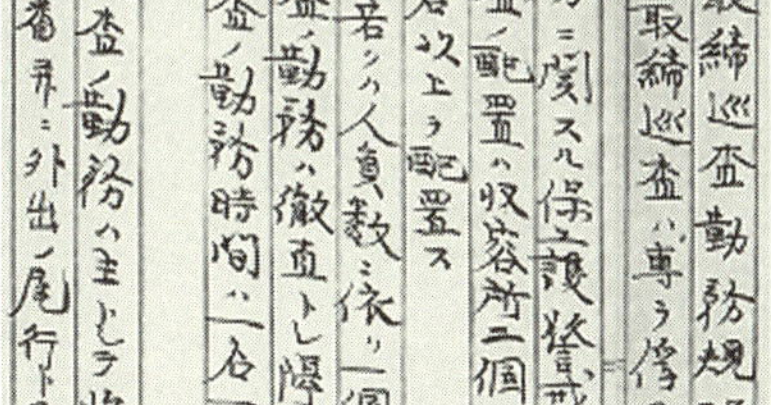

写真⑤「俘虜取締巡査勤務規程」
明治38年 4 月 13 日【明い 215（75）】

その他合わせて二六か所にもわたっていました（八月には札の辻の近松別院も加わる）。あまりに市内に収容所が散在していて管理が困難なため、五月末には半数が千葉県習志野へ移送されています。収容所は三十八年十二月後半まで存続しました【明ひ13（1）】（「大津市戦時事績」）。

戦後の明治三十九年（一九〇六）三月、園城寺は陸軍に建物修理費補助の願書を提出しています（写真④）。園城寺は山内一一の院・堂が収容施設や事務所・衛兵屯所に充てられ、六四六人もの俘虜がいたところでした。願書によると、「畳一帖ニ対シ約一名弱ノ割ヲ以テ」「特ニ容積不相当ノ俘虜多数」が収容されたため、平素は三、四人から多くても六、七人の居住者しかいない園城寺各院の建物は「其重量ニ堪へサル」「破損ノ程度建物全体ニ及ヒ」という状態になったようです。「畳一帖ニ対シ約一名弱」とは一見おおげさな表現かと思えます。しかし、この願書に添付された収容施設一覧表を見ると、合計で畳六三三畳に対し俘虜六四六人となっており、まさしく俘虜一人に対し畳一畳という狭隘《きょうあい》な住環境であったことが分かります。

とはいうものの、俘虜はずっと狭い収容所に閉じ込められていたわけではなさそうです。明治三十八年四月十三日「俘虜取締巡査勤務規程」（写真⑤）に俘虜取締巡査の主な任務は

「俘虜収容所外」での俘虜の保護警戒であり「外出ノ尾行」を行う、とあるように、俘虜の外出は認められていました。現代の「収容所」イメージからすると奇異な感じもしますが、当時政府は欧米諸国に対して、日本が国際社会の一員たりうる文明国であることを示すため、俘虜を厚遇する方針だったのです。

俘虜と大津の人々との関わりを詳しく知ることはできません。しかし大津市長・市会議長らや個人有志は巻煙草や扇子・団扇を収容所に寄贈したり慰問したりしています。また出征兵士遺家族援助の一環として希望者一五人が収容所の雑務役に採用され、俘虜の帰国時に市民が馬場《ばんば》駅（今の膳所駅）まで見送っているので（「大津市戦時事績」）、俘虜の姿を実際に見、接したことのある近隣住民も少なからずいたのではないでしょうか。

このように、出征しなかった人々も様々な形で日露戦争に向き合い、戦時特有の生活を送ったという事実を、歴史的文書は呼び起こしてくれるのです。

（生嶋輝美）

注1 「恤兵」は物品を送り戦地の兵士を慰問すること、「犒軍」は飲食物を贈り兵士をいたわること。

防空監視哨

戦時中、敵機の襲撃をいち早く見つけようと、二十四時間体制で青年たちが空を見上げていました。昭和十二年（一九三七）の防空法、十六年の防空監視隊令によって空への警戒が行われるようになり、昭和十八年の時点で県下には二二ヶ所の防空監視哨《かんししょう》が置かれていたのです。昭和十八年の東久邇宮《ひがしくにのみや》陸軍大将の視察に際して作られた「言上書」には、いくつかの監視哨の概要が記されています。

たとえば、「十二番賤ヶ岳」監視哨では、十八年からは青年学校の生徒に替わって、哨長・副哨長のほか専属の哨員たち一八人が六人ずつ三交代で勤めるようになります。六人は監視・通信・控えを一時間交代で回して二十四時間、監視にあたっていました。冬は零下一〇度を下る日もあり、また七尺（二・一メートル）の降雪もあり、交代は困難を伴うが勤務を途切れさせたことはないといっています。

どの監視哨でも監視の方法はもっぱら「肉耳、肉眼」で行っており、賤ヶ岳監視哨では琵琶湖の発動機船の音、愛知川監視哨では八日市飛行場の練習機の音と間違わぬように注意を払っていました。敵機の研究のために模型をそれぞれの監視哨に配り、また各哨員にも作らせていたそうです。

そのような監視の中でもたらされた情報は、三〇秒以内に警察署に伝えられ、警報が出されていたといいます。しかし、専用電話は県に四台しかなく、あと六台を整備する予定でした。琵琶湖上の船舶に対しては、湖岸に吹流しや点滅信号機を設置して敵機の来襲を知らせるのだといっています【昭か26、昭か33】。どうも十分な防御策とは思えないようなシステムの中で真剣に空に目を凝らし、耳を澄ませていた若者たちがこの時代にはいたのでした。

（東資子）

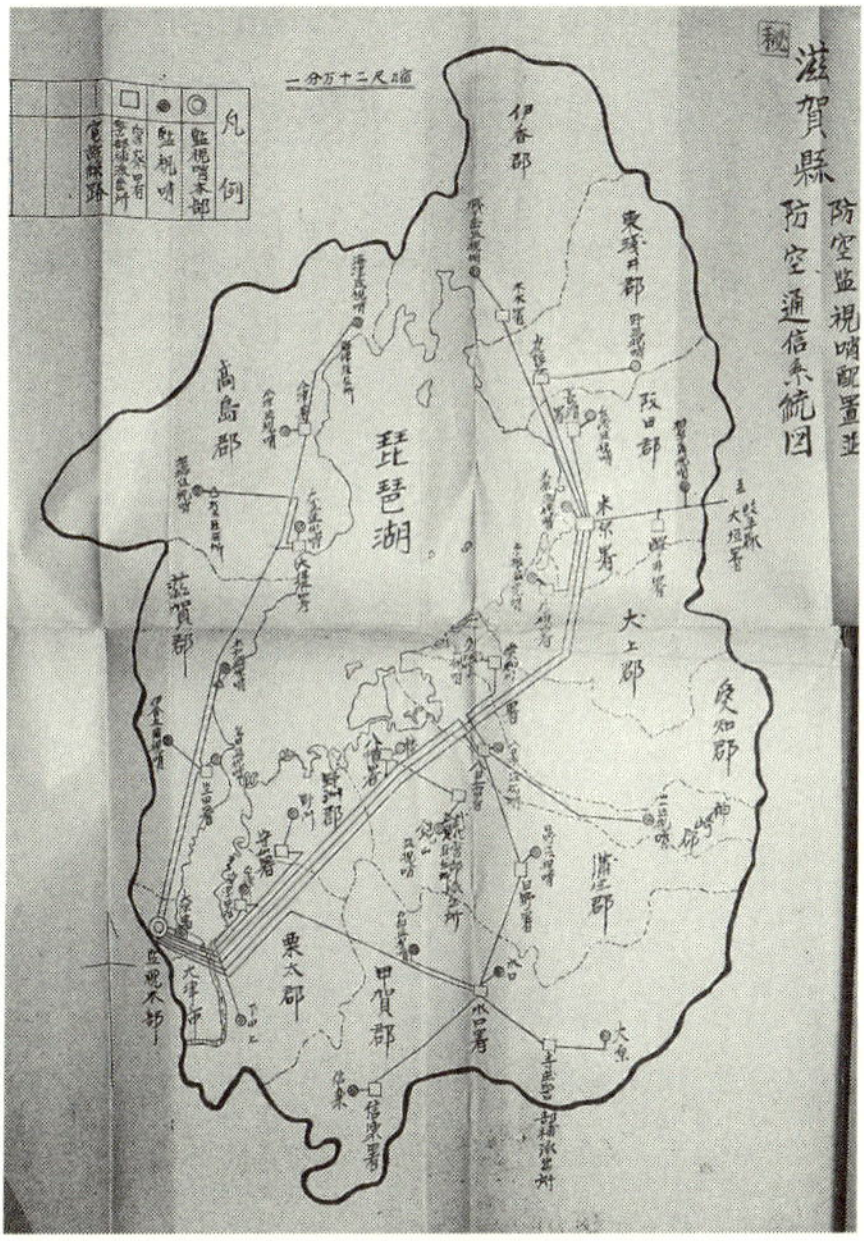

写真①「滋賀県防空監視哨配置並防空通信系統図」昭和 14 年【昭く 63 合本 1（7）】26 か所の監視哨と監視本部（大津）が図示されている。

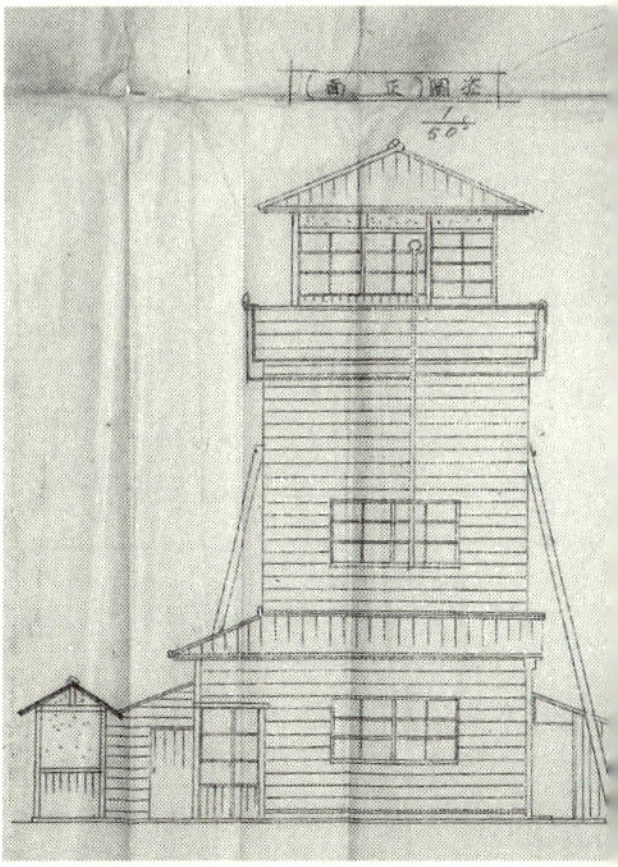

写真②「能登川防空監視哨正面図」昭和 18 年【昭か 33（8）】

13 琵琶湖の汽船

琵琶湖で最初の汽船（蒸気船）が進水したのは明治二年（一八六九）のことでした。以来、近代化の波に乗って琵琶湖周辺の各地で次々に汽船が建造されるようになります。汽船会社の競争による問題もありましたが、汽船は湖上輸送に、そして観光にと琵琶湖を舞台に活躍しました。

一番丸就航

明治二年三月、加賀の大聖寺藩が「一番丸」と命名した汽船を琵琶湖に就航させました。藩による汽船建造の理由としては、大聖寺藩の藩士が禁裏の警衛を担っており、京都に向かうにあたり琵琶湖を船で移動していたことから、従来の和船での航行に安全面で危険を感じていたようです。こうして藩による「参勤等ノ為メ、傍ラ人民ノ便利ヲ謀ラント」する、汽船建造が計画されたのでした【明お45(78)】。

これまで、琵琶湖では丸子舟などの和船が一般的な船でしたから、一番丸は多くの人々に近代化の到来を感じさせたことでしょう。大津―海津間に航路を取った一番丸は「日々往復ノ旅客夥《おびただ》シク毎時二・三隻ノ和船ヲ曳キ運行スル」状態であったと言います【明お45(78)】。

ところで明治六年、一番丸は建造後四年にして早くも払下げとなっており、入札希望者を募る文書が出ています。文書には一番丸の船体の他に、附属品の一覧が記載されています(写真①)。附属品には「碇二挺」や「モヤヒ綱二筋」といった船の運行に必要な物のほか、「天鵞絨毯《びろーどじゅうたん》一枚」、「畳二帖」、「茶盆二組」などの内装品も含まれており、豪華な内装であったことがうかがえます。

増える汽船

大変な繁盛ぶりの一番丸に続いて、すぐさま大聖寺藩による二艘目の汽船建造が計画されます。しかし、この二艘目の汽船建造には和船によって営業していた人々から反対意見が上がります。写真②は明治二年十月、気船建造の反対運動に対して、民部省が大津県に達した回答です。民部省は、「差支筋《さしつかえのすじ》云々《うんぬん》申立の趣《おもむき》一応尤《もっとも》」と増造反対の意見に理解を示しつつも、「開化に随《したが》ひ利器被行《おこなわれ》候時」であり、転職・改業のできる「小船稼《かせぎ》」に差しさわりがあろうとも反対意見を採用するわけにはいかない、と増船を認める決定を下しています。そして二艘目の汽船、「二番丸」が建造されました。

一番丸によって汽船の便利さを目の当たりにした人々は、各地で汽船建造に着手するようになります。例えば彦根藩は米原に金亀丸《こんき》、松原に松宝丸を造らせ、海津町の船問屋磯野源兵衛は湖上丸を造りました【明お45(78)】。

県もこうした汽船建造の動きを後押しし、明治五年に、湖上廻漕会社の設立についての告諭を発しました(写真③)。告諭では、「土地の繁栄」のためには「湖上に廻漕会社を結び、諸浜に蒸気船を増加し(中略)諸物産を運輸する等大ニ便利自由を開」く必要があると述べており、県勢振興のために湖上運輸の発展を推奨していたことが分かります。

競争の激化

明治七年(一八七四)十一月には初めて汽船による事故が発生しました。県がまとめた汽船の沿革では、事故の様子を「不幸ニモ該《がい》船航行中、汽罐《きかん》破烈ノ災ニ罹リ数十ノ旅客ヲ斃《へい》シ、数十個ノ物貨ヲ失ス」と記しています。大津―長浜間を就航していた長運丸が、汽罐(ボイラー)破裂のために沈没したのです。さらに翌八年には満芽丸が就航中に転覆し旅客が亡くなりました。

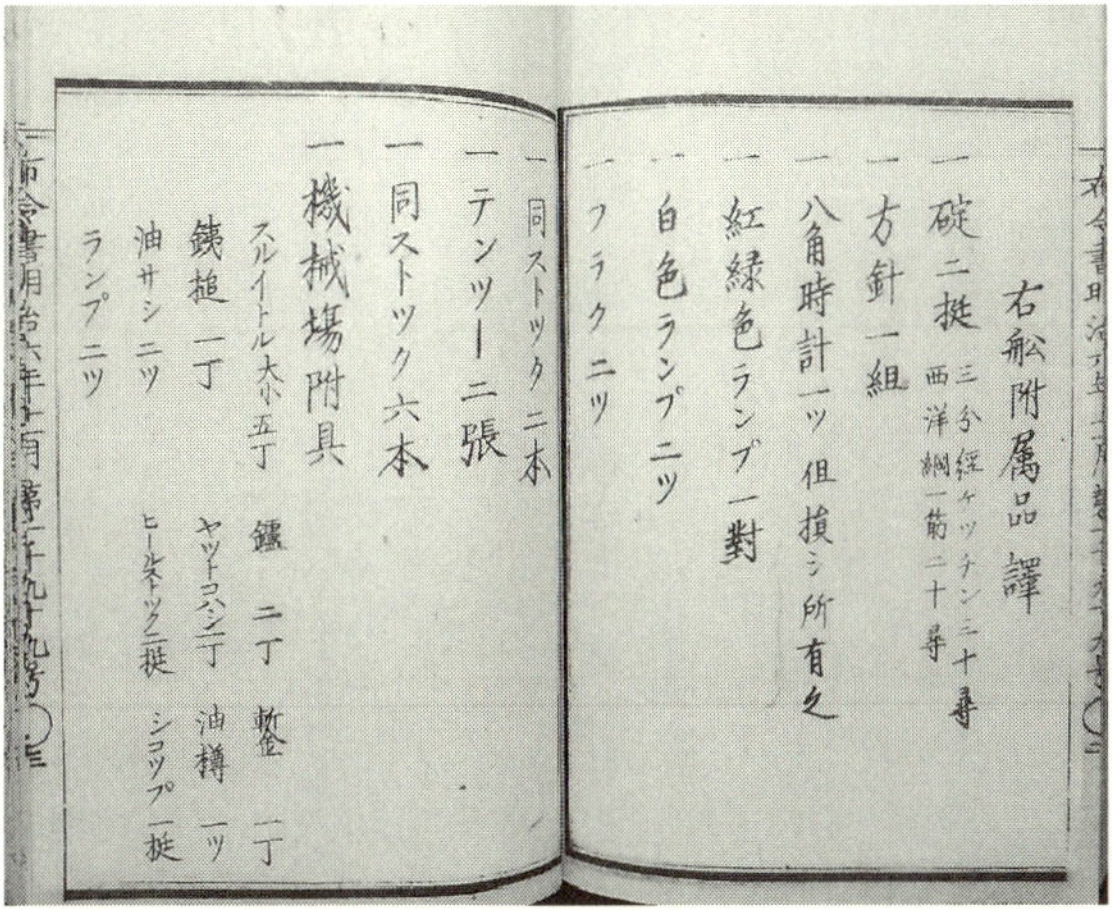

右船附属品譯
一碇二挺 三分経ケツチン三十尋 西洋綱一筋二十尋
一方針一組
一八角時計一ツ 但損シ所有之
一紅緑色ランプ一對
一白色ランプ二ツ
一フラク二ツ
一同ストツク二本
一テンツー二張
一同ストツク六本
一機械場附具
スルイトル大小五丁 鑪 二丁 鏨 一丁
鉄鎚 一丁 ヤツトコハシ二丁 油樽 一ツ
油サシ二ツ ヒールストツク二挺 シヨツプ一挺
ランプ二ツ

写真①「一番丸払い下げに付入札の件達」明治6年【明い44(192)】

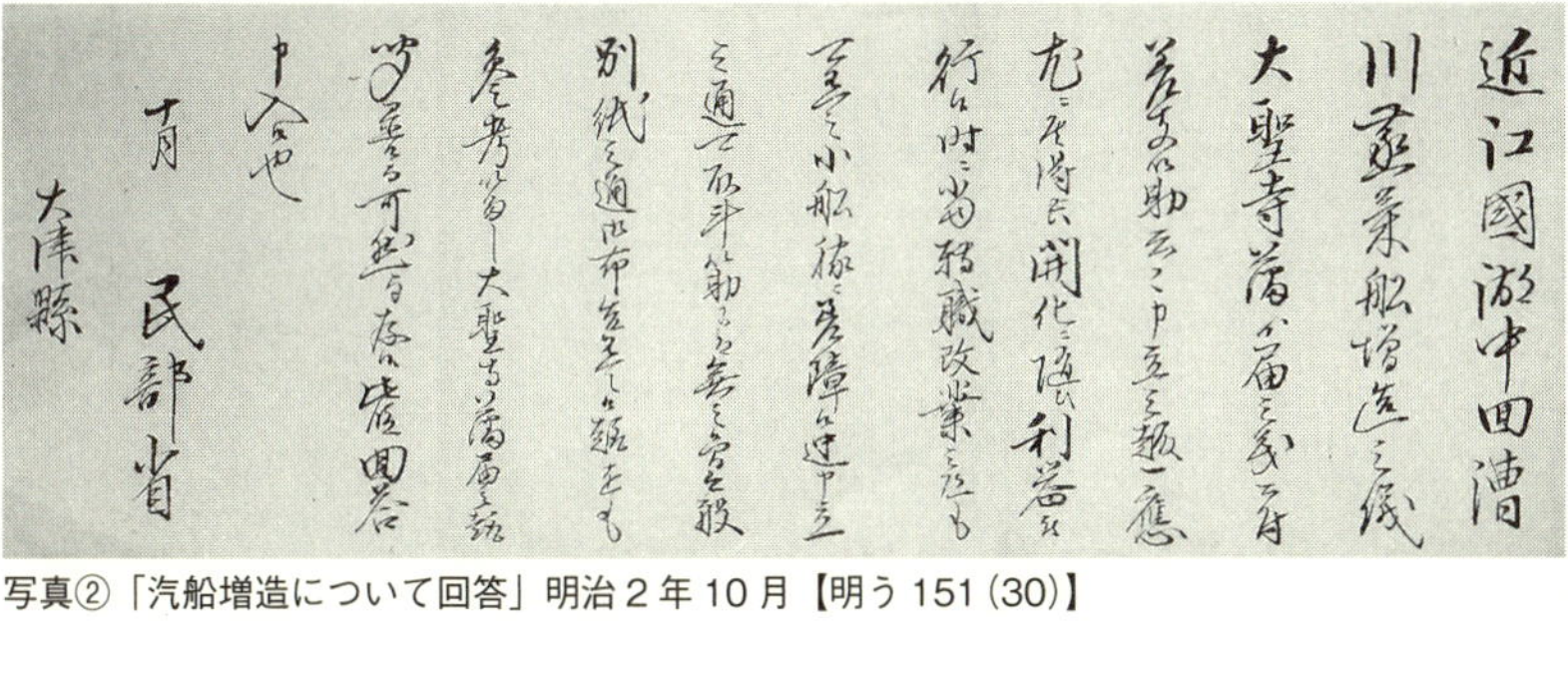

近江國湖中田漕
川蒸氣船増造之儀
十月
民部省
大津縣

写真②「汽船増造について回答」明治2年10月【明う151(30)】

事故が起こったにもかかわらず、「造船ノ企《くわだて》ヲ為スモノ日ヲ追テ増シ」、明治七年（一八七四）中に汽船の数は一八艘になっていました。また「其《その》船主タルヤ一隻《せき》毎ニ各異ナルガ故ニ漸《ようや》ク競争ノ兆ヲ現シ（中略）先進競争ノ弊日増ニ熾《さかん》ナル勢」とあり、各船による競争が激しくなっていたことがうかがえます。

県は事故を受けて、汽船の一斉検査を行うほか、取締規則を通達し、明治九年三月には汽船取締会所を設置して、危険防止のために汽船の検査や運航について指導するようになります【明お45（78）】。

しかしながら、明治十一年の文書では、本来、旅店への手数料は各船同額と定められているところ、「陰ニ過分ノ手数料ヲ出シ旅店又ハ人力車夫等へ投与シ、他船ヲ非議シ自船ヲ称揚（褒め称えること）シ妄リニ旅客ヲ誘導スル等ノ向」もあるとして、厳重に取締まるよう汽船取締会所へ県が通達しています【明い100（226）】。このように、汽船取締会所の設置以後も競争は簡単には収まらず、たびたび取締規則の改正や追加が行われました。

鉄道連絡船から観光船へ

明治十三年（一八八〇）四月、京都―大津間で鉄道が開通すると、鉄道がまだ敷かれてい

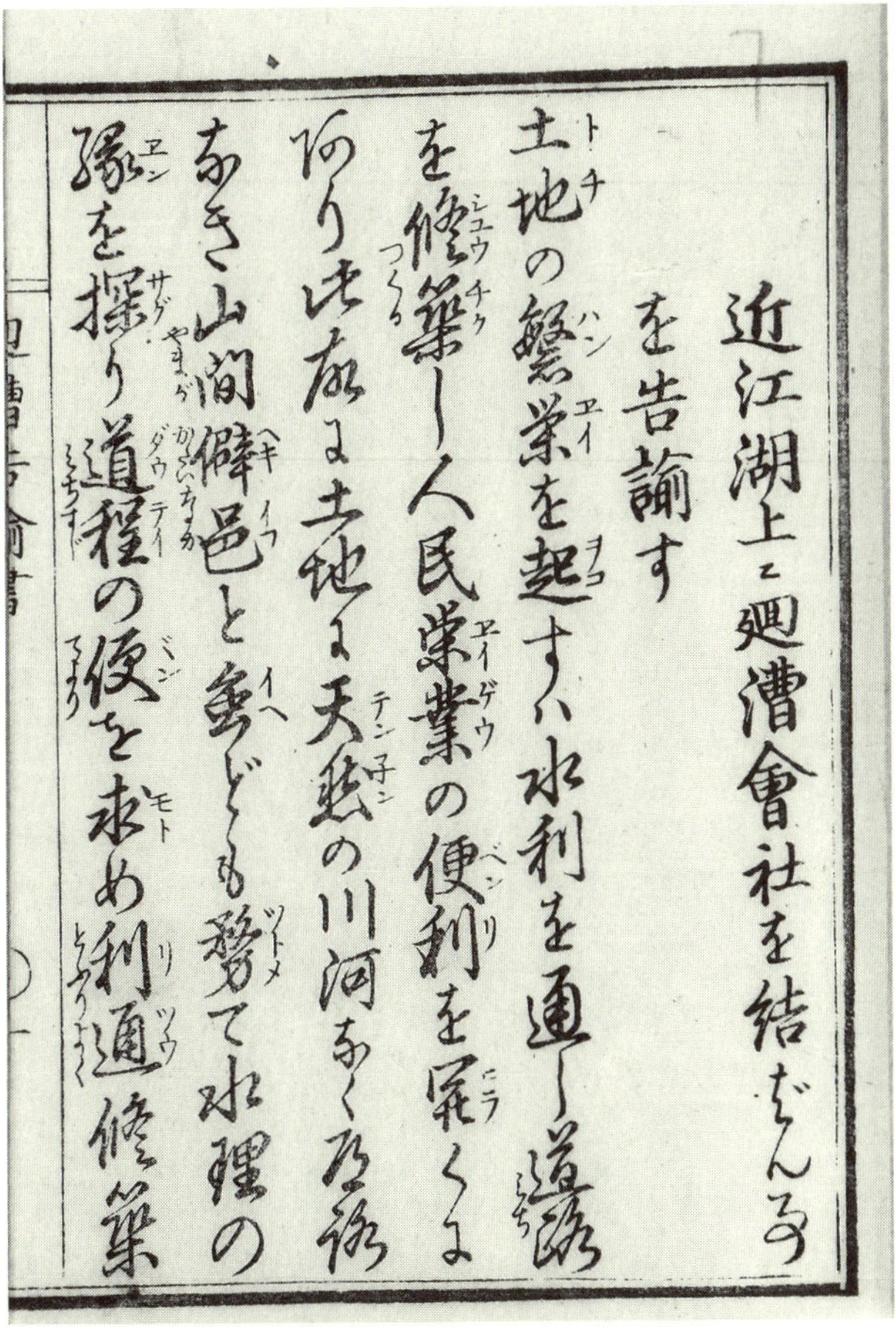
近江湖上ニ廻漕會社を結むんで
を告諭す
土地《トチ》の盤栄《ハンエイ》を起《ヲコ》すハ水利を通し道路《みち》
を修築《シユウチク》《つくろ》し人民栄業《エイゲウ》の便利《ベンリ》を開《ヒラ》くよ
何り浅故ハ土地ハ天然《テンネン》の川河なく及路
なき山間《やまあひ》僻邑《ヘキイフ》《かたいなか》と雖《イヘ》ども務《ツトメ》て水理の
縁《エン》を探《サグ》り道程《ダウテイ》《みちすぢ》の便《ベン》《たより》を求《モト》め利通《リツウ》《とりやりよく》修築

写真③「湖上廻漕会社の告諭」明治五年五月【明い226（3）】

なかった大津と長浜の間をつなぐ連絡船が必要になりました。そこで、明治十五年五月に設立された太湖汽船会社によって鉄道連絡船が運行されました。鉄道連絡船は明治二十二年の東海道線の全通によって、廃止されるまでの約七年の間、鉄道の代用として多くの旅客や貨物を運びました。

鉄道連絡船の廃止以後も太湖汽船株式会社（明治二十六年に太湖汽船会社から社名変更）は複数の航路で営業を続けました。明治三十年（一八九七）に同社が県に認可を願い出たものによれば、大津―堅田―大溝―船木―深溝―今津―海津―塩津という航路の場合、各港での一〇～二〇分ほどの寄港時間を含めて全体で六時間かかる予定になっています。

さて、写真⑦は県が作成した「竹生島遊覧客其他統計」です。大正十一～十五年の統計が記録されています。大正十一年（一九二二）に遊覧船数は一一艘、乗客総数は約八万六六七九人とありますが、年々増加し、同十五年には遊覧船数一七艘、乗客総数九万七二四二人となっています。一艘あたりの収容人数は減少していますが、これは船内設備の改良や乗客優待の結果によるものと説明しています。

統計の備考には「近時湖上交通ノ大勢ハ遊覧旅客ノ吸収ニ集中」しているとあります。鉄道の開通によって、汽船はかつてのような人や物の輸送手段としての役目は終えましたが、観光遊覧船として、琵琶湖になくてはならない新たな活躍を始めていたのです。

（栗生春実）

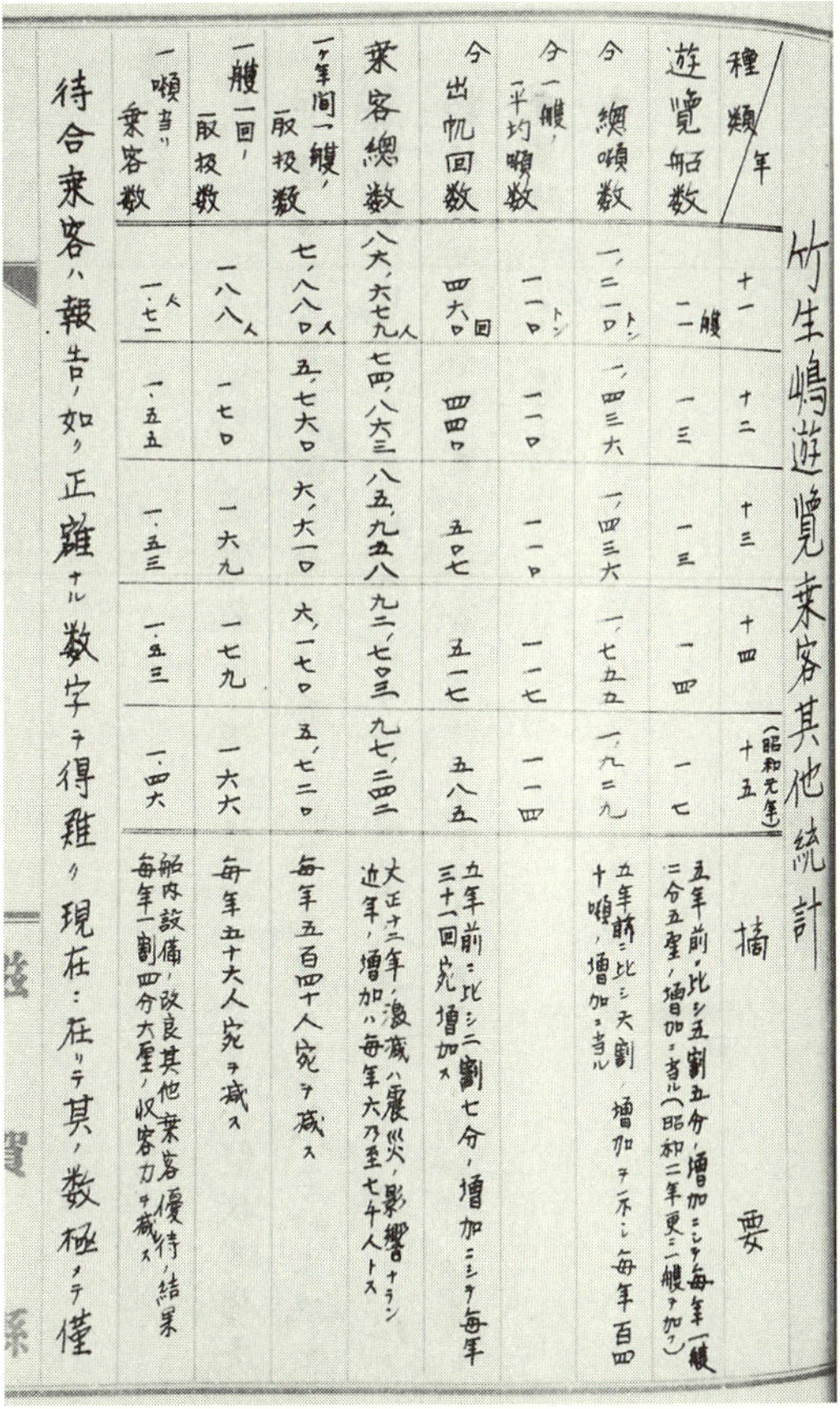

竹生嶋遊覧来客其他統計

種類 ＼ 年	十一	十二	十三	十四	十五（昭和元年）	摘要
遊覧船数	一二艘	一三	一三	一四	一七	五年前ニ比シ五割五分ノ増加ニシテ毎年一艘二分五厘ノ増加ヲ示ス（昭和二年更ニ一艘ヲ加フ）
仝 総噸数	一,二一〇トン	一,四三六	一,四三六	一,七五五	一,九二九	五年前ニ比シ六割ノ増加ヲ示シ毎年百四十噸ノ増加ヲ示ス
仝 一艘ノ平均噸数	一一〇トン	一一〇	一一〇	一一七	一一四	
仝 出帆回数	四六〇回	四四〇	五〇七	五一七	五八五	五年前ニ比シ二割七分ノ増加ニシテ毎年三十一回宛増加ス
来客総数	八六,六七九人	七四,八六三	八五,九五八	九二,七〇三	九七,三二二	大正十二年ノ激減ハ震災ノ影響ナラン近年ノ増加ハ毎年六乃至七千人トス
一ヶ年間一艘ノ取扱数	七,八八〇人	五,七六〇	六,六一〇	六,一七〇	五,七二〇	毎年五百四十人宛ヲ減ス
一艘一回ノ取扱数	一八八人	一七〇	一六九	一七九	一六六	毎年五十六人宛ヲ減ス
一噸当リ乗客数	一・七二人	一・五五	一・五三	一・五三	一・四六	船内設備ノ改良其他乗客優待ノ結果毎年一割四分六厘ノ収容力ヲ減ス

待合来客ハ報告ノ如ク正確ナル数字ヲ得難ク現在ニ在リテ其ノ数極メテ僅

写真④「竹生島遊覧業務其他統計」昭和2年【昭ぬ17（99）】

一番丸（イラスト画）

二代目県令　籠手田安定

籠手田安定
（イラスト画）

二代目県令籠手田安定《こてだやすさだ》は、天保十一年（一八四〇）に平戸藩藩士の家に生まれました。文武に優れ、とくに剣術の腕前は抜群だったようです。明治元年（一八六八）に大津県判事試補となり、同判事、同大参事、滋賀県参事を経て、明治八年に滋賀県権令《ごんれい》に就任して県政のトップに立ち、明治十一年から明治十七年まで県令を務めました。

籠手田県令は、明治十二年四月に開会した最初の県会の運営を行ったほか、治水治山事業にも尽力しました。また、琵琶湖疏水の開削事業や、若越《じゃくえつ》四郡の滋賀県からの分離問題について、県民の利益を第一とする立場から反対意見を述べています。

写真①で掲げた文書は、明治十年（一八七七）一月に内務卿大久保利通に宛てた建議書です。地租改正により、租税の金納化、豊作・凶作によらない定額の課税という、従来とは異なる税制が敷かれ、人びとは不安と不満を募らせていました。籠手田県令は、生活に困窮した人びとが暴動を起こし、維新政治が瓦解することを恐れ、民心を一致団結させて平和を維持するために、米納の許可や凶作の場合の徴税猶予の法を補うことを建言しています。この建議書には、「国家ノ治安ヲ計画スルモノハ必スヤ風土習俗ノ如何ンヲ謹マサル可カラズ」や、「苟《いやしく》モ職ヲ地方ニ奉シ民ト膚《はだ》ヲ合セ方今《ほうこん》ノ事情黙視スルニ忍ヒサルモノアリ」と述べられており、地域の実情を踏まえ、人びとの生活に密着し、その安定を願う彼の姿勢がうかがえます。

明治十七年（一八八四）、籠手田は元老院議官に転任、その後島根県令、同県知事、新潟県知事となり、晩年の明治二十九年（一八九六）から翌年にかけて再び滋賀県知事に着任します。滋賀県をこよなく愛した籠手田は、明治三十二年（一八九九）三月に大津市錦織《にしこおり》の自宅で亡くなりました。大津市の園城寺境内には、彼の功績を称える「籠手田安定頌徳碑《しょうとくひ》」が明治三十五年に建立されています。

（花田卓司）

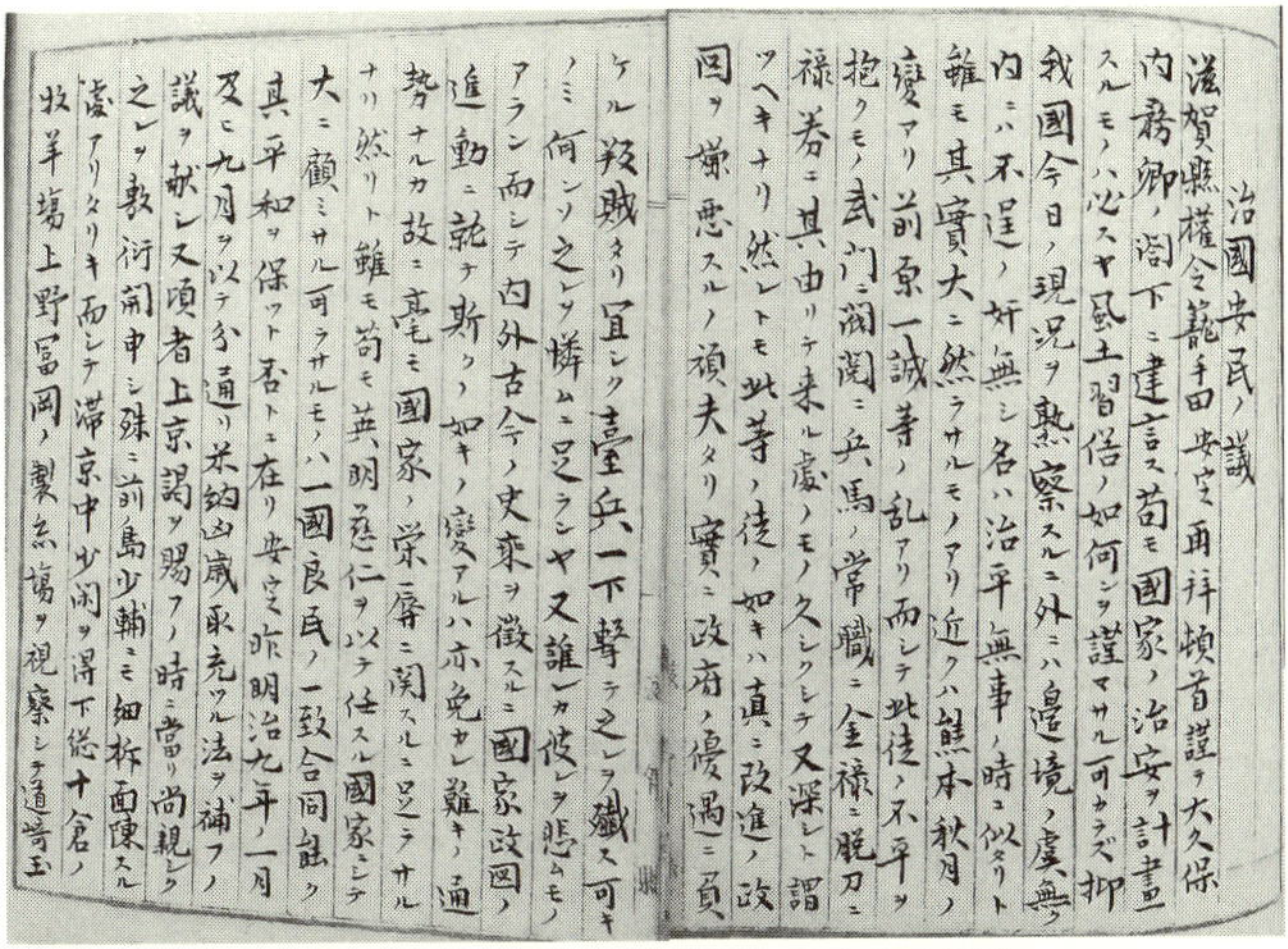
治國安民ノ議
滋賀縣權令籠手田安定再拜頓首謹テ大久保
内務卿ノ閣下ニ建言ス苟モ國家ノ治安ヲ計畫
スルモノハ必スヤ風土習俗ノ如何ンヲ謹マサル可カラズ抑
我國今日ノ現況ヲ熟察スルニ外ニハ邊境ノ虞無ク
内ニハ不逞ノ奸無シ名ハ治平無事ノ時ニ似タリト
雖モ其實大ニ然ラサルモノアリ近クハ熊本秋月ノ
變アリ前原一誠等ノ乱アリ而シテ此徒ノ不平ヲ
抱クモノ武門ニ閥閲ニ兵馬ノ常職ニ金禄ニ脱刀ニ
禄券ニ其由リテ来ル處ノモノ久シクシテ又深シト謂
ツヘキナリ然レトモ此等ノ徒ノ如キハ真ニ改進ノ政
図ヲ嫌悪スルノ頑夫タリ實ニ政府ノ優渥ニ負
ケル叛賊タリ宜シク臺兵一下撃テ之レヲ殲ス可キ
ノミ何ンソ之レヲ憐ムニ足ランヤ又誰レカ彼レヲ悲ムモノ
アラン而シテ内外古今ノ史乘ヲ徴スルニ國家改図ノ
進動ニ就テ斯クノ如キノ變アルハ亦免カレ難キノ通
勢ナルカ故ニ毫モ國家ノ栄辱ニ関スルニ足ラサル
ナリ然リト雖モ苟モ英明慈仁ヲ以テ任スル國家ニシテ
大ニ顧ミサル可ラサルモノハ一國良民ノ一致合同能ク
其平和ヲ保ツト否トニ在リ安定昨明治九年ノ一月
及ヒ九月ヲ以テ分通リ米納凶歳取充ツル法ヲ補フノ
議ヲ献シ又頃者上京謁ヲ賜フノ時ニ當リ尚親シク
之レヲ教術閣申シ殊ニ前島少輔ニモ細析面陳スル
處アリタリキ而シテ滞京中少閑ヲ得下総十倉ノ
牧羊場上野富岡ノ製糸場ヲ視察シテ通埼玉

写真① 「治国安民の議」明治 10 年 1 月【明お 76 合本 5（6）】

14 明治の彦根城

彦根のシンボル彦根城。城跡は国の特別史跡、天守は国宝に指定され、滋賀県有数の観光地でもあります。しかし明治に入り全国で無用とされた城郭が取り壊されていったなか、彦根城が保存されたのは実は奇跡的なことでした。江戸時代以来の藩の政庁としての役割を終えた彦根城は、どのようなかたちで存続してきたのか。歴史的文書からその姿を辿ります。

明治初期の彦根城

廃藩後間もない明治四年（一八七一）末から、彦根城は兵部省ついで陸軍省の管轄となり、大阪鎮台分営が仮設され一時的に軍事利用されました。明治六年五月、分営転出に伴って、陸軍省は「彦根城は当分滋賀県に預け置く」と通達します。そのためこれ以後の彦根城管理に関する文書が滋賀県に多く残っているのです。しかし所管が陸軍省であることに変わりはありません。

写真①は明治六年五月、彦根城内にある釣鐘堂の使用を滋賀県から陸軍省に伺った文書

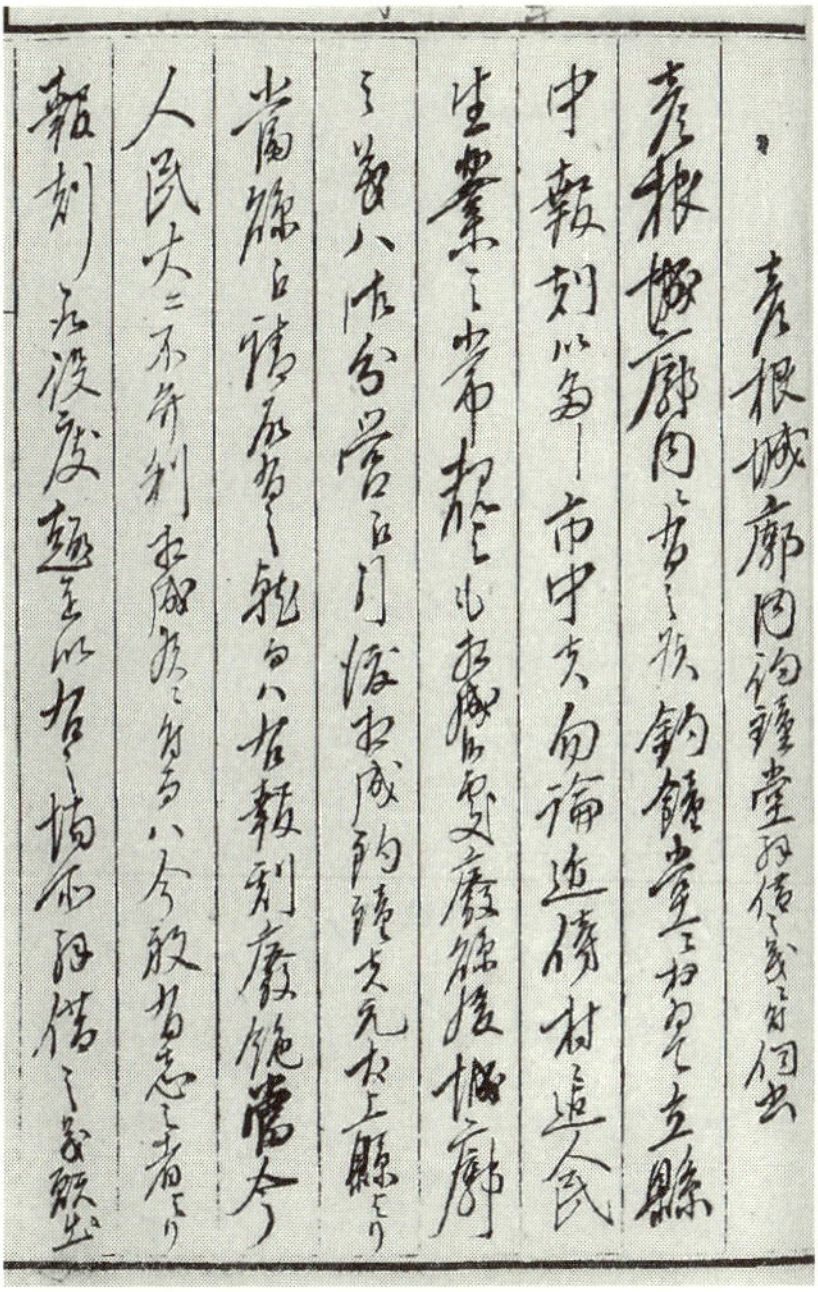

彦根城廓内釣鐘堂拝借之義ニ付伺書

写真①「彦根城廓内釣鐘堂拝借の義に付伺書」明治６年５月【明う２(12)】

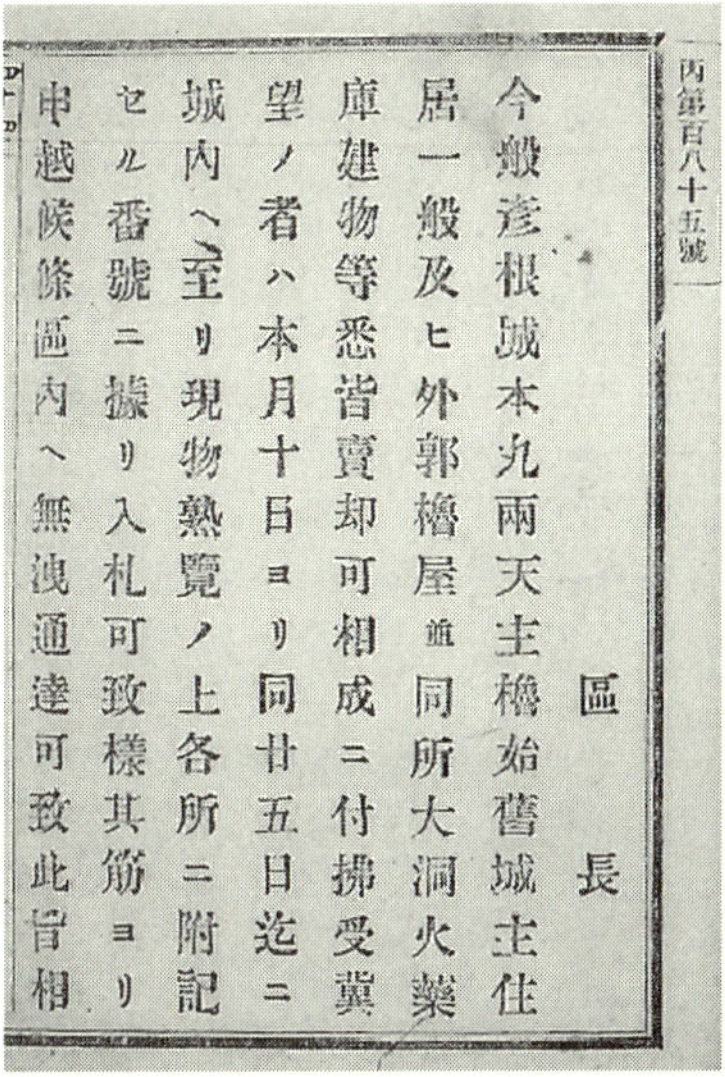

丙第百八十五號

區長

今般彦根城本丸両天主櫓始舊城主住居一般及ヒ外郭櫓屋並同所大洞火藥庫建物等悉皆賣却可相成ニ付拂受冀望ノ者ハ本月十日ヨリ同廿五日迄ニ城内ヘ至リ現物熟覧ノ上各所ニ附記セル番號ニ據リ入札可致様其筋ヨリ申越候條區内ヘ無洩通達可致此旨相

写真③「彦根城本丸ほか払い下げに付入札の件通達」(県令代理より区長宛て)明治11年９月【明い99(44)】

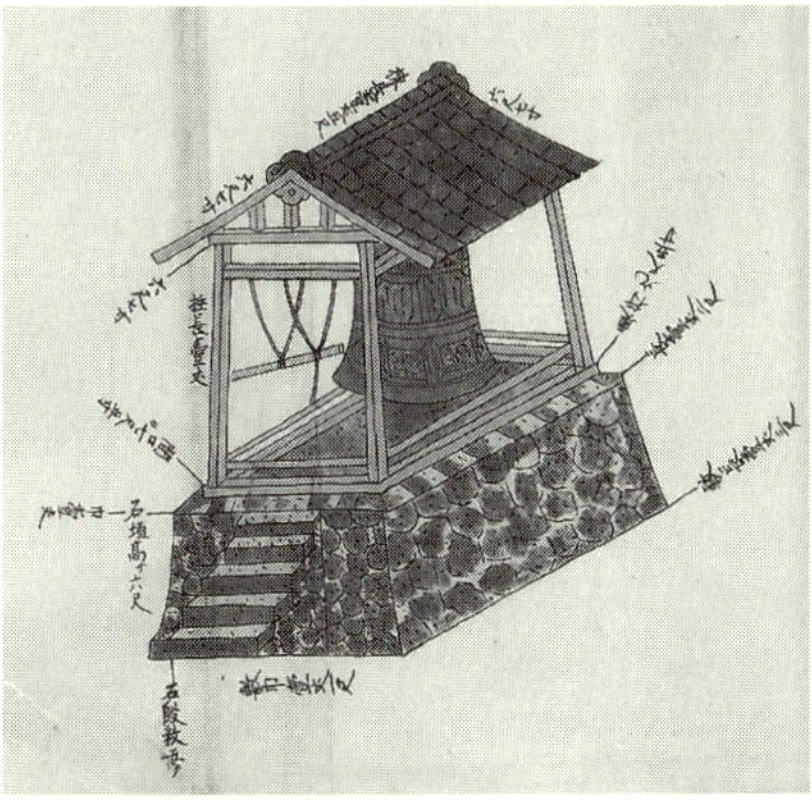

写真②「彦根城内釣鐘堂の図」(上の伺書に添付されたもの)明治６年５月【明う２(12)】
現在もこれと同じ場所に時を報せる鐘がある(時報鐘)。

です。彦根城内には江戸時代から彦根や近傍の住民が時刻を知るための釣鐘（報刻鐘）がありました（写真②）。しかし犬上県廃県（明治五年九月）後には、彦根城は大阪鎮台分営に引き渡されており鐘は滋賀県が請け取ったため、人々が不便を被るようになったのだといいます。結局この伺により報刻鐘の復活を求める人々の願いは叶えられ、釣鐘堂使用と鐘の撞き手二人の城門通行が許可されています。

明治八年十月には犬上郡外船町の商人らが「元彦根城内拝見御願」を県に提出しています【明ひ1（173）】。これまで彦根城内は一般人が見る機会がなかなかなかったので、相応の冥加金上納を条件に、一五日間の「城中衆人拝見」を企画したいというものです。城門の出入りには一人ずつ鑑札を持たせ、城内は山路なので老幼や高下駄の者には有料で貸し草履・履き物預かりをしたいとしています。翌九年一月にも別人から同趣の願書が出されていますが、両方とも陸軍には許可されませんでした。これらの企画の背景には、それまでは仰ぎ見るだけで城内深くには立ち入れなかった庶民の好奇心があるように思えます。しかし明治九年五月には旧彦根藩士らが企画した博覧会が彦根城中で開催されているので、この好奇心を満たす機会は一時とはいえ案外早く来たのかも知れません。

これらのほか、明治十年頃までの歴史的文書には城の堀の藻草刈り取り（肥やし用）願や城内の朽ち木・落葉の払い下げ願、城内の果樹の実の払い下げ願などが多く見られます。右のような事例からすると、明治初期には生計の足しを得る場として利用を望む人々がいた一方で、彦根城はまだ気安く出入りできる場所ではなかったことがうかがえます。

彦根城の保存と文化施設としての利用

陸軍省所管となって以降、彦根城内の不要な建築物などは撤去されていったようですが、明治十一年（一八七八）にはとうとう天守など主要な建物までも入札により払い下げることになりました（写真③）。ところが天守の払い下げの直前、この話が北陸巡幸を終えて京都に戻る途中の明治天皇の耳に達し、間一髪で保存が命じられたという逸話があります。この後、陸軍省所管はそのままに、彦根城の実質的な保存管理は滋賀県が担当することになります。さらに明治二十四年（一八九一）の陸軍省から宮内省への所管替え及び旧城主井伊家への無償貸与を経て、同二十七年に彦根城は井伊家に下賜されます[注1]。

明治二十四年四月、犬上郡が県に提出した報告によると、彦根城の保管は明治十五年（一八八二）、県から犬上郡に委託されています。犬上郡は、明治十八年に郭内平地の勧業試験場とともに山頂に「犬上郡階楽園ト称スル遊歩場」を設置した、とあります（写真④）。

この頃には彦根城の一角は市民に親しまれる場所となっていたことがうかがえます。

明治二十四年頃の旧彦根城山では、犬上郡各小学校生徒学芸奨励会が数日間かけて開催されています。この開催のため犬上郡長が知事に提出した明治二十四年九月の伺には「客《かく》年《ねん》（＝昨年）以来年々開設致《いたし》候様《そうろうよう》予定」とあるので、彦根城山での学芸奨励会は同二十三年から始まったものと思われます（写真⑤）。

明治二十八年には「京都奠《てん》都《と》紀念祭及第四回内国勧業博覧会」滋賀県関連事業として、彦根町は観光客に湖山の景色を眺望させるため彦根城山を借り、城の天守閣・各櫓で美術品・古器物・武器等の展覧会を行っています【明お55（4）】。明治三十六年（一九〇三）には第五回内国勧業博覧会を機に彦根城で「彦根共進会」が開催されました。このように、特に井伊家に譲渡されて以降は、博覧会・共進会などの催事に使用されることが増えたようです。また公園として一般に開放され、彦根城は行楽・観光地として活用されていくのです。

産業施設としての利用

彦根城は、陸軍省所管時代から士族授産や殖産興業の目的での一部使用は認められてい

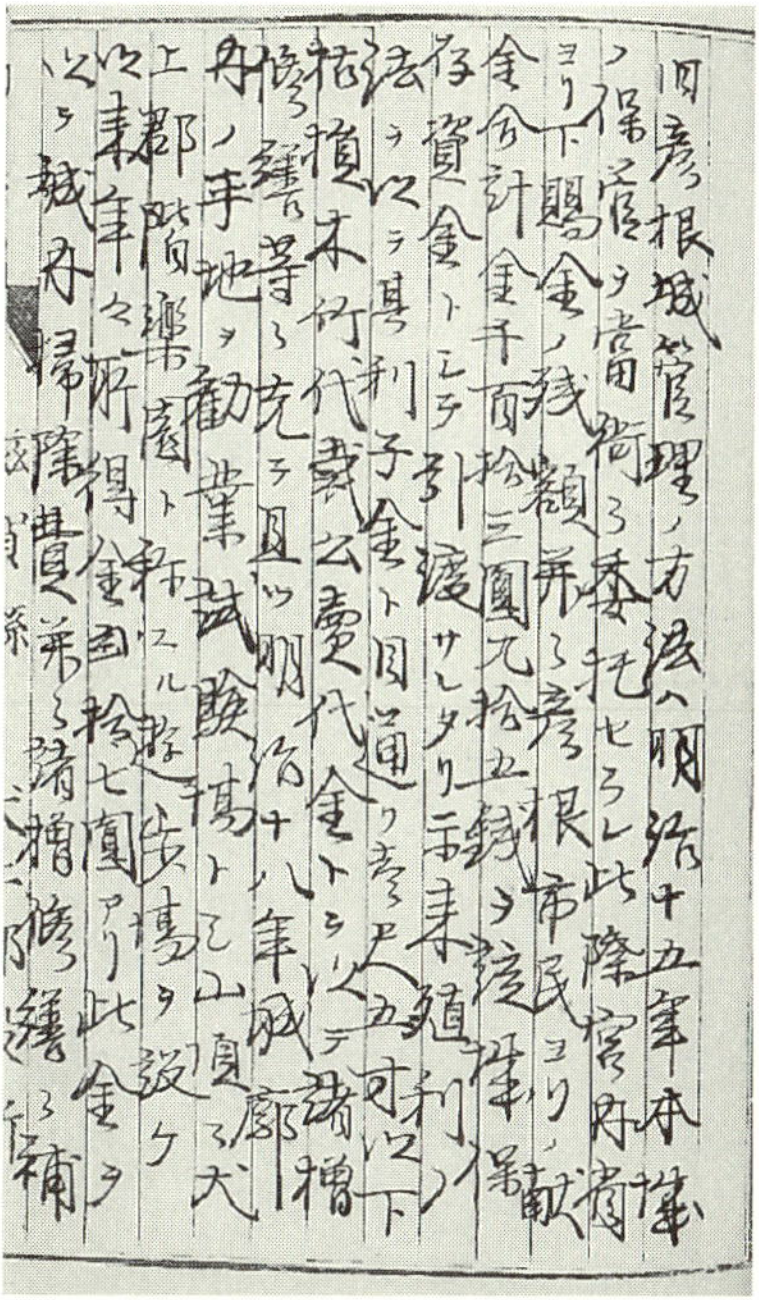

写真④「旧彦根城保管方法等取調に付回答」
明治 24 年 4 月【明か 29 合本 2(3)】
彦根城管理費用についても記されている。

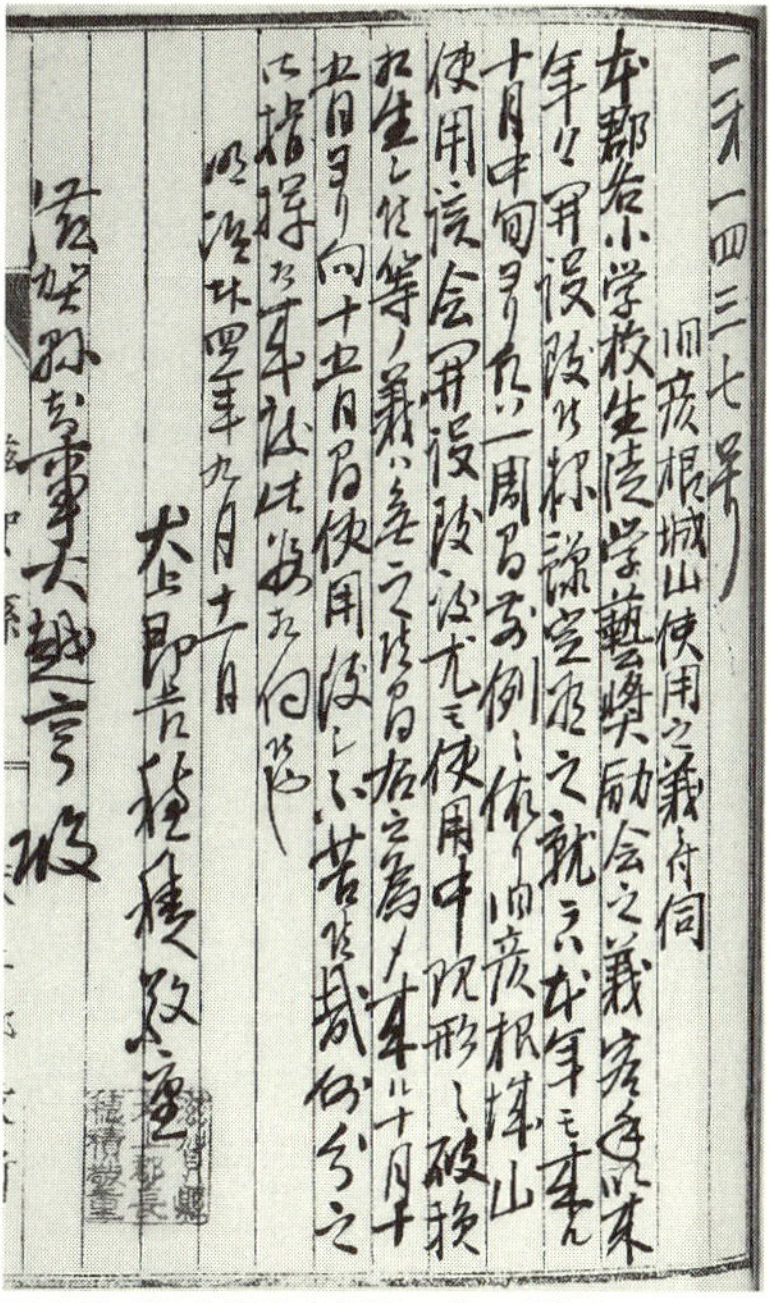

写真⑤「旧彦根城山使用の義に付伺」
明治 24 年 9 月【明か 29 合本 2(12)】

ました。県蔬菜栽培試験場、養蚕蚕糸場、（堀の）個人の養魚場、勧業試験場などとして使用された時期・区域があります。

明治後半には彦根城の周囲の外堀（以下、旧中堀のこと）が大規模な産業施設として使用されています。実は明治三十年代後半には彦根城の堀は湖水減退に伴って水深が浅くなり、琵琶湖につながらない部分は瀦水《ちょすい》（たまり水）が涸渇していました。また雑草が繁茂しさらに周辺住民が塵芥を投棄するので、堀は非常に不潔になっていたようです。そこで県がとった方策が、堀を清潔に保つためにその全部を分割し養魚や蓮根栽培に使用させる、というものだったのです（写真⑥）。

明治三十九年（一九〇六）には県水産試験場付属の養魚場が官有地の彦根城外堀につくられ、琵琶湖放流用のコイの飼養が始まります。県水産試験場作成の「琵琶湖水産事業経営に関する計画意見書」（明治四十年）は、外堀は「水源主ニ町内ノ悪水ニシテ、人家庖厨《ほうちゅう》（＝台所）ノ廃棄物其他ノ有機物ノ含有スルコト多ク、従テ天然餌料蕃（繁）殖セルヲ以テ魚ノ成育速カ」であると、その利点を述べています【明て61合本4（1）】。この彦根養魚場は昭和四十一年（一九六六）まで存続しました。

明治以降の彦根城はこのようにさまざまな役割を担い、人々との関わり方を変えながら、今日に至ったのです。

（生嶋輝美）

注1　その後、大正四年（一九一五）に井伊家から彦根町に貸し渡され、昭和十九年（一九四四）には彦根市に無償で寄付されます。

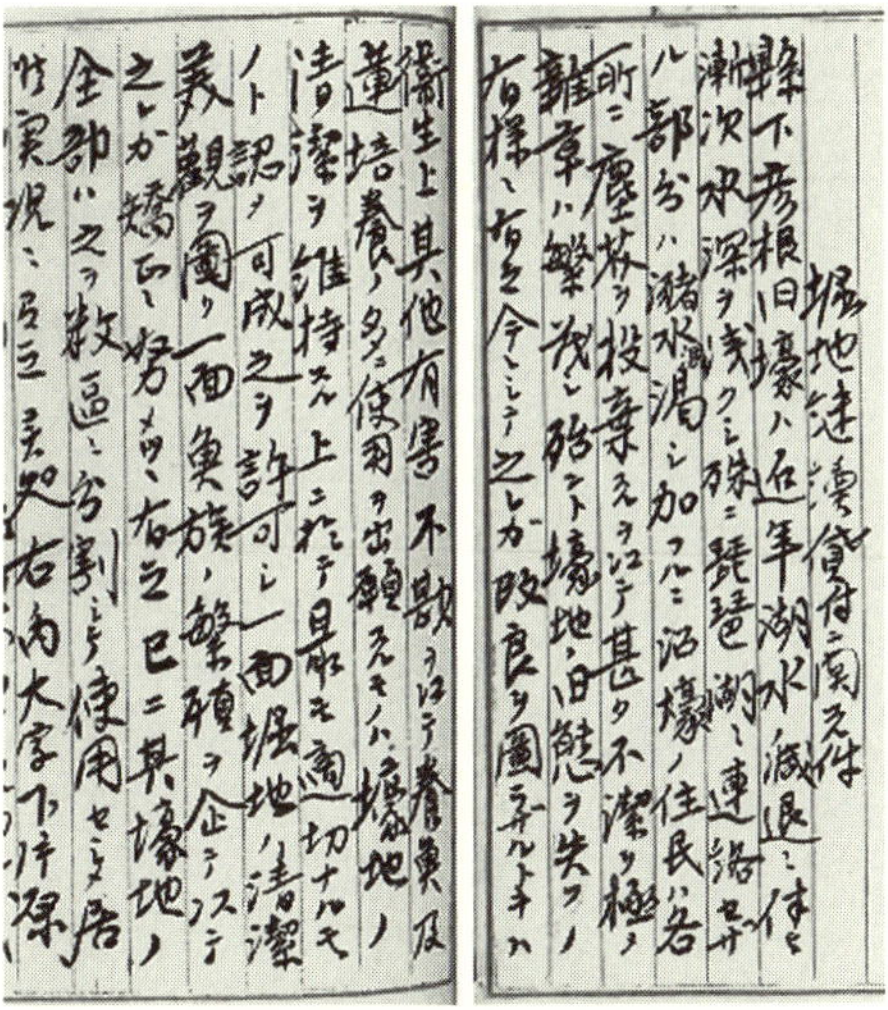

写真⑥「堀地継続貸付に関する件」明治 37 年
【明な 180（59）】
この県から内務省への伺に、当時の堀の様子が記されている。

銅版画の多賀神社絵図

多賀神社（多賀大社の旧称）の明細帳に、「大日本帝国淡海国多賀神社全図」（写真①）と題された銅版画印刷物が添付されています。多賀神社と周辺を鳥瞰図として描いたものです。

明治二十八年（一八九五）八月、東京浅草区茅町《かやちょう》の精行社銅版部製。神社から注文を受けて同年五月に霜鳥巴凌が写生し、皆川欽太郎が彫っています。「定価七銭」とあるので販売もされたとみられます。

精行社は明治二十年代以降、多賀神社のものと同様の手法を用いて全国の社寺等の銅版画を多数製作しています。霜鳥巴凌（東濤舎主人、霜鳥晴）はその精行社の中心的な画工でした[注1]。

多賀神社の銅版画をよく見ると、境内には参詣者が描き込まれ、下方には門前町も描かれています。西鳥居付近を拡大すると、人力車に乗る人や警官駐在所、三人の警察官が見えます（写真②）。左下には洋風二階建ての「多賀高等小学校」も。また右下にはTAGAJINJA TAGAMURA SHIGAKEN JAPANとローマ字で記されているなど、近代らしさが随所に表現されています。

現在、駐在所も小学校もこの位置にはありません。境内の建造物も、当時とは形や配置がかなり変わっています。この一枚の銅版画は、明治二十年代の様子を現代に伝えてくれる、貴重な証人といえるでしょう。

（生嶋輝美）

写真①「大日本帝国淡海国多賀神社全図」明治 28 年 8 月　41.5 × 71.0㎝【明す 1（3）】

写真②西鳥居付近の拡大

注1　芳賀明子「明治期風景銅版画をめぐって」『文書館紀要』第二六号、埼玉県立文書館、二〇一三年

15　外国貴賓の接待

景勝地琵琶湖をはじめ多くの神社仏閣、史跡名勝があり、京都に隣接する滋賀県には、明治期以来ヨーロッパやアジア諸国からたびたび皇族・王族が訪れています。外国貴賓をもてなすために、県では外務省や宮内省と接待方法・遊覧順序を打合せ、沿道での奉送迎、お土産品の用意など、様々な準備を行っていました。

明治期の接待準備

外国皇族の来県について、歴史的文書に残されている最も早い時期の記録は、明治十二年（一八七九）十一月、当時のドイツ皇帝ヴィルヘルム一世の孫であるハインリッヒが訪れた際のものです。

写真①は、当時の外務卿井上馨《いのうえかおる》が県令籠手田安定《こてだやすさだ》に対し、ハインリッヒの接待方法について指示した文書の一部です。食事については、酒を除いて朝食七五銭、昼食一円五〇銭、夕食二円までとし、西洋料理の心得がある者に作らせること、遊覧途中に昼食をとるのが困難な場合には、事前にサンドウィッチを用意しておくこと、洋食が用意できない場所で

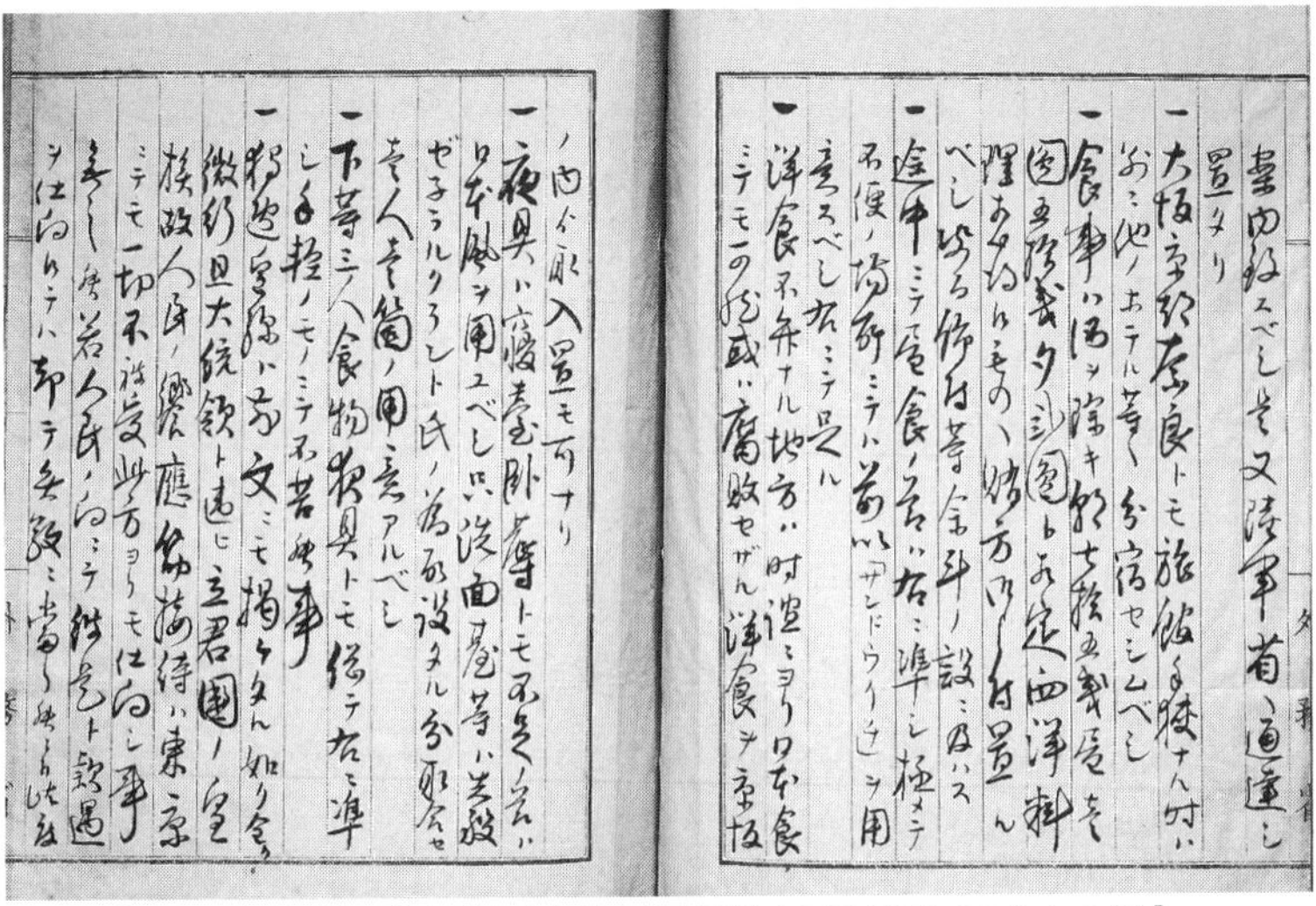

写真①「ドイツ皇孫遊覧の節土地案内方等の件」明治 12 年【明か 20 合本 4（1）】

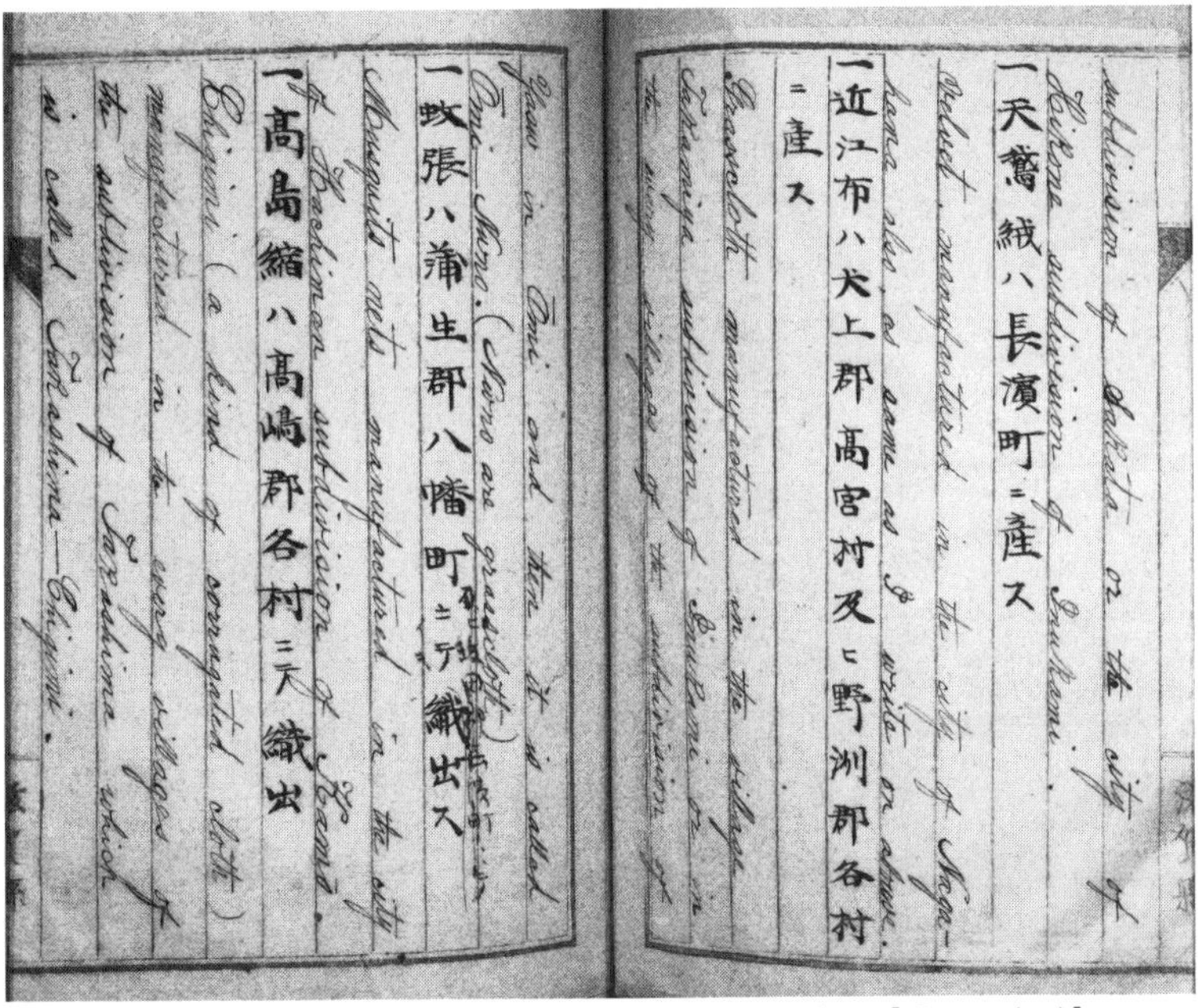

写真②『外国人接待用本県物産略記　和英双訳』明治 13、14 年頃【明か 21（21）】

は日本食でも良いといった点が記されています。また、宿泊の準備については、夜具（ベッドなど）が不足した場合は日本風の寝具を補充し、洗面台等は、この年六月に来県を見合わせたアメリカ前大統領グラントのために準備していたものを流用して一人一つずつ用意するよう指示されています。

来県する外国人の接待に従事する県職員もまた、様々な工夫をしていました。明治十三年、県の外国貴紳接待員は、県内の人口・地理・名所旧跡や特産品等の概略をまとめ、英訳を施した冊子を県庁内に備えておくことを提案しています【明か22合本2（4）】。外国人を接待するにあたって、県職員が県内の情勢に精通していなければ、県について質問を受けた場合に通訳しながら説明するのは困難である、というのがその理由でした。

この提案によって作成されたのが、『外国人接待用本県物産略記　和英双訳』（写真②）と『外国人接待用本県管内雑記　和英双訳』です。前者は各郡町村の特産品を箇条書きで列挙し、後者は県内の人口・戸数・地理などがまとめられ、いずれも英訳が付けられています。

これらの冊子が作成された正確な年次は不明ですが、明治九年八月から明治十四年二月まで滋賀県の管轄となっていた三方郡《みかたぐん》・遠敷郡《おにゅうぐん》・大飯郡《おおいぐん》・敦賀郡《つるがぐん》（現福井県）の情報が記されている点から、冊子作成が提案された明治十三年以降、同十四年二月までの間に作成されたのでしょう。当時、滋賀県を訪れる他国の外交官や議員も増加しており、このような「便覧」は接待を担当する県職員にとって役立ったに違いありません。

貴賓の遊覧コース

外国貴賓たちの多くは、琵琶湖遊覧と寺社巡りを楽しんでいたようです。たとえば、大正九年（一九二〇）七月に来県したルーマニア王太子カロル（のちのカロル二世）は、白石丸に乗船して琵琶湖を遊覧しました【明か24合本5（7）】。

また、大正十五年九月に来県したスウェーデン王太子グスタフ・アドルフ（のちのグスタフ六世アドルフ）は、午前中に四明ヶ嶽《しめいがだけ》のピクニック、午後は延暦寺根本中堂に参詣の後、近江舞子から乗船して琵琶湖を遊覧し、大津港を経て石山寺を訪問する予定が組まれていますす【明か25合本2（26）】。実際は王太子の体調不良により石山寺訪問のみとなりましたが、湖北の実業家・下郷伝平《しもごうでんぺい》が秘蔵する石器を熟覧し、東洋の考古学に造詣の深かった王太子は自ら写真を撮影するなど大変満足気な様子だったと記されています。

奉送迎の様子

観光で来県するのではなく、京都や大阪・神戸と東京との移動のために外国貴賓が本県を通過することも多々ありました。昭和十年（一九三五）四月、国賓として来日した満州国皇帝溥儀《ふぎ》は、東京から京都へ行くために県内を通過し、米原駅で一時停車しました。駅構内での奉送迎にあたっては入場資格が設けられ、「入場証」の携帯が義務付けられたほか、カメラマンや記者も腕章の着用を求められ、人々が奉送迎をする場所も厳格に定められていました【昭か83（11）】、【昭か84（1）】、【昭か84（2-1）】。この時は、ホームへの入場資格を有する九六人のほか、ホームを隔てた場所で学校生徒児童・青年団・処女会・愛国婦人会・在郷軍人会・日本赤十字社等の団体員七二三人がお召列車を迎えています。

当日の様子は現地で取り締まりにあたっていた県職員の「奉送迎者取締復命書」【昭か84（1）】によってうかがうことができます。それによれば、米原駅に列車が停車すると、溥儀は急遽お召列車直前での奉送迎を許可し、さらにお付の者を通じて「雨中出迎へ感謝ス」と謝意を伝え、これを聞いた奉送迎者一同は「恐懼《きょうく》感激」して一層誠意を込めて歓迎したと記されています。

滋賀県のお土産

来県した外国貴賓へのお土産がどのようなものだったかをうかがえる記録も残されています。写真③はその一例です。「グロスター公殿下」とは、昭和四年（一九二九）、英国王ジョージ五世の名代として昭和天皇へのガーター勲章贈呈のために来日したイギリス第三王子のグロスター公ヘンリーのことです。彼は贈呈式後に国内各地を観光し、五月には滋賀県を訪れ、京阪丸に乗船して琵琶湖を周遊し、長命寺（近江八幡市）や比叡山根本中堂に参詣しています【明か11合本2】。

さて、県がヘンリーに献上したお土産品目は、大津絵人形のほか、大津絵や『琵琶湖へ』・『湖国聚英』といった写真集、歌川広重画「近江八景」でした（写真③）。このうち大津絵人形は、写真③の文書に挟み込まれた当時の新聞記事に写真が掲載されており、素焼に極彩色を施したもので、鷹匠・藤娘・座頭・長頭翁《ちょうとうおう》・雷・鬼念仏・瓢箪鯰・奴・弁慶・矢の根という一〇個一組だったようです。

なお、大正十一年（一九二二）四月には、グロスター公ヘンリーの兄で当時王太子だったエドワード（のちのエドワード八世）が滋賀県を訪れており、県や訪問先の市・町長、乗船した「みどり丸」を運航する太湖汽船株式会社から、絵図や刺繍類、木彫鯉などの記念品が贈られています。英国王室の兄弟の身の回りには、滋賀県ゆかりのものが意外と多かったかもしれません。

（花田卓司）

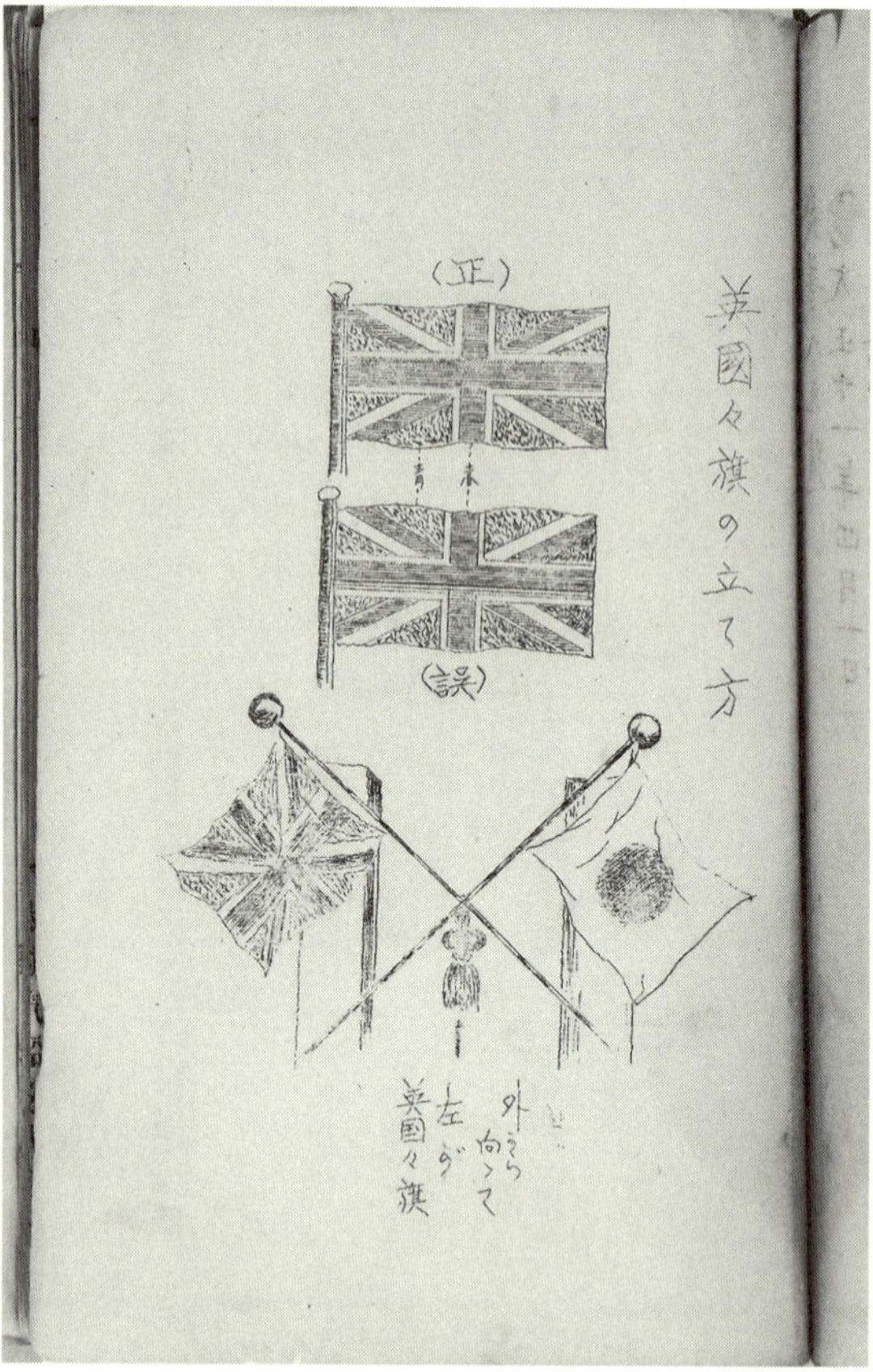

写真④「英国々旗の立て方」大正 11 年【明お 53 合本 2 (6)】
英国国旗の正しい向きと、日本国旗と交叉して掲揚する場合の立て方を図示したもの。英国に敬意を払い、向かって左側に英国国旗がくるように掲揚する。

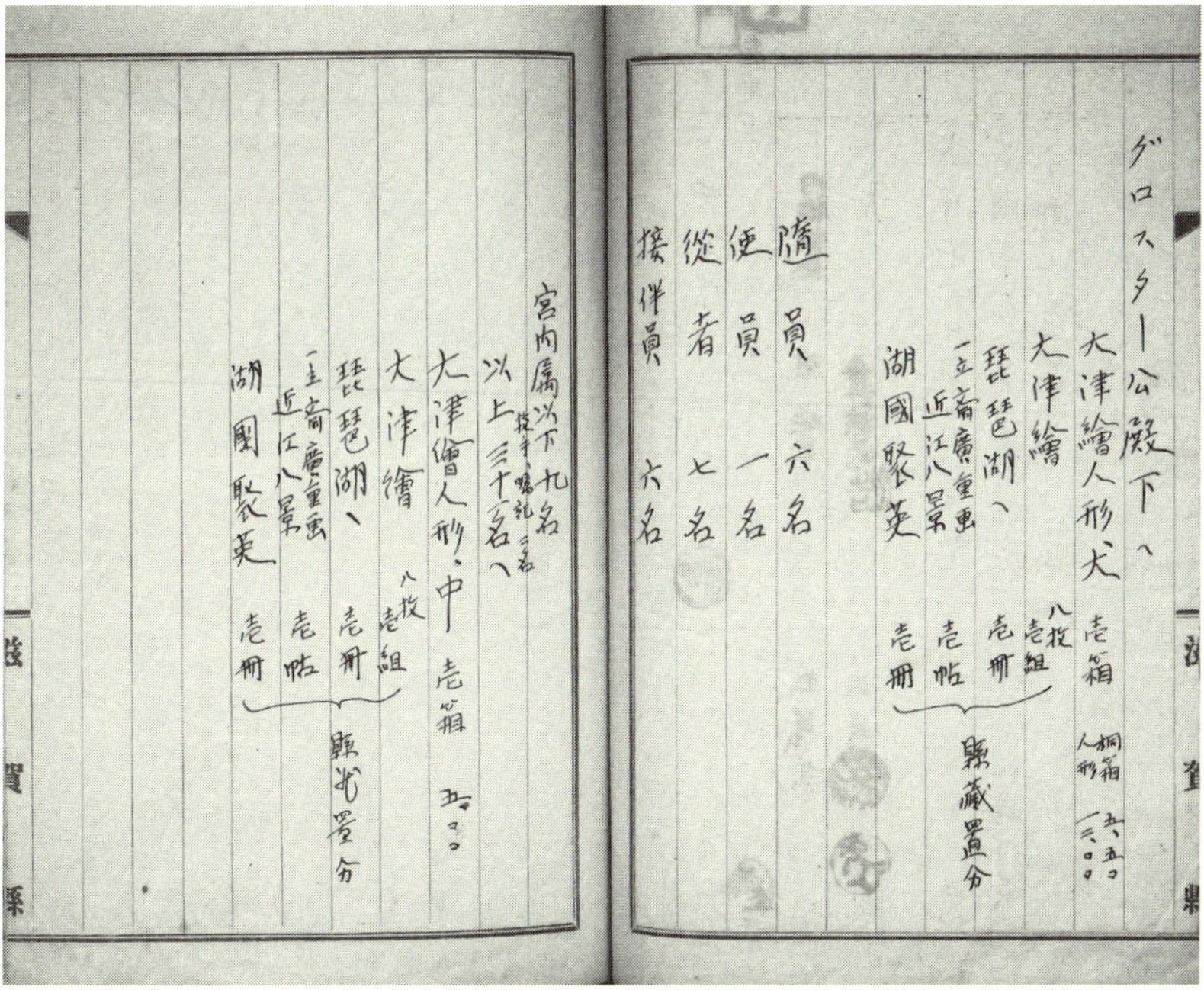

写真③「グロスター公殿下への御土産品」昭和４年【明か 11 合本 2】

ヴォーリズと八商

ウイリアム・メレル・ヴォーリズ
（イラスト画）

ウイリアム・メレル・ヴォーリズ（一八八〇〜一九六四）は、国内各地に美しい建物を残した建築家として著名です。しかし、滋賀県には、近江兄弟社を創業した実業家として、また近江療養所（現在のヴォーリズ記念病院）などを築いた社会教育家としても大きな足跡を残しています。そして、滋賀県立商業学校（現在の滋賀県立八幡商業高等学校、通称「八商」）の英語教師として日本での第一歩を刻み、近江八幡と関わり続けた同市の名誉市民でもあります。

八商は、中井弘知事のもとで明治十九年（一八八六）に全国で初めての県立の商業学校として作られました。行商の実習を行い、設立当初から外国人教師による外国語教育を続けてきた実学を重んじる新進の気風をもった学校でした[注1]。その外国人教師の一人として明治三十八年（一九〇五）、ヴォーリズはアメリカからやって来たのです。

契約書類には、俸給は月額一七〇円（さらに第一中学校での教授料が三五円）とされています（写真①）。明治三十三年の小学校教員の初任給は一〇円程度という時代なので[注2]、いかに高額であったか、いかに県が外国人に期待をしていたかがわかります。

しかし契約更新はなされず、二年で学校を去ることになります。ヴォーリズのキリスト教布教に多くの若者が従ったことが問題となったようです。教師の職を失ったことによって彼は本格的に伝道を進め、布教のための事業を立ち上げ、現在私たちが知っている業績を積み上げていくことになります。

のちの昭和十三年（一九三八）に改築した八商の校舎の設計はヴォーリズによるものです。新校舎は、学校からヴォーリズへの和解案だったのかもしれません。校舎は現在も使われ続けています。

（東資子）

注1　『八幡商業五十年史』一九四一年
注2　甲賀忠一、製作部委員会編『明治・大正・昭和・平成　物価の文化史事典』展望社、二〇〇八年

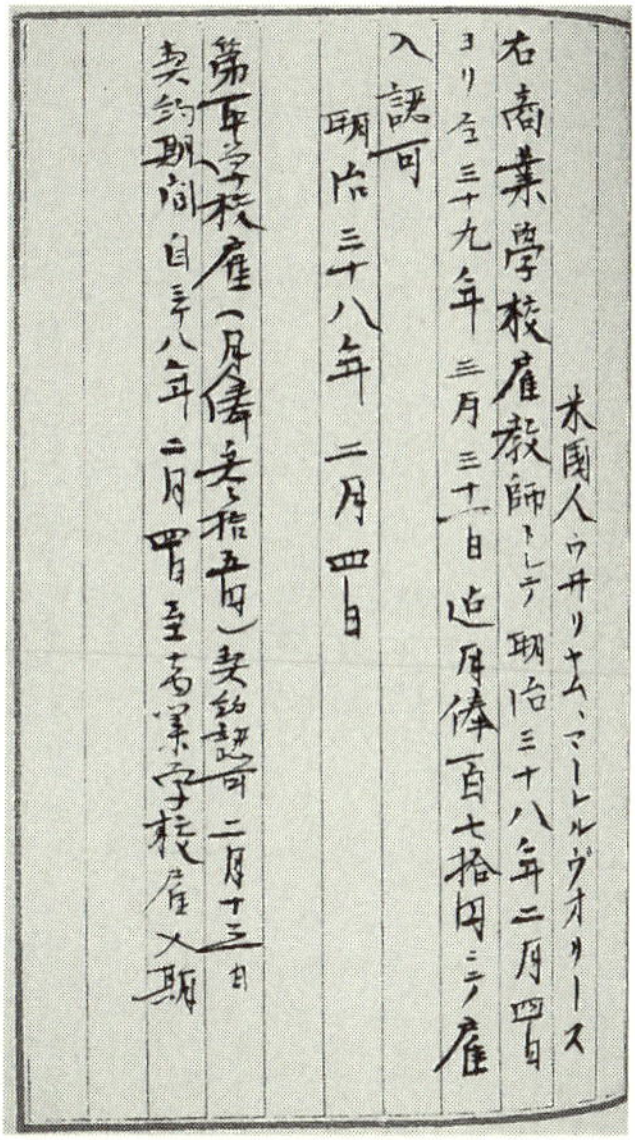
米国人ウヰリヤム、メーレル、ヴオリース
右商業学校雇教師トシテ明治三十八年二月四日
ヨリ至三十九年三月三十一日迄月俸百七拾円ニテ雇
入認可
明治三十八年二月四日

写真①「商業学校教師雇い入れについて」明治 38 年【明え 37】

16 滋賀県の郡役所

現在の郡は、県と町村の中間に位置づけられる地理的呼称として知られていますが、戦前においては地方の自治団体としての機能を担っていました。しかし郡域の編制や郡役所の設置が円滑に進んだわけではありません。滋賀県では、特に郡制施行に当たって郡の分合（分離・合併）が問題となり、郡役所廃止時にも存続を願う声が出されました。

滋賀県における郡制・郡役所

明治十一年（一八七八）の郡区町村編制法によって、郡は行政区画となり、この法のもとで郡役所の設置も決められました。滋賀県では、翌十二年五月に同法が布達され、県内の郡域と郡役所の設置場所が定められました（写真①）。

滋賀郡・栗太郡・野洲郡・甲賀郡・蒲生郡・神崎郡・愛知郡・犬上郡・坂田郡・東浅井郡・伊香郡・西浅井郡（明治三十年に伊香郡に合併）・高島郡、各郡役所の誕生です（伊香郡と西浅井郡は一つの郡役所を共有）。

明治二十三年（一八九〇）、府県制・郡制の制定によって、議決機関としての郡会と郡参

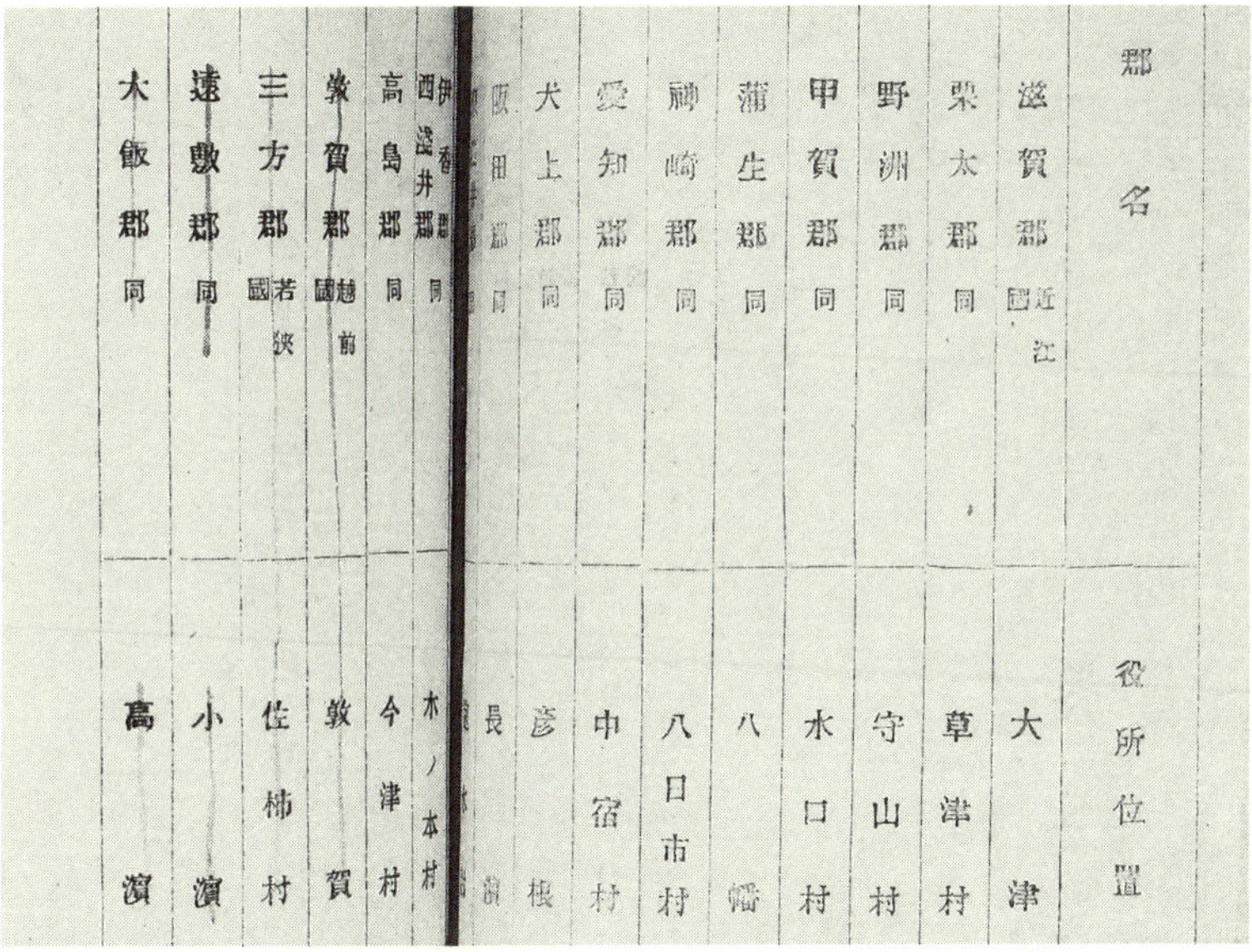

郡名	役所位置
滋賀郡 近江國	大津
栗太郡 同	草津村
野洲郡 同	守山村
甲賀郡 同	水口村
蒲生郡 同	八幡
神崎郡 同	八日市村
愛知郡 同	中宿村
犬上郡 同	彦根
坂田郡 同 東浅井郡 同	長濱
伊香郡 同 西浅井郡 同	木ノ本村
高島郡 同	今津村
敦賀郡 越前國	敦賀
三方郡 若狭國	佐柿村
遠敷郡 同	小濱
大飯郡 同	高濱

写真①「郡制施行・郡役所設置の件」明治 12 年 5 月 16 日【明い 105(32)】

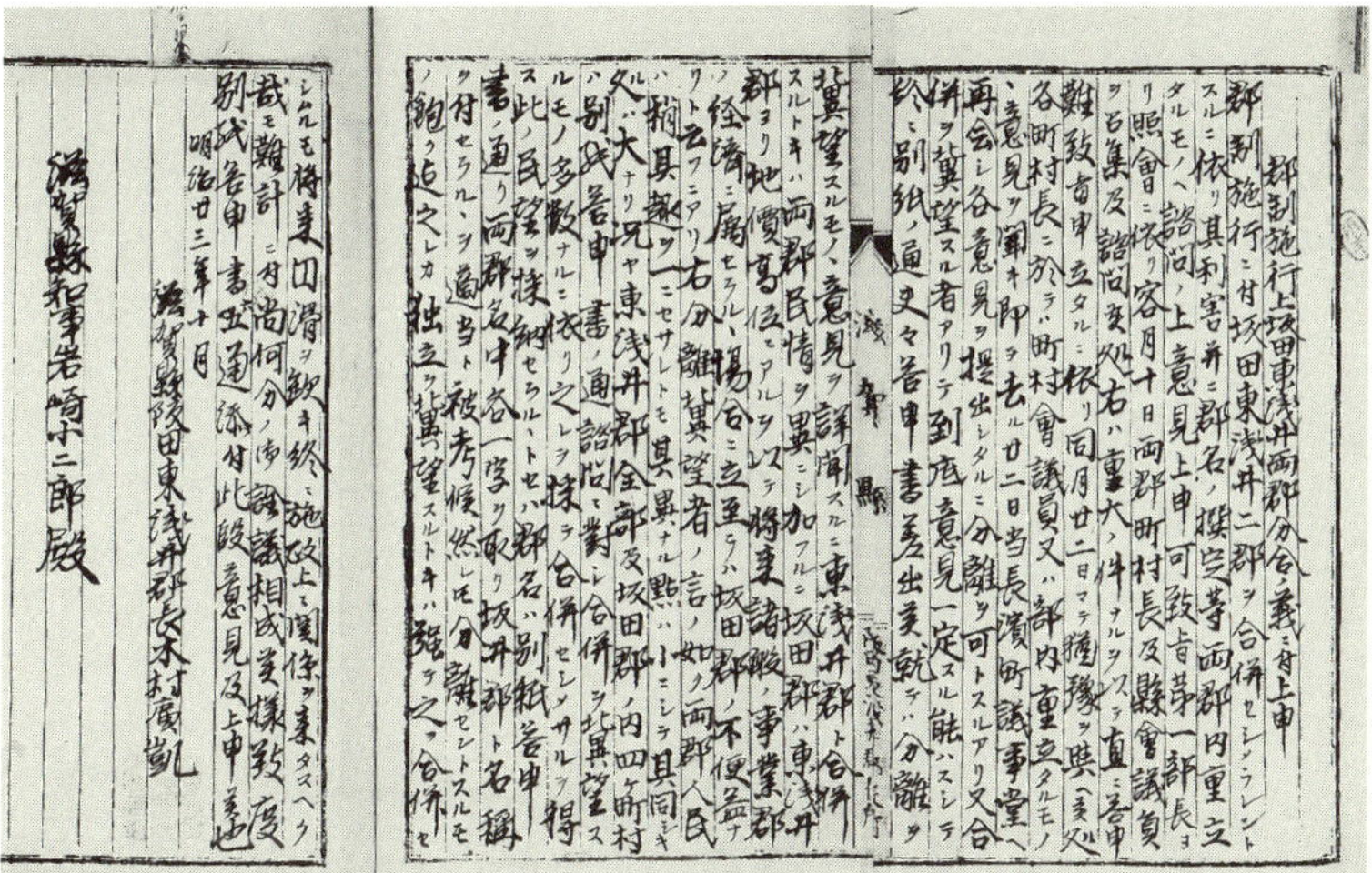

写真②「郡制施行上坂田東浅井両郡分合の義に付上申」明治 23 年 10 月【明ふ 59 合本 2(2)】

事会が設けられ、郡は地方公共団体としての機能を担うようになりました。しかし郡制の施行には、郡の分合が計画に含まれていたため、郡分合への反対意見が強くあがりました。そのため、郡制が全府県規模で施行されるには、明治三十二年（一八九九）まで待たなければなりませんでした。滋賀県での施行は、全国的に見ても遅く、明治三十一年から施行されています。

その後、郡制は、地方の行財政整理と町村自治強化のため、大正十二年（一九二三）に廃止され、郡は自治団体としての機能を失いました。その三年後、大正十五年には、郡役所も廃止されました。

郡の分合問題―幻の「坂井郡」―

明治十四年（一八八一）六月の通常県会において、地方費用削減のため、郡役所統合の提案がなされ、可決成立しました。それに伴い、一二あった郡役所のうち三郡役所が廃止され、明治三十一年（一八九八）の郡制施行まで、「愛知・神崎」「栗太・野洲」「坂田・東浅井」で、それぞれ一つの郡役所を共有することになりました。そのため、郡の合併があるとの噂が流れ、特に坂田郡と東浅井郡において分合は大きな問題となります。

写真②は、坂田・東浅井郡長が知事に宛てた、坂田郡と東浅井郡の分合に関する「上申書」です。この上申書には、両郡合併時の利害や郡名の選定について、両郡の町村長が長浜町議事堂に集い議論を交わしたこと、しかし分合の意見が一致しなかったことなどが記されています。分離派（坂田郡の大半）は、「両郡民情ヲ異ニ」していること、坂田郡が東浅井郡よりも「地価高位」で、経済的に見て、坂田郡にとって「不便益」であることを理由に挙げ、合併に反対しました。そのほか、両郡が合併される場合の新郡名として、「坂井郡」が候補に挙がっていたことがうかがえます。

この分合をめぐる対立は、「貴衆両院」（帝国議会）にまで持ち込まれ、分離派と合併派（東浅井郡と、郡役所所在地・長浜町に近い坂田郡の一部）の両派は、それぞれ分離と合併の嘆願書を提出しています【明こ72（37）】【明こ70（11）】。結果的に、県は両郡ともに「到底協和結合ノ望ミナキモノ」と判断し、「各個独立」の方針を採用しました【明こ166合本3（1）】。こうして「坂井郡」は、幻の郡名となって、歴史的文書のなかに記録されることとなりました。

郡役所廃止時の諸問題

郡制の施行時のみならず、郡役所が廃止される際にも、郡側の混乱が確認できます。郡役所廃止に当たって、県は各郡に対して廃止の利害得失などについて、意見を求めました。写真③は、その際、愛知郡各村長が連名で、知事に宛てた「陳情書」の一部です。この陳情書で、愛知郡計一五名の村長は、郡制廃止後も郡役所を据え置くよう、要望しています。その理由として、一般住民の「自治的精神」がいまだ十分でなく、自治振興を図るためには、なお郡役所の「監督指導」が必要であることが挙げられています。

このように、郡役所の存置を望む声が郡から出されましたが、大正十五年（一九二六）に郡役所は廃止されることとなりました。郡制と郡役所の廃止に伴い、郡役所での事務や業務が未完のまま終わったものも少なくありません。

写真④は、野洲郡が知事に宛てた「引継書」です。「未処分」事業のひとつとして、「郡史編纂ノ件」が挙げられています。ここからは、郡史の編纂が大正十一年からの五ヶ年計画で進められていたこと、すでに成稿段階で後は印刷に着手する予定であったことが分かります。

『野洲郡史』（野洲郡教育会編纂・刊行）は、その後、昭和二年（一九二七）に刊行されました。

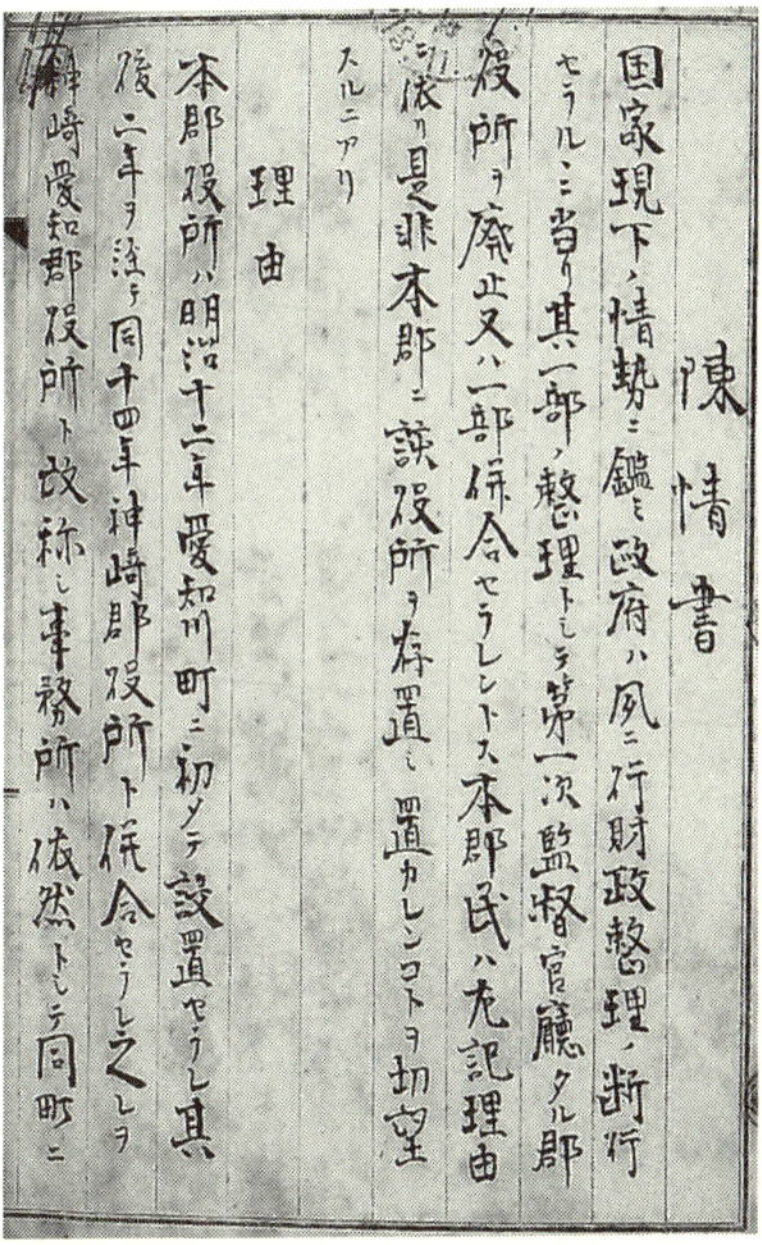

陳情書

国家現下ノ情勢ニ鑑ミ政府ハ夙ニ行財政整理ノ断行セラルニ当リ其一部ノ整理トシテ第一次監督官庁タル郡役所ヲ廃止又ハ一部併合セラレントス本郡民ハ左記理由ニ依リ是非本郡ニ該役所ヲ存置シ置カレンコトヲ切望スルニアリ

理由

本郡役所ハ明治十二年愛知川町ニ初メテ設置セラレ其後二年ヲ経テ同十四年神崎郡役所ト併合セラレ之レヨリ神崎愛知郡役所ト改称シ事務所ハ依然トシテ同町ニ

写真③「郡役所廃止について陳情書」
大正 13 年 11 月 5 日【大こ 6(3)】

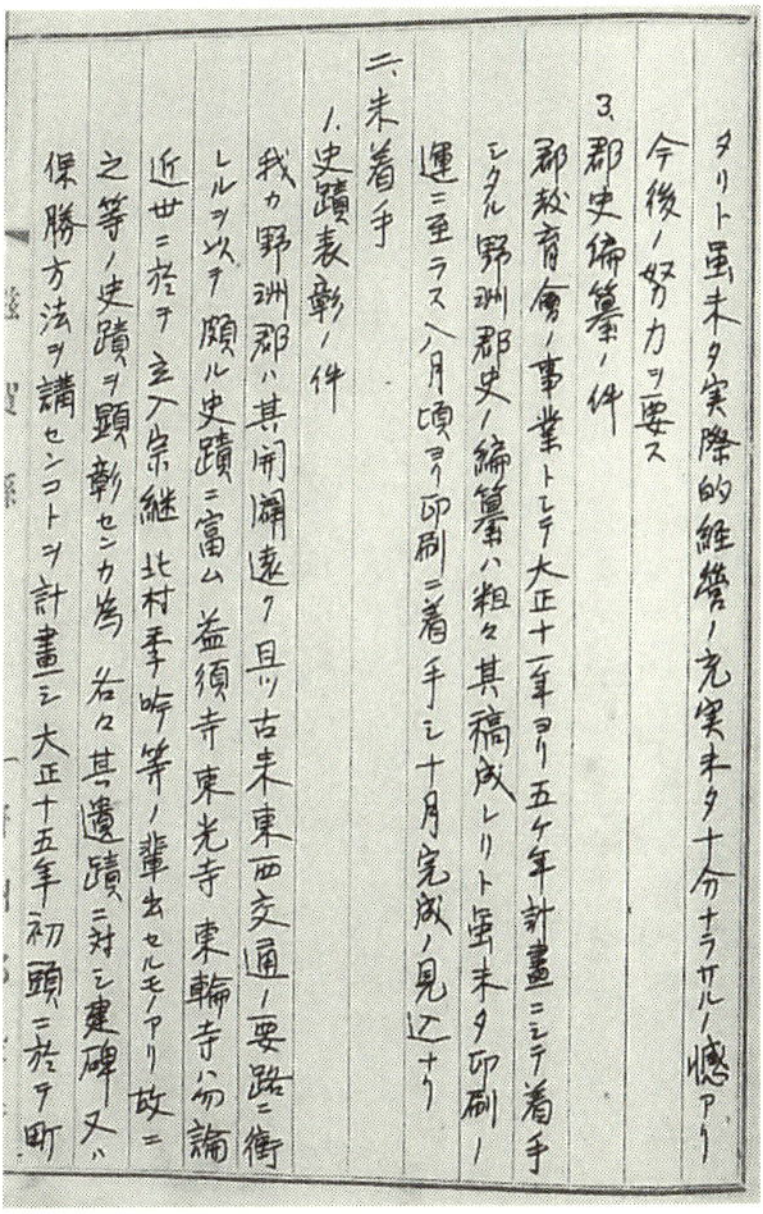

タリト雖未タ実際的経営ノ充実未タ十分ナラサルノ憾アリ
今後ノ努力ヲ要ス

3、郡史編纂ノ件
郡教育会ノ事業トシテ大正十一年ヨリ五ケ年計画ニテ着手シタル野洲郡史ノ編纂ハ粗々其稿成レリト雖未タ印刷ノ運ニ至ラス八月頃ヨリ印刷ニ着手シ十月完成ノ見込ナリ

二、未着手

1、史蹟表彰ノ件
我カ野洲郡ハ其開闢遠ク且ツ古来東西交通ノ要路ニ衝レルヲ以テ頗ル史蹟ニ富ム 益須寺 東光寺 東輪寺ハ勿論近世ニ於テ 立入宗継 北村季吟等ノ輩出セルモノアリ故ニ之等ノ史蹟ヲ顕彰センカ為 各々其遺蹟ニ対シ建碑又ハ保勝方法ヲ講センコトヲ計画シ大正十五年初頭ニ於テ町

写真④「引継書（野洲郡）」
大正 15 年 6 月 30 日【大こ 8(3)】

同書の巻頭言には、「郡制廃止となり続いて郡役所もなくなつてしまつた今日、本郡史はありし日の残された唯一の紀念《きねん》となつてしまつた」（八頁）と記されています。

旧郡役所の再利用

郡役所の廃止を受けて、郡役所として使用していた建物の再利用が県で検討されました。写真⑤は、旧郡役所の処分状況を示した史料です。

旧郡役所は、おおよそ各種団体の事務所として再利用されたこと、旧高島郡役所だけは、もともと借家であったため、返却されたことがうかがえます。旧郡役所のなかには、廃止の数年前に新築したばかりの神崎郡役所（大正十年〈一九二一〉築）、蒲生郡役所（同年築）、愛知郡役所（大正十一年築）も含まれていました。現存していることで有名な旧愛知郡役所（写真⑥）は、郡農会や水利組合などの事務所として再出発したことが史料から見て取れます。

以上のように、制度の改廃によって、地域にはさまざまな混乱が生じました。その後、郡は地理的名称として残り続けることになります。

（佐藤太久磨）

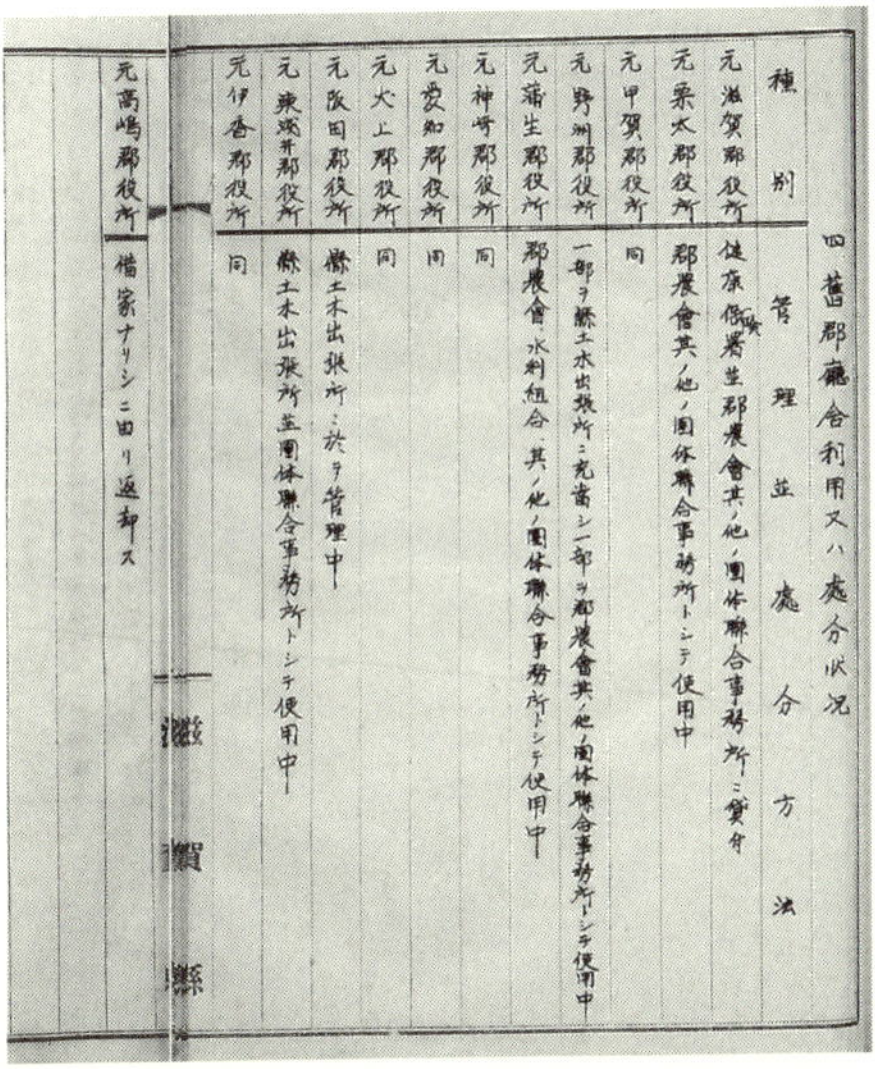

四　舊郡廳舍利用又ハ處分状況

種別	管理並處分方法
元滋賀郡役所	健康保険署並郡農會其ノ他ノ團体聯合事務所ニ貸付
元栗太郡役所	郡農會其ノ他ノ團体聯合事務所トシテ使用中
元甲賀郡役所	同
元野洲郡役所	一部ヲ縣土木出張所ニ充當シ一部ヲ郡農會其ノ他ノ團体聯合事務所トシテ使用中
元蒲生郡役所	郡農會、水利組合、其ノ他ノ團体聯合事務所トシテ使用中
元神崎郡役所	同
元愛知郡役所	同
元犬上郡役所	同
元坂田郡役所	縣土木出張所ニ於テ管理中
元東淺井郡役所	縣土木出張所並團体聯合事務所トシテ使用中
元伊香郡役所	同
元高嶋郡役所	借家ナリシニ因リ返却ス

滋賀縣

写真⑤「旧郡庁舎利用又は処分状況」大正15年頃【昭く1（34）】

写真⑥ 旧愛知郡役所　大正11年（『近江愛智郡志』巻2〈昭和4年〉より）

大津県・滋賀県の印

県政史料室には大津県の印が一点保管されています。印の大きさは六・五㎝×六・五㎝、材質は石で、「大津縣《県》印」と彫られ、木箱に入っています(写真①)。

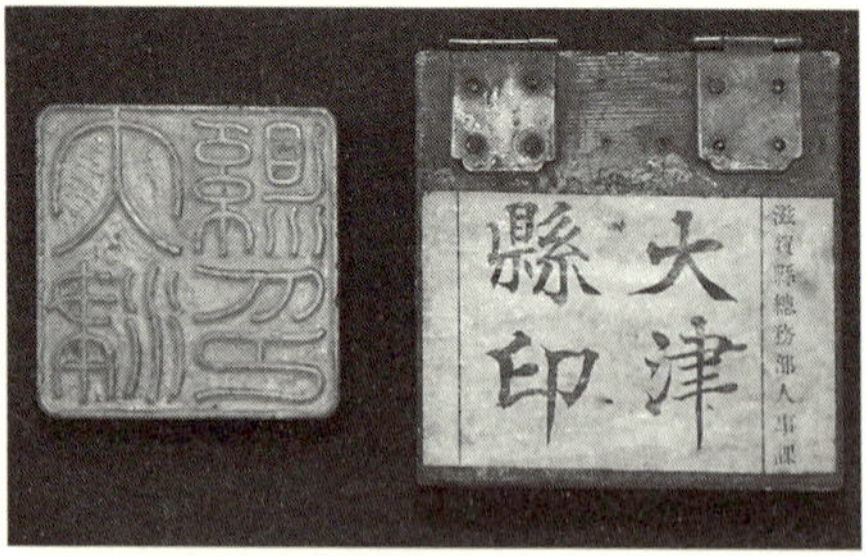

写真① 大津県印(滋賀県所蔵)

大津県は慶応四年(一八六八)閏《うるう》四月に設置され、明治五年(一八七二)一月に滋賀県に改称されるまで存続しました。大津県印は県政史料室が保管しているもの以外にもありますが、これらの大津県印が公文書に用いられたのは約四年間ということになります。滋賀県歴史的文書の中には大津県印が捺された文書はほとんどありませんが、写真②はその貴重な一例です。

また、「滋賀県印譜」と表紙に書かれた、明治八年(一八七五)から明治二十七年(一八九四)まで使用されていた印章を捺した冊子も残されています(【明お41合本1】)。

この冊子には、滋賀県の各課・掛《かかり》印のほか、警察署・郡役所・裁判所・監獄署の印や、役職と氏名の入った印、まだ敦賀郡(福井県)が滋賀県の管轄であった頃に使われた「滋賀縣敦賀出張所」の印なども捺されています。

写真③は、その中の一つで、明治二十四年

五月十六日に滋賀県知事となり、在任わずか一ヶ月で六月十五日に北海道庁長官に転任した渡辺千秋知事の印です。印の横には「廃棄、大越知事官印材ニ用ユ」と記されており、後任の大越亨知事の印を彫り直して再利用されたことがわかるおもしろい記載です。

（花田卓司）

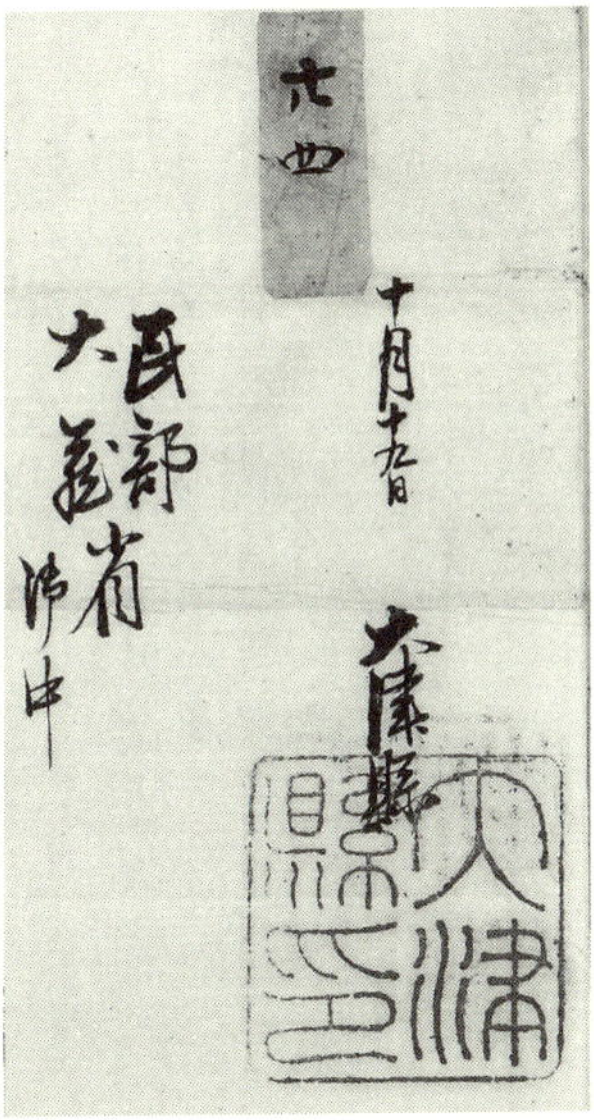

写真②「常備金の儀に付、心得方問合わせ・回答」【明う147（3）】

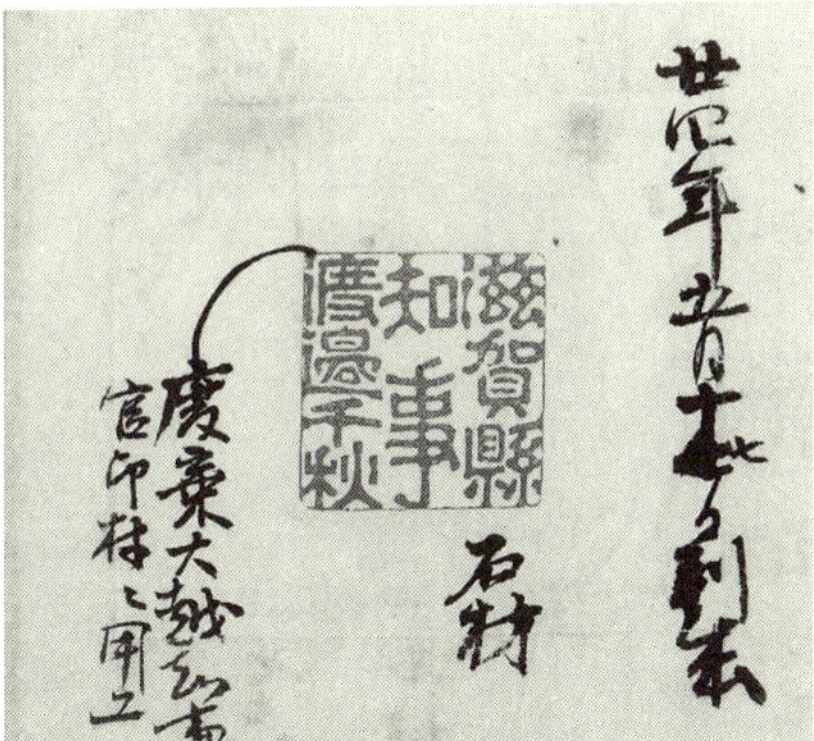

写真③　渡辺千秋知事印（「滋賀県印譜」）【明お 41 合本 1】

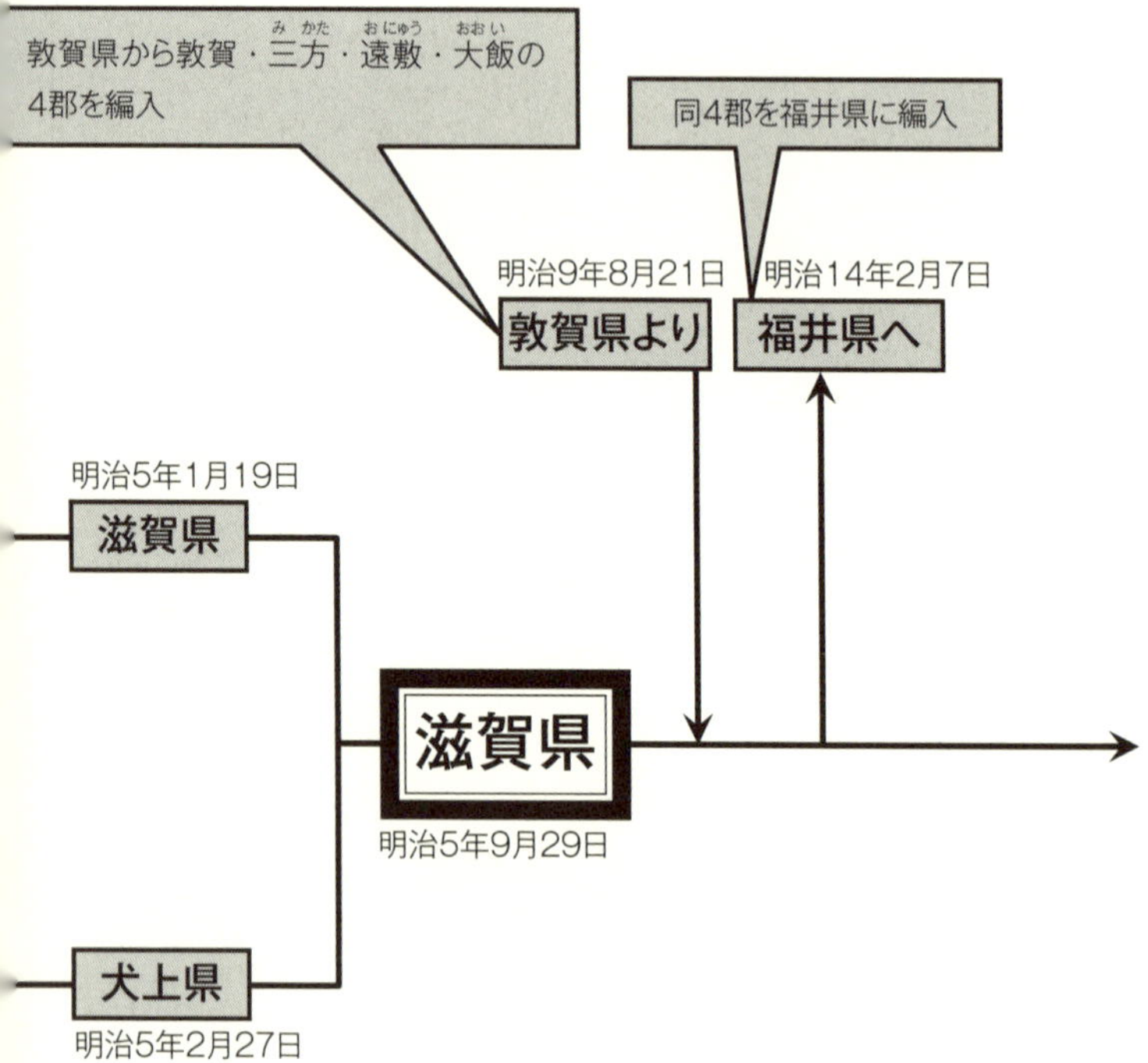

※慶応４年９月８日、明治に改元。
※近江国以外に本拠を置く、旧藩の飛び地となる県名は略した。（淀・前橋・宮津・菰野・峰山・郡山・吉見・佐野・伯太・名古屋・福知山・川越・金沢・豊橋・小浜の15県）
※本図は『滋賀県市町村沿革史』第壱巻（滋賀県市町村沿革史編さん委員会、昭和42年）を参考に作成。

滋賀県の統合過程

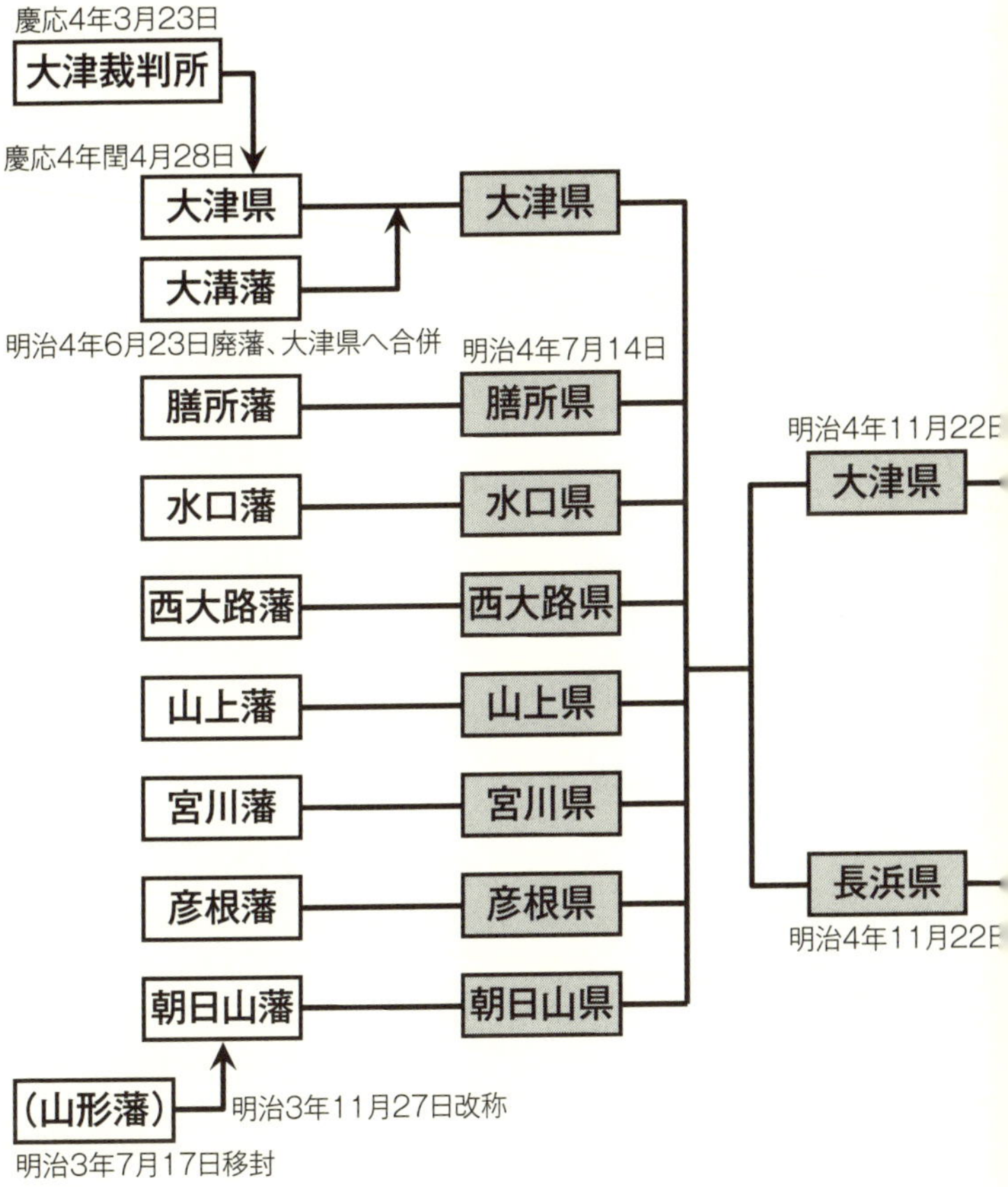

慶応4年3月23日
大津裁判所
慶応4年閏4月28日
大津県
大溝藩
明治4年6月23日廃藩、大津県へ合併
大津県
明治4年7月14日
膳所藩
膳所県
水口藩
水口県
西大路藩
西大路県
山上藩
山上県
宮川藩
宮川県
彦根藩
彦根県
朝日山藩
朝日山県
(山形藩)
明治3年11月27日改称
明治3年7月17日移封
明治4年11月22日
大津県
長浜県
明治4年11月22日

関連年表

年月日	西暦	出来事	本書の記載箇所
慶応4年　1月	1868	戊辰戦争開始（～明治2年5月） 大津裁判所を旧大津代官役邸に開設	
4年　3月	1868	神仏分離令公布	5章
4年閏4月	1868	大津県が設置される（県庁ははじめ大津町内の各所を転々とし、明治2年1月に滋賀郡別所村の園城寺内円満院に移転）	1章・コラム3・コラム12・コラム15
明治2年　3月	1869	琵琶湖に蒸気船「一番丸」が就航（海津・大津間、加賀大聖寺藩による）	13章
2年　6月	1869	版籍奉還	
3年　4月	1870	膳所藩主の膳所城廃城願が許可される	
4年　6月	1871	大溝藩、管轄地を大津県に合併し解藩する	
4年　7月	1871	廃藩置県（近江国内には彦根・朝日山・宮川・山上・膳所・水口・西大路の各県が設置される）	1章
4年　11月	1871	近江国を二分し、大津県・長浜県が設置される	1章
5年　1月	1872	1月、大津県を滋賀県と改称。2月、長浜県を犬上県と改称	1章・コラム15
	1872	県令松田道之が地方議会の先駆けである「議事所」を大津顕証寺に設置する	コラム1
5年　8月	1872	学制公布	
5年　9月	1872	新橋・横浜間に鉄道開通。明治7年5月に神戸・大阪間が開通	
5年　9月	1872	犬上県が廃され、近江国全体が滋賀県となる	1章・14章・コラム1・コラム6
5年　12月	1872	太陽暦採用（明治5年12月3日を明治6年1月1日とする）	コラム10
6年　1月	1873	徴兵令発布	

6年	5月	1873	明治政府、ウィーン万国博覧会に出品（明治政府初めての出品）	
6年	7月	1873	地租改正条例布告	コラム12
9年	8月	1876	若越四郡（若狭国大飯郡・遠敷郡・三方郡、越前国敦賀郡）が滋賀県に編入される	1章・コラム15
10年	2月	1877	西南戦争開始（～9月）	
10年	5月	1877	京都博覧会に甲賀郡多羅尾村産の巨大卵が出品される	コラム8
11年	6月	1878	県営彦根製糸場完成	
11年	9月	1878	坂田郡枝折村に県営養魚試験場設置（のちの醒井養鱒場）	6章
12年	4月	1879	県会議員選挙を経て、初の県会が大津南町顕証寺で開会される	コラム12
12年	7月	1879	各郡役所開庁	16章
12年	11月	1879	ドイツ皇帝ヴィルヘルム一世孫ハインリッヒ来県	15章
13年	5月	1880	浅井郡を東西に分割、東浅井郡・西浅井郡となる	16章
13年	7月	1880	前月に逢坂山トンネルが竣功し、大津・京都間に鉄道が開通	4章・13章
14年	2月	1881	若越四郡が滋賀県から分離し、福井県に編入される	1章・コラム12
15年	5月	1882	太湖汽船会社が設立され、大津・長浜間の鉄道連絡船の運航を開始（～明治22年）	13章
17年	4月	1884	大沙川隧道完成	コラム2
18年	5月	1885	ハワイへの渡航募集が本格的に始まる	コラム9
21年	6月	1888	滋賀郡別所村の園城寺内円満院から、現在地（当時の滋賀郡東浦村）に県庁が移転	コラム3
21年	10月	1888	県下で臨時全国宝物取調局による宝物調査が開始される	コラム4
22年	2月	1889	大日本帝国憲法発布	
22年	4月	1889	戸長役場を廃し、県下で市町村制下の町村役場が開庁	
22年	6月	1889	高島郡の饗庭野が陸軍演習地として正式に買収される	

明治22年	7月	1889	鉄道湖東線（大津・米原間）が完成し東海道線が全通	4章・13章
23年	4月	1890	琵琶湖疏水（第一疏水）完成	2章
23年	11月	1890	第一回帝国議会（7月1日、衆議院議員選挙）	
24年	5月	1891	大津事件	3章
24年	10月	1891	県庁移転問題起こる（県会に県庁彦根移転案が提出される）	
27年	5月	1894	彦根城、井伊家に下賜される	14章
27年	7月	1894	日清戦争開始（～明治28年4月）	
28年	8月	1895	大日本帝国淡海国多賀神社全図が製作される	コラム13
29年	9月	1896	琵琶湖大水害発生	
30年	4月	1897	伊香郡・西浅井郡を廃してその区域を伊香郡とする（西浅井郡の消滅）	16章
31年	4月	1898	滋賀県下で郡制が実施される（～大正12年4月）	16章
35年	4月	1902	養蚕期間等の天気予報の公衆周知が開始される	コラム5
35年	5月	1902	滋賀県、林業奨励規則を定める	9章
36年	4月	1903	彦根物産共進会への向源寺十一面観音立像出陳が許可される	5章
37年	2月	1904	日露戦争開始（～明治38年9月）	12章
38年	2月	1905	ヴォーリズが滋賀県商業学校教師として来日	コラム14
38年	3月	1905	南郷洗堰完成（国庫支弁）	
42年	8月	1909	姉川地震	7章
43年	8月	1910	韓国併合	
大正3年	8月	1914	第一次世界大戦に参戦	
6年	11月	1917	陸軍特別大演習実施（湖東・湖北中心）	
7年	8月	1918	米騒動発生	

9年10月	1920	第一回国勢調査	10章
11年1月	1922	神崎郡八日市町に陸軍航空第三大隊が置かれる（大正14年に飛行第三連隊と改称）	
12年9月	1923	関東大震災	8章・コラム7
13年11月	1924	民力涵養のため県社以下神社特種神事について調査	11章
15年7月	1926	郡役所廃止	16章
昭和3年2月	1928	第一回普通選挙施行	
6年1月	1931	江若鉄道の浜大津・今津間が開通	4章
6年9月	1931	満州事変勃発	
9年9月	1934	室戸台風襲来で大被害発生	
12年5月	1937	ヘレン・ケラー一行が来県、彦根盲学校などで講演	
12年7月	1937	日中戦争開始	コラム7・コラム11
14年4月	1939	県庁舎新築（現在の県庁本館）	コラム7
15年11月	1940	近江神宮鎮座祭執行	
16年12月	1941	太平洋戦争開始	コラム11
19年1月	1944	県営琵琶湖干拓地決定（松原・野田・曽根沼などの内湖）	
20年7月	1945	6月頃から空襲被害が増え、大津市・彦根市などで建物疎開が実施される	
20年8月	1945	太平洋戦争終戦	

写真一覧

章	写真番号	文書名	作成年	文書番号（＊）所蔵者
1	①	電信機御用につき報知	明治4年10月	明と93（65）
	②	大溝藩廃止に付大津県へ管轄替えの達	明治4年6月	明う148（20）
	③	県名改称の達	明治5年1月19日	明う152（13）
	④	若越四郡福井県へ合併の件に付建言書	明治14年2月	明お76合本5（31）
	⑤	遠敷郡事務引継書	明治14年3月	明お66合本1（3）
2	①	藤尾村建言書	明治17年3月	明ね33（63）
	②	琵琶湖疏水の儀に付上申	明治17年3月	明ね33（17）
	③	琵琶湖水疏通に付予防工事方法所見上申書	明治17年9月	明ね33（25）
	④	井水渇涸に付御願	明治19年7月	明ね38（10-3）
	⑤	第二疏水事業に対する意見書	明治39年3月	明ぬ66（19）
	⑥	琵琶湖疏水東口掘割工場	明治19年	滋賀県所蔵
3	①	接伴掛事務分担表	明治24年5月5日	明か23（18）
	②	皇太子の治療に付電報	明治24年5月11日	明か23（25）
	③	下阪本村慰問文	明治24年5月16日	明か24合本1（1）
	④	ロシア皇太子ニコライ・ギリシャ王子ジョージ像	―	滋賀県所蔵
4	①	江若鉄道（小浜鉄道）線路略図	明治30年	明て16（23）
	②	発起人説明会招待状	大正8年1月12日	大と8（12）
	③	免許状（写）	大正8年8月19日	大と8（1）

＊県政史料室所蔵の滋賀県歴史的文書の文書番号です。

5	①	光信寺明細	明治12年	明ふ102合本2（2）
	②	見真大師尊像拝請願写	明治21年	明す74（101）
	③	国宝を公衆拝観の為出陳の義に付請願	明治36年	明す634（19）
	④	彫刻物写真進達の義に付上申	明治33年12月	明せ22（2）
	⑤	金剛輪寺木造増長天立像修繕図解（正面）	大正13年	大せ11（23）
	⑥	金剛輪寺木造増長天立像	—	金剛輪寺所蔵
6	①	水産業に関する意見上申書	明治40年	明て61合本4（1-8）
	②	養魚場改設の義に付伺	明治12年	明う29合本1（4）
	③	琵琶湖水産概況図（『滋賀県水産事業要覧』）	明治40年頃	明て61合本4（2-8）
	④	中川源吾事蹟調書	明治44年	明え259（3）
	⑤	魚卵御下付の義に付上申	明治20年	明う43合本4（40）
7	①	坂田郡震災記録	明治43年8月	明そ6合本2（3）
	②	被災状況報告	明治42年8月14日	明そ6合本1（10）
	③	震災負傷者救療表	明治42年9月28日	明ふ158合本3（2）
	④	大阪朝日新聞社扱寄贈品目（『明治42年近江地震記録』）	明治43年	明そ6合本2（2）
	⑤	東浅井郡虎姫村大字五村に於ける日本赤十字社滋賀支部救護班執務の状況（『滋賀県震災実景写真帖』）	明治43年3月	滋賀県立図書館所蔵
	⑥	東浅井郡虎姫村大字宮部民家全潰の状況（『滋賀県震災実景写真帖』）	明治43年3月	滋賀県立図書館所蔵
8	①	海嘯（津波）義捐金の件	明治32年	明え249（16）
	②	鉄道省貨物通知書	大正12年	大そ14（6）
	③	横浜仮病院へ派遣する職員への注意	大正12年	大そ18（64）
	④	寄付を申し出る手紙など	大正12年	大そ16（9）、大そ25（127）、大そ28（36）

9	①	栗太郡関津村絵図	明治7年頃	明へ2(96)
	②	明治四十四年度砂防工事施工地写真　野洲川流域甲賀郡三雲村大字三雲	―	滋賀県所蔵
	③	山樫植栽上の効果(『造林事業調査復命書』)	明治37年	明ち300(10)
	④	山樫(ハゲシバリ)種子回送依頼	明治17年	明ち291(18)
10	①	国勢調査票(部分)(『官報』)	大正9年1月	
	②	『国勢調査の歌』一等入賞作品	大正9年	大さ10(38)
	③	国勢調査ポスター(『官報』)	大正9年7月	
	④	就学児童と小学校費(明治18年～大正3年)(『滋賀県統計図表』)	大正4年	滋賀県所蔵
11	①	八幡町の左義長、冗費相省方見込差出すよう達	明治5年	明い31合本2(96)
	②	民力涵養勤倹奨励　娯楽調査　滋賀郡木戸村	昭和4年	昭そ7(第4部)
	③	神社特種神事報告(中山熊野神社芋競べ神事)	大正13年	大ふ48(17)
12	①	八幡停車場前の凱旋門(「蒲生郡金田村戦時事績」)	―	明ひ15(4)
	②	竹生尋常高等小学校児童作画の慰問用絵葉書(彩色)(東浅井郡竹生村戦時事績)	―	明ひ16(10)
	③	常盤村戦時国民貯蓄組合規則(「栗太郡常盤村戦時事績」)	―	明ひ14(8)
	④	寺中建造物大修理に付補助費下賜願	明治39年3月	明し77(111)
	⑤	俘虜取締巡査勤務規程	明治38年4月13日	明い215(75)
13	①	一番丸払下げに付入札の件達	明治6年	明い44(192)
	②	汽船増造について回答	明治2年10月	明う151(30)
	③	湖上廻漕会社の告諭	明治5年5月	明い226(3)
	④	竹生島遊覧業務其他統計	昭和2年	昭ぬ17(99)

14	①	彦根城廓内釣鐘堂拝借の義に付伺書	明治6年5月	明う2（12）
	②	彦根城内釣鐘堂の図	明治6年5月	明う2（12）
	③	彦根城本丸ほか払い下げに付入札の件通達	明治11年9月	明い99（44）
	④	旧彦根城保管方法等取調に付回答	明治24年4月	明か29合本2（3）
	⑤	旧彦根城山使用の義に付伺	明治24年9月	明か29合本2（12）
	⑥	堀地継続貸付に関する件	明治37年	明な180（59）
15	①	ドイツ皇孫遊覧の節土地案内方等の件	明治12年	明か20合本4（1）
	②	外国人接待用本県物産略記　和英双訳	明治13、14年頃	明か21（21）
	③	グロスター公殿下への御土産品	昭和4年	明か11合本2
	④	英国々旗の立て方	大正11年	明お53合本2（6）
16	①	郡制施行・郡役所設置の件	明治12年5月16日	明い105（32）
	②	郡制施行上坂田東浅井両郡分合の義に付上申	明治23年10月	明ふ59合本2（2）
	③	郡役所廃止について陳情書	大正13年11月5日	大こ6（3）
	④	引継書（野洲郡）	大正15年6月30日	大こ8（3）
	⑤	旧郡庁舎利用又は処分状況	大正15年頃	昭く1（34）
	⑥	旧愛知郡役所写真（『近江愛智郡志』巻2）	昭和4年	
コラム1	①	松田道之県令県治所見	明治7年1月	明い246合本2（2）
	②	松田道之県令顕彰碑	明治15年11月	滋賀県庁本館前庭（西側）
コラム2	①	人力車の挿絵	明治初期	明な337（9）
	②	家棟川、由良谷川、砂川隧道図面	明治初期	明な337（9）
	③	家棟川、由良谷川、砂川隧道図面	明治初期	明な337（9）
コラム3	①	本県庁新築落成移転心得の件	明治21年7月7日	明い174合本2（27）

コラム3	②	旧滋賀県庁舎写真	昭和12年	昭の1（16）
コラム4	①	社寺宝物美術品古建築等取調のため図書頭外出張せしむるの件	明治21年4月20日	明せ11（8）
	②	社寺宝物美術品古建築等取調の予定日程通知	明治21年4月26日	明せ11（10）
コラム5	①	天気予報公衆周知の件につき訓令	明治35年4月28日	明い212合本1（120）
	②	養蚕の事（『滋賀県治意見書』）	明治19年頃	明お45（36）
コラム6	①	比叡山上城江国界絵図面（部分）	—	明へ61（37）
	②	明治六年七月建立比叡山国界標柱位置図（部分）	—	明へ61（28）
コラム7	①	現滋賀県庁舎模型	昭和14年	滋賀県所蔵
	②	竣功式当日の県庁舎写真（『滋賀県庁舎改築記念誌』）	昭和16年	昭の6
コラム8	①	第一回内国勧業博覧会滋賀県下出品表　付図	明治10年	明て47（46）
	②	京都博覧会へ出品の大卵	明治10年	明て48合本4（20）
コラム9	①	海外渡航証明願書	明治28年	明こ194（12）
	②	明治三十九年滋賀県海外渡航者記録	明治40年	明こ11（4）
コラム10	①	改暦につき達	明治5年11月9日	明い32（21）
	②	改暦弁	明治6年	明い36（20）
コラム11	①	滋賀県防空監視哨配置並防空通信系統図	昭和14年	昭く63合本1（7）
	②	能登川防空監視哨正面図	昭和18年	昭か33（8）
コラム12	①	治国安民の議	明治10年1月	明お76合本5（6）
コラム13	①	大日本帝国淡海国多賀神社全図	明治28年8月	明す1（3）
	②	大日本帝国淡海国多賀神社全図（西鳥居付近の拡大）	明治28年8月	明す1（3）
コラム14	①	商業学校教師雇い入れについて	明治38年	明え37

コラム15		
①	大津県印	―滋賀県所蔵
②	常備金の儀に付、心得方問合わせ・回答	―明う147（3）
③	渡辺千秋知事印（「滋賀県印譜」）	―明お41合本1

歴史的文書を読んでみよう〈解読講座〉

県政史料室では、お昼の休み時間を活用して、主に県職員向けに行政文書の解読講座を行っています。これは、県庁の文書庫に残る貴重な歴史的文書をまず県職員に紹介し、理解を深めていくため、庁内情報紙「県民情報室だより」に平成十九年度（二〇〇七）からタイムトラベルコーナーを設けたことがきっかけでした。平成二十年度には「県民情報室だより」一〇〇号を記念して「歴史的文書を読んでみよう」と題し、このコーナーの中に歴史的文書の一部分をテキストとして掲載し始めたのです。

第一回目のテキストは「高島郡のアメリカ渡航移民について回答」（明治二十八年八月二十七日付、差出人・高島郡長、宛先・滋賀県書記官）という行政文書でした。県政史料室では、年間一〇回程度の企画展示を行っています。タイムトラベルコーナーのテキストもそれに関連した内容で、前回の解答もあわせて掲載し、読んでもらうことにより歴史的文書の価値を広めようと考えました。

しかし最初の頃は、職員からの反応が一向になく、このコーナーが興味を持って読まれているのかどうか、よくわからない状況でした。そこでこの取り組みに、どれくらい関心があるのか、また県庁内の周知状況も知るため、思い切って解読講座を開いてみることにしたのです。

初回は平成二十二年十二月十日で、職員が参加しやすいように、お昼の休憩時間の二〇分程度としました。講師は県政史料室の専門スタッフです。テキストの内容は、明治二十三年の琵琶湖疏水竣工式に出席する天皇皇后の行程予定を、宮内大臣が滋賀県に通達した「行幸啓に付行程次第」という文書です。案内チラシも作って、県庁内の職員に参加を呼びかけました。どれだけ集まるか不安でしたが、当日は二四名の職員が参加してくれました。それほど広いとはいえない県政史料室の閲覧席ではありますが、このときは満席に近い状況でした。

歴史的文書を読んでみよう　解読講座　第１回

この結果に力を得て、その後も企画展示にあわせて意欲的に開催しています。テキストのテーマが参加人数に影響し、多いときは三〇名を超える参加者でにぎわうときもあります。また行政文書を単に解読するだけでなく、その文書が作成された背景や時代の状況などを織り交ぜて、ちょっとした歴史講座にもなるよう工夫しています。

これからも、滋賀県が保有する歴史的文書の価値をもっと知っていただくため、解読講座を続けていきたいと考えています。

（県民活動生活課長・中井善寿）

あとがき

最後まで、本書をお読みいただきありがとうございました。

滋賀県庁の文書庫に長年に亘り保存・管理されてきた明治期から昭和戦前期までの公文書「歴史的文書」が、平成二十五年（二〇一三）三月に文化財指定を受けるに至りました。都道府県の行政文書としては全国一〇例目です。本書は、この「歴史的文書」をより広く県内外に紹介するという目的で、出版させていただいたものです。

当初、パンフレットのようなものの作成を考えていたところですが、それでは、この貴重で豊富な「歴史的文書」を十分に紹介しきれません。より多くの方々に手軽に「歴史的文書」に親しんでもらうには、やはり本の形態がよいのではないかと考えました。そこで、サンライズ出版のご厚意もあり、「県政史料室」でこれまで書き溜めてきた文章を、「淡海文庫」シリーズの一つとして出版する運びとなりました。

古い公文書は、当然のこととして文語体であり、くずし字で書かれていることもあり、なかなか読み取りづらいものです。本書を通じて、県民共有の財産である「歴史的文書」

に、少しでも多くの方々が興味を持っていただければ幸いです。これを機に、ぜひ「県政史料室」で実際に「歴史的文書」をご覧いただき、当時の人々がその時起こった事件・事柄を克明に記した息づかいなどを感じていただければと願っております。

最後に、出版に当たって、ご多忙の中にもかかわらず、「発刊に寄せて」をお寄せいただいた成安造形大学名誉教授・木村至宏先生に、また『湖国と文化』からの再掲載についてご承諾くださった植田耕司編集長に深く感謝申し上げます。執筆・イラストを担当した「県政史料室」前スタッフ、編集・出版にご尽力いただいたサンライズ出版の岩根順子氏に厚く御礼申し上げます。

（県民情報室室長・甲斐徹）

執筆者一覧

編集

梅澤　幸平（県政史料室参与）

執筆担当（前県政史料室スタッフ）

東　資子（岩手県一関市生涯学習文化課）

生嶋　輝美（同志社大学非常勤講師）

栗生　春実（三重県伊賀市歴史研究会）

花田　卓司（日本学術振興会特別研究員）

佐藤太久磨（立命館大学衣笠総合研究機構専門研究員）

イラスト

澤井　美里

校正担当（県政史料室スタッフ）

工藤　克洋

大月　英雄

前原あやの

逵　史香

公文書でたどる近代滋賀のあゆみ　淡海《おうみ》文庫52

2013年9月1日　第1刷発行　N.D.C.216

企画・編集　滋賀県 県政史料室

発行者　岩根　順子
発行所　サンライズ出版株式会社
〒522-0004 滋賀県彦根市鳥居本町655-1
電話 0749-22-0627
印刷・製本　シナノパブリッシングプレス

ISBN978-4-88325-175-9　Printed in Japan　定価はカバーに表示しています。

乱丁・落丁本はお取り替えいたします。

淡海文庫について

「近江」とは大和の都に近い大きな淡水の海という意味の「近（ちかつ）淡海」から転化したもので、その名称は「古事記」にみられます。今、私たちの住むこの土地の文化を語るとき、「近江」でなく、「淡海」の文化を考えようとする機運があります。

これは、まさに滋賀の熱きメッセージを自分の言葉で語りかけようとするものであると思います。

豊かな自然の中での生活、先人たちが築いてきた質の高い伝統や文化を、今の時代に生きるわたしたちの言葉で語り、新しい価値を生み出し、次の世代へ引き継いでいくことを目指し、感動を形に、そして、さらに新たな感動を創りだしていくことを目的として「淡海文庫」の刊行を企画しました。

自然の恵みに感謝し、築き上げられてきた歴史や伝統文化をみつめつつ、今日の湖国を考え、新しい明日の文化を創るための展開が生まれることを願って一冊一冊を丹念に編んでいきたいと思います。

一九九四年四月一日

好評既刊より

淡海《おうみ》文庫 50

湖国の祈りとそのかたち

滋賀県教育委員会事務局文化財保護課 編
定価 1200 円＋税

国宝・重要文化財数全国第 4 位を誇る滋賀県の文化財の中から、さまざまな「祈り」の感情を形象化したものを選出して紹介。「祈りの空間」、「祈りの造形」など、五つのテーマ、62 話で示す、湖国の人々の心の「かたち」。

淡海《おうみ》文庫 51

湖面の光　湖水の命

〈物語〉琵琶湖総合開発事業

高崎哲郎 著
定価 1200 円＋税

関西経済のさらなる発展と、滋賀県の地域インフラの整備、琵琶湖の洪水対策と水質保全など、多面的なニーズに応えるべく計画された琵琶湖総合開発事業。25 年をかけて完結した〈世紀の大プロジェクト〉の全貌を、その前史もふまえつつたどる。

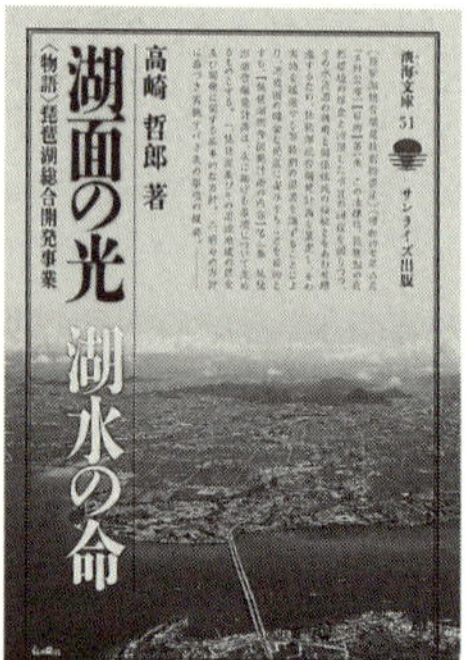